财团就是力量

白益民◎编著

“一带一路”与混合所有制启示录

日本从外看是资本主义，从内看是社会主义

“财团模式”助力日本企业抱团出海

借鉴日本“民有国营”的财团体制

中国经济需要“一国两制”的新常态

“国民一体”筑起中国新的经济长城

中国经济出版社
CHINA ECONOMIC PUBLISHING HOUSE
·北 京·

图书在版编目（CIP）数据

财团就是力量："一带一路"与混合所有制启示录 / 白益民编著．

北京：中国经济出版社，2015.11

ISBN 978-7-5136-3913-2

Ⅰ．①财…　Ⅱ．①白…　Ⅲ．①财团—研究—日本　Ⅳ．①F279.313.48

中国版本图书馆 CIP 数据核字（2015）第 184148 号

责任编辑　李煜萍
责任审读　霍宏涛
责任印制　马小宾

出版发行　中国经济出版社
印 刷 者　北京科信印刷有限公司
经 销 者　各地新华书店
开　　本　787mm×1092mm　1/16
印　　张　23.25
字　　数　355 千字
版　　次　2015 年 11 月第 1 版
印　　次　2015 年 11 月第 1 次
定　　价　58.00 元
广告经营许可证　京西工商广字第 8179 号

中国经济出版社　**网址**　www.economyph.com　**社址**　北京市西城区百万庄北街 3 号　**邮编** 100037

本版图书如存在印装质量问题，请与本社发行中心联系调换（联系电话：010-68330607）

中国当前的发展现状与日本20世纪七八十年代的产业升级、海外扩张时期明显类似，而日本财团在此期间的重组、融合及扩张过程中，积累了大量宝贵的经验和教训，其最终形成“民有国营”的财团体制，可为中国混合所有制改革提供极大的借鉴作用。

日本财团内企业通过交叉环形持股、人事流动和总经理会议等机制，最终形成利益共同体，并通过“产商融”相结合的模式，利用商业资本，消除了金融资本同产业资本间的分离和对立，为可持续的发展和对外扩张提供了基础。

粗放型的发展模式让中国面临着能源、环境等一系列问题。因此，在市场化达到一定程度后如何有计划性地实现转型，需要向日本学习。实际上，与美国不同，日本财团实行的是有组织、有计划的市场经济模式，更适合现行的中国经济体制。

日本所谓财团体系，实际上就是将现代战争中以集团军组织结构为基础的多兵种合成作战体系引入经济活动中。财团体系以综合商社为纽带，通过交叉持股、协同作战，形成“舰队护航体制”，进而带动资本和产业实现出海。

——为什么说“日本从外看是资本主义，从内看是社会主义”，“日本是比社会主义还要社会主义的平等社会”？

——日本有个叫“经团联”的组织，被称为“日本经济内阁”，会长被称为“财界总理”，想当日本首相是必须得到该组织的支持么？

——万向鲁冠球、阿里巴巴马云，这些浙商正构建的财团体系都与日本模式相似，为什么浙商喜欢抱团、喜欢组建财团？

——中国一直在模仿美国模式，而实际上在改革开放初期也曾大力效仿过日本模式，但为什么半途而废了呢？

——针对混合所有制改革，到底是“国退民进”好，还是“国进民退”好？能不能实现“国进民进”？

——国有企业、集体企业、私营企业、民营企业、外资企业……这一系列概念如何做到和谐共存？

——如今，无论是上市公司还是非上市公众公司都经历着轰轰烈烈的并购重组浪潮，而这个过程中形成的多元化企业集团算是财团么？

——中国在通过“一带一路”、“亚投行”等模式主导新的“东亚共同体”时，需要面对哪些挑战？需要注意哪些威胁？

财团就是力量

梦系中国人自己的综合商社
倡导中国新经济的财团机制
促进国民企业的振兴与发展
捍卫国家经济的主权与安全

从明治维新至今，以三井为代表的日本财团，在面对帝国主义列强统治的世界中，一方面团结日本全民的力量，另一方面整合世界各国的资源，在全球范围内争夺原料、技术和市场。这是日本企业的国际化之路，也是日本国家的生存之道。

尽管彼此不存在从属关系，但主办银行、综合商社、制造企业还是构成了日本财团三位一体的紧密结构。财团成员通过交叉持股、互派经理、共同投资、交换情报等方式建立横向联系。事实上，多元化并非独立企业的使命，而是整个财团分工与协作的结果。

从本质上讲，财团体制与家族文化和商帮文化密不可分。拥有高度忠诚和丰富实战经验的职业经理人成为日本财团生存的关键。为此，日本财团通过“终身雇佣”、“年工序列”、“企业内工会”等形式，力求使员工建立对企业和财团的归属感和荣誉意识。

日本财团的经理人很多都经历了“从士兵到将军”的过程，其中优秀的人才不仅是本公司的高管，而且进入财团的核心机构“经理会”或是担任财团成员企业的董事，甚至还会担任“经团联”会长（被称为“财界总理”）或副会长，决定国家经济发展的方向。

日本的财团体制围绕“全套完整产业链”而构造，使整个产业协调统一发展，不是某个行业超常发展，也不让另一些行业掉队。这种经济体制被形容为“会社主义”，意思是说日本整体就是一个企业，而日本大学经济专业的参考书则直接称之为“日本型社会主义”。

自 序
PREFACE

中国经济发展到一定阶段，以组装为主的制造业模式已经走到了尽头，正面临着产业升级的现实需求，企业抱团出海、产融结合成为一种新趋势。这并非只是针对制造业，“产业、商业、金融”相结合的三位一体结构需要被打造出来，在这些方面日本的商社财团体系非常值得借鉴。

中国目前的发展现状与日本20世纪七八十年代的产业升级、海外扩张时期明显类似，而日本财团在战后的恢复重组以及高速发展期的融合扩张历程，积累了大量宝贵的经验和教训，其最终形成“产商融结合”的财团体制，可以为中国国企改革、混合所有制的形成提供极大的借鉴作用。

1972年，日本首相田中角荣访华，中日邦交正常化，日本开始大举进军中国市场。在前作《三井帝国在行动》中，笔者翔实地剖析了日本如何布局中国、隐身发展、夺取商权，实现过剩产能的输出；而在本系列文集“财团商道”中，将从不同角度再度解析日本海外扩张的模式和做法，这将为中国“一带一路”的出海提供指导价值。

日本财团内企业通过交叉环形持股、人事流动和总经理会议等机制，最终形成利益共同体，并通过“产商融结合”模式，通过商业资本，消除了金融资本同产业资本间的分离和对立，为可持续发展和对外扩张提供了基础。

日本经济最终形成的是一种集体所有制形式，也属于公有制的一种，因此，日本有“从外看是资本主义，从内看是社会主义”的说法，在对外扩张中既可被资本主义国家认同，又可被为全国劳动者所接受，实际是一种“民有国营”的体制，这种制度也有利于其独立自主产业体系的形成。

所谓“民有国营”中，“民”即全民所有，日本的重要企业大都是上市公司，这些企业相当于日本的央企，其通过不断交叉持股，模糊了股权，既不归政府所有，也不归任何一家企业所有，更不受私人或外国财团的控制，属于真正的“国民企业”，而并非传统意义上的国有企业。

如今中国民间已经形成了复星、明天、万向等类财团形态的企业集团，原有的国有资产也存在类似的体系，最早可追溯到20世纪80年代邓小平时期仿造日本模式创办的中信、招商局、光大、华润等财团。

但是，1997年东南亚金融危机后，日本经济模式遭受质疑，中国国内对其逐渐由学习转为批判，随着旅欧留美回国学者的增多，自由化开始得到全面宣扬，打造独立产业链经济体系的进程被中断，当时建立起的市场经济却也并不健全。

中国共产党的十八大提出了全面深化改革的目标要求，随后“混合所有制经济”的概念被一再提出，国企民企融合成为新一轮改革的重头戏。混合所有制改革虽然可以打破过去国资国企中存在的种种束缚，但需切实保证国家经济主权掌握在自己手中，避免形成一打散就乱的局面，如不能切实保证这一点，将反倒为外国渗透或控制国民经济提供机会。

同时，粗放型的发展模式也让中国面临着能源、环境等一系列问题，因此，在市场化达到一定程度后如何有计划性地实现转型，需要向日本学习。实际上，与美国不同，日本财团实行的是有组织、有计划、有秩序的市场经济模式，更适合现行的中国经济体制。

中国央企出海面临着很大的风险和困境，而民营企业出去也往往是单打独斗，甚至反被纳入外资的体系当中。再看日本，通过财团体系在海外建立起“1.8个日本”（日本海外GDP是其本土的1.8倍），这套模式在其全球扩张中所发挥的作用，更加值得我们借鉴。

值得一提的是，我对日本财团商社的研究，得到了国资委研究中心楚序平主任的高度重视及肯定，并且受到研究中心企业改革研究处支东升处长的邀请，参与了“央企境外风险管理”等方面的专题研讨。2015年，在支东升处长的主持下，又成立了“一带一路国别风险和安保体系”课题研究组，我应邀成为课题组专家顾问，同诸多央企领导和专家学者进行了面对面的深入交流。

自2008年畅销书《三井帝国在行动》出版后，近六年来本人接受了上百家媒体的采访，发表文章三百余篇，涉及经济、商业、产业、能源等诸多领域，本次“财团商道系列文集”对这些散落在各处的文章进行了搜集分类。

在我的指导下，我的优秀学生兼助手杨履明对文章进行了系统整理编辑，分别围绕财团体制、商社模式、产业强国、能源暗战四个主题形成逻辑体系后，以四部文集的形式呈现出来，以飨读者，希望能为国家全面深化改革、经济产业健康发展、海外扩展与繁荣提供有益的借鉴和参考。

在此感谢中国华信集团董事局主席叶简明先生对我的大力支持。自2011年始，我作为中国华信集团首席经济学家，有幸参与到中国华信的发展当中，并将学识和智慧奉献给这家肩负国家能源保障使命的集体所有制民营企业。

值得庆贺的是：2014年，中国华信集团以336亿美元的营业收入首次入围《财富》世界五百强，位列第349位；2015年，又以347亿美元的营收攀升至342位。并且，中国华信集团正以财团商社的模式践行“一带一路”的国家战略和“混合所有制”的体制改革。我的研究成果能为中国华信集团的发展贡献力量，让我深感荣幸和自豪。

本系列四部文集收录了本人多年发表的文章，其中还得到了我的学生袁璐、彭正江、王维等在初期资料收集、整理和文章写作方面的帮助。这四部文集中还收录了许多媒体记者如梁志坚、林鹰、王缨、陈伟、张凌、严学锋、刘文波等对我的采访或撰写的与我相关的新闻稿，均为该系列文集的成书贡献了力量。

白益民

2015年8月18日

前言
PREFACE

中国经济需要向谁学习

日本经济的社会主义特色

单从宏观经济领域考察日本经济模式的本质有一定片面性，日本经济模式的真正优势和特点在微观经济领域，日本堪称“微观经济的王者”。日本经济体制保留着战时统治经济的属性，明显带有计划经济的色彩。有西方学者称日本经济体制“从外看是资本主义，从内看是社会主义”。

日本在战后实施经济管制和政企不分的国策，1946年8月，经济界成立了经济团体联合会（简称“经团联”，职能相当于中国的国资委），它是战前的日本经济联盟会及战中的重要产业协议会的延续，包括了所有的大型工业企业、金融企业和高技术企业。1948年2月，在已经存在的行业协会、地区企业协会的基础上，进一步成立了日本经营者团体联盟（简称“日经联”），绝大多数的中小企业也被联合。

2002年5月，大企业团体经团联与中小企业团体日经联合并，组建了新的经团联，会员总数1 623个。其中，日本的主要企业1 306个、行业协会（如日本钢铁联盟、日本自动车会等）性质的全国团体129个，地方性质的经济团体47个。

新组建的经团联初代会长乃时任丰田总裁奥田硕，副会长则是新日铁、三菱重工、住友商事、东芝、SONY等日本大公司的总裁；二、三代会长分别为佳能总裁御手洗富士夫和住友化学总裁米仓弘昌；2014年6月

3 日，东丽公司董事长榊原定征出任新一届经团联会长。

除了有全国性质的经济指导机构外，日本企业还建立了各式各样的集团，我们把这些集团划分为“横向企业集团”和“纵向集团企业”两种。“横向企业集团”是主要的集团企业为加强彼此的相互关系所组成的大型企业集团群，如三井、三菱、住友、富士（芙蓉)、三和、第一劝银这六大财团。“纵向集团企业”是一个在母公司一元化、垂直领导下活动的有机的事业集合体，如丰田、东芝这样的大型制造企业集团。

日本经济模式在高速发展时期采用的是类似于社会主义国家的完整产业链构建，金融部门向重点产业低利融资。日本企业自有资本很少，大部分是来自银行的金融资本。日本资源匮乏，要靠出口换取资源。输入则严格限制，强制进口替代，积极导入技术。在整个产业上大集团协同作战，即协调统一发展，着力发展重化工业、装备业、电气电子等基干产业。

对内分权，对外联合

为什么日本在战后采用现在认为僵化的计划经济体制却没有造成效率和效益的低下呢？这是充分竞争和外界压力的结果。

日本在经济上面临竞争和压力，采用资本主义式的计划经济增强企业竞争力，某种程度上和中国采用社会主义的计划经济、构建自主工业体系的方式有异曲同工之处。区别在于，中国曾经整个国家就是一个“大财团”，绝对集权，导致僵化；而日本有六大财团，通过市场作用，既有竞争又有合作，形成“幕藩体制”，达到集权与分权的对立统一。

日本作为一个资源匮乏、国内市场狭小的国家，如果不能进入国际市场，无疑就是死路一条。虽然当时日本的经济竞争力非常有限，但是加入关贸总协定（WTO 前身）是国民经济发展的必由之路。“入关”后，为了应对国际垄断资本的巨大挑战，日本政府和经团联等机构积极推进了诸多保护本国产业、促进民族企业发展的计划和措施。就在 1955 年加入关贸总协定后的几年中，日本六大财团逐渐恢复和形成。

推动制造业的超常发展，综合商社作用不可估量。综合商社作为日本财团企业占领国际市场的先锋军，在整个 20 世纪六七十年代上演了一幕幕所向披靡的动人画面。日本的电器、电气产品和汽车席卷整个美国、欧洲市场时，综合商社便起到决定性的作用。

正是从这一时间开始，日本采取“稳定股东工作”的措施，重新组建以主办银行和综合商社为核心的、聚集大型企业的、以相互持股和内部董事为特征的财团体系。与此同时，国家经济命脉真正掌握在这些财团企业内部培养起来的、高度忠诚的、具有责任感的、实践型的职业经理人手里。这种由财团机制建立起的日本模式，或由此形成的东亚模式，成为发展中国家在短期内迅速跻身经济强国并形成持续发展能力的成功范式。

任何企业的合并，其本质都是人员的融合，日本集团企业长期的军队化体制和共同的文化传承，大大降低了企业间融合的成本。力量聚集的同时并没有让企业形成尾大不掉的局面。中国的经济学家们一直认为在中国企业做大很容易就做亡了，这一方面是中国企业做大的时候没有做到真正意义上的融合而产生统合力量，另一方面则是中国缺乏企业间融合的外部环境。

在日本，企业融合并形成新型财团时，有一个集金融、产业和商业的结合点——综合商社，它是企业之间的纽带。日本财团的本质就在于“财团”二字，“财”代表“金融”，“团”代表“商帮”。金融中的企业间相互持股被称为日本财团的“舰队护航体制”，而财团则是现代商帮的体现形式。

“岂只一衣带水”

在东南亚经济危机以后，日本经济界提出了“中国大活用”“超制造业”“国际垂直分业体制”等构想。**“中国大活用”是指实现中日两国关系产业互补。“超制造业”是指日本脱离制造工业，从事研发和部件制造，将组装放在中国完成。“国际垂直分业体制”则是指将生产一个产品所需要的多道工序垂直地安排到全球。如今这些构想已经全部实现。**

中国经济发展与日本密不可分，主要因为三点：一是日本拥有优秀的技术实力和为确保技术优势而对研究开发的巨大投资；二是日本企业能向中国提供经济建设不可缺少的高质量产品；三是日本能向中国提供工业生产必不可少的大型生产设备。

中国的经济发展导致制造业对日本的材料和零部件的强有力的需求。中国钢铁产量虽然为世界第一，但是高级钢材却很少。高强度钢、电磁钢、表面处理钢这些具有高利润附加值的高级钢、特殊钢均被日本所垄断。中国生产汽车部件的机床年均工作时间高达3500小时，只有日本生产的机床能保证连续5年性能不变。在重工业的生产资料上，中国很依赖日本提供的大型设备。

中国高速铁路建设引进的是川崎重工的技术，机车原型是日本新干线E2－1000。中国向日本订购的60列火车中，有3列在日本完成，并完整交付中国；另有6组以散件形式付运，由中方负责组装；最后提供中国国内制造剩余的51列列车所需要的设备等知识产权，但一些高技术部件中国仍需进口。

中国这个崛起中的大国过多的对外依赖，会导致现代化的基础不牢靠，经济安全和国防安全也不牢靠。对外开放和自力更生，是可以并行不悖的。科技部资料显示，中国全部固定资产投资中的设备投资，有2/3依赖进口。如果将制造业分为产品制造业和装备制造业两部分，那么中国装备制造业占全部制造业的比重不到30%，远低于美（42%）、日（44%）、德（46%）。

从“宏观经济管理”向“微观经济管理”转变

中国作为一个全球新兴的制造业大国，世所公认，其未来趋势与地位，将可直追19世纪的英国、20世纪的美国及日本，但必须指出：制造业大国不等于经济大国，甚至中国目前是否已经是一个十足的制造业大国，也有商榷余地。

今天中国“全球（产品）制造业王国”的称誉，是建立在大量耗用原材料、大量耗用能源、大量耗用初级劳动力、大量进口发达国家的知识产权及大量牺牲环境及生态资源的基础之上的，近年来能源消费增长率大大超过经济增长率。

在电子信息产业，中国企业与国外企业展开了激烈的竞争。华为总裁任正非说过一句著名的话："欧美的专利如今已经占领了山顶，我们就要用专利把山脚围起来，让它们下山的时候绕不开我们的专利，然后用山脚的专利去换山顶的专利。"

中国改革开放以来累积了巨额财富，在完成原始积累后，应该把这些积累投入微观经济的可持续发展，像大飞机、航母的建造是重新建造和培养中国制造业的契机。同时，这些大型建设项目应该尽量让有技术积累的民营企业参与进来，带动中国企业间的跨行业合作。

当审视我国微观经济领域时，一种巨大的危机感油然而生。近年来的中国企业百强中（销售额排名前100家），电力、能源、电信、银行、保险等国有垄断型企业占据了大半，而靠自然发展壮大的纯民营企业寥寥无几。很难想象在未来20年内，依靠低技术含量的低端资本来带动国民经济的发展，是一个稳步走向崛起中的大国之所为。

谁主沉浮：中国微观经济主体在哪里

随着我国经济改革的深入，政府逐渐退出了微观经济管理，取消对企业与银行的监管，并大幅减少国家配置资源的范围与程度。宏观经济调控、完善市场经济、对资本市场进行改革虽然很重要，但是不应该忽视微观经济领域，因为这是国家经济的基础。中国现在迫切需要研究日本经济模式，为经济体制改革提供多元化的思路。

日本20世纪五六十年代曾采取各种措施抵御外国投资者的竞争，保护民族工商业和民族资本的发展，对我们认识当前经济形势和解决制约经济发展的诸多问题具有极其重要的参考价值。崛起中的中国民间企业，正越来越多地担负起微观经济的重要职能。日本财团与韩国财团的模式对整合和壮大中国民营企业有着很实际的借鉴意义；而以综合商社为纽带的微观经济管理模式有着更为巨大的借鉴意义。

20世纪90年代，在"走出去"战略下，中国学习日韩模式，做大做强中国企业曾成为一种主流趋势，其间出现了研究综合商社的高潮。这一时期出版了《日本综合商社》等大量专著。以"综合商社"为关键词，查维普中国期刊库，1991—2000年间相关的论文有250篇。

然而2001—2005年间，同样以“综合商社”为关键词查维普中国期刊库，相关的论文只有25篇。中国最大的网上书店当当网居然没有一本有关“综合商社”的专著出售，而关于三井物产这家日本头号综合商社的书仅有一部——《三井帝国启示录——探寻微观经济的王者》（2006年8月出版）。

中国的经济学家和经济领袖们是否注意到，隐藏在背后的以综合商社为主导的日本大财团正以准军事化的组织模式和行为方式部署它们的中国战略，并在全球扮演着微观经济管理角色。现在，当我们在“正面战场”（宏观经济）上防御美国的金融资本（对冲基金）时，却忽略了日本的商业“军团”（综合商社）正在悄悄地潜入我们的“后方基地”（微观经济）。

在改革中，由政府重点改革和扶持的银行体系承担起中国宏观经济管理的重任。那么，谁是中国微观经济管理的主体呢？要把它交给日本的综合商社吗？中国人自己的综合商社在哪里？

原文发表于《中国财富》2007年6月期，作者：白益民、袁璐

目　录
CONTENTS

第三章
战后重铸共生体系

第四章
同舟共济 乘风破浪

第五章
财团舰队 整体作战

第六章
日本政界财团魅影

第七章
日美模式如何抉择

第八章
民企打造日式财团

第九章 央企试水财团模式

第十章 内和外战 东亚谋局

第一章 日本财团在华攻略

1905年，日俄战争结束后，三井、三菱、安田等日本财团迅速挺进东北地区，利用中国的资源和劳动力将生产出的煤炭、机械、农作物、木材等销往欧洲，为财团发展积累了巨额财富，也为日本实行对外侵略扩张奠定了经济基础。

当我们还在为2010年中国GDP赶超日本而沾沾自喜时，日本财团正以围绕“全套完整产业链”而构造的组织结构，以主办银行、综合商社和制造企业“三位一体”的方式，在全球范围内争夺原料、技术和市场。所谓“全球”，自然也包括中国。

在日本企业看似无关甚至激烈竞争的背后，却有着更多的共谋。从基础制造业、高科技产业到能源矿产，以三井为首的日本财团在中国展开了令人震惊的精妙布局，众多中国企业被日本财团层层“捆绑”，中国在诸多产业中已逐渐失去了核心主导权。

作者题注：

日本财团其实一百多年来，一直精心规划和实施着自己的“一带一路”计划，特别是近二十年在中国进行了卓有成效的隐身布局。研究和学习其在中国的扩张与发展模式，可为中国当前“一带一路”的出海战略提供宝贵的经验与案例。

本章提要

三井财团成功地将上海宝钢纳入自己的“利益共同体”中，并将其打造成一部“超级提款机”，从而在铁矿石涨价、海运费上升和钢材物流布局中享用着一道道“美味大餐”。

日本是一个财团结构，是一套体系，日本的产业、商业和金融是配套的，所以我们看到“陆军”（制造业）登陆后，“海军”（商业）紧随过来，现在日本“空军”（金融）也开始进行有选择性的“轰炸”了。

日资在中国活动有很长时间，并不轻易下手，一般都是寻找合作伙伴，把上下游连接起来，然后再掌握整个盘子。一旦中国出现危机，它们就可以把合作伙伴的资源全部拿到手里。

从汽车配件产业版图看，中国的汽车配件市场早已沦为日本的“殖民地”，不但生产规模完败，而且合资企业的高科技，本土汽车企业掌握的也是寥寥无几。从日本大地震引发的全球“车荒”中，可以清楚看到日本在汽车配件产业中的地位。

日本物流企业的结构是金融、商业、产业资本相结合，这种模式的渗透力和组织力极强，一旦在中国形成网状结构，相互之间的结构就显得非常牢固。而财团间物流企业相互扩张、相互配合，也在挤压着中国物流企业的生存空间。

“入世”这十多年，中国得到了什么？我们真的拿到了国外技术吗？我们真的完全进入国际市场了吗？我们实际上是在给人缝裤子缝鞋。在贸易环节的最低端，产业链的最低端，我们的劳动力实际上是被廉价地使用，资源却控制在人家手里。

第一节

说出日本财团的“阳谋”

财团——“阳谋”的总导演

日本有六个著名的财团，即三菱、三井、住友、富士、三和、第一劝银。这些财团与银行、制造企业保持着紧密的联系，各大成员企业间形成松散的联合体。这六大财团的前身是日本著名的四大财阀——安田、三井、住友、三菱，二战之后，这些财阀表面上分崩离析，实际上解散之后的各个企业之间以“经理会”的形式长期保持合作关系。

当我于1993年底进入三井物产（株）北京事务所工作时，正是日本陷入所谓的“失去的十年”之际，然而我经历的却是繁忙的工作、奢侈的花销和大量推进中的投资项目，并未体会到衰退的景象。1996年，在公司的东京总部研修时，白天看到的是井然有序的工作，晚上见到的是觥筹交错的生活，体会不到萧条的景象。为什么日本非常乐意接受人们大肆谈论它的不景气呢？其背后有着非常隐秘的战略目的。

我在《三井帝国在行动》一书里揭露了这个战略目的，那就是以综合商社为主导，以制造企业为武器，在财团的统一整合下掌控全球产业链各个环节的商业布局。

如此看来，索尼、东芝以及我们耳熟能详的松下电器、丰田汽车不过是财团推到消费者面前的品牌表演者而已。而真正主导日本经济的力量来自以三井最为著名的六大财团。六大财团同时也是构筑日本社会秩序的重要基础，是日本国民生活方式、组织方式以及儒家文化的集中体现。

日本财团通常是以横向联合的方式由三个核心部分组成：主办银行，综合商社，大型制造企业。以三井财团为例，樱花银行是其主办银行，三井物产是综合商社，而丰田汽车和东芝电器就是具有代表性的纵向发展的制造企业集团，通常称为“企业系列”。

另外，一些现代金融机构如保险公司和证券公司也通常被划归某一财团，但它们的独立性更强，很难说它们是财团的核心成员，却是作为财团核心的综合商社的主要股东。

这些企业之间通过交叉持股、互派董事交织成一个庞大的商业网络，它们的理想就是网罗住所有涉及行业的各个环节，当然，除了资本的关系之外，长久的合作使得它们好像一家人一样，当所有人都在批评日本商业文化重视人际关系而漠视规则的时候，没有人意识到正是长久稳定的协作关系构筑了日本庞大的海外商业帝国。

合纵连横的综合运用

经过综合商社的统合，实现产业链各环节企业间相互环形持股，最终形成利益共同体

这种模式可概括为“左手”与“右手”掰腕的做法，通过综合商社这个参谋部让产业链上的全球企业不知不觉中被牢牢掌控在财团的双掌之中。

以钢铁行业为例，日本钢铁企业30多年来通过各种方式直接或者间接地参股巴西、澳大利亚等国家的铁矿，控制了钢铁产业的上游资源，从而挟制了中国及其他亚洲国家钢铁企业的发展。同时，在三井物产的推动下，三井财团旗下的新日铁和中国宝钢开展多方面合作，在实现宝钢经营多元化的同时，也给自己带来巨大的收益。

所以，即使铁矿石涨价，新日铁会受到一些损失，但控制了上游资源的三井财团却能从中渔利，也就实现了整个财团的利益最大化。

日本模式的强大力量，让人看到了继承儒家文化的企业之间如何团结协作、扩展海外版图，也看到了财团经济侵入的种种布局。这一场阳谋并不恐怖，或许会给亚洲国家带来新的启示。

这个启示或许就是，亚洲新兴国家是否该有一种自己的模式，一种不同于美国的模式，来创造利润，这种模式有强大的财力支撑，有信息通畅的商社作为先锋，有优秀的制造企业攻城略地。合纵连横、交相渗透，纵横捭阖、层层占据，这样的商业模式是否会让那些美国经济“传教士”们感到一丝寒意呢?

日本的优势所在

实际上我在三井物产工作了12年，我发现日本不是有什么阴谋，而是种“阳谋”。这就是它们常常是一个军团在作战，金融、商业和产业三位一体。而中国现在对经济制度的理解都是美国模式，也就是，金融和产业、商业分离。

这是因为东南亚经济危机以后，经济学家认为金融如果介入产业里是有风险的，而忽视了把资金撤走之后等于切断了产业链，本来金融之间相互持股，实际上是把一些公司串联起来，这些公司在产业链上有分工协作。日本实际上是这样的方式，财团通过商社和制造企业将产业链整合起来。

如果按照美国的经济制度设计的话，金融和商业各自为政，甚至互相争斗。商业想办法怎么获取商业利润，压迫产业利润，这不是一种共生的体制。理想的模式应该是，商业扶植产业做大，再从产业做大、做强的过程中也获得利益。

金融也是如此。从产业里撤出来之后，金融的想法就是消费心态，它的想法就是投入生产风险大，投入消费风险小。然而美国次贷危机告诉我们，投入消费的心态照样有风险。所以日本遵循的是将金融投入生产领域，通过生产的扩张，到全球市场扩大，占领市场，获取利润的模式。而美国更倾向于把金融作为牟利的手段，通过各种衍生工具牟利。

我当年供职的是三井粮油部门，辞职以后花了三年的时间把各个日本模式的案例搜寻出来捋一捋。也正是因为我有在三井物产工作的经历，所以能够把这些资料和事实找出来。

我是1993年底进入三井物产工作的，当时也是中国经济起飞的阶段。那段时间，日本企业开始大规模向东南亚扩张，日本企业的排名都是排在世界500强前10位。日本企业尤其看好有着10多亿人口的中国市场，其在东南亚的布局也主要针对中国市场，当然，同时也在中国市场潜心布局。

进入三井之后，我开始接触商业。当时三井的很多生意都是跟美国做，所以表面上看是在日本的商社里，实际上是全球的贸易公司。在这个环境中，既能体会到日本的经营，又能体会美国人做事的方式。比如有一个很重要的感受就是：日本人做事计划性很强，我印象最深的是1994年要跟中信合作，做大蟹岛的粮油方面的项目，日本人掌握的资料文件非常详尽而且成体系。可见，做这种贸易在日本已经很成熟了。我相信这种商业习惯是经过100多年沉淀下来的，是有继承性的，不像美国的公司没有太大的继承性，这些人干完就走了，来的人都是人才市场招聘的，都是商学院进来的人。在日本的大型公司里，继承性很强，基本上是师傅教徒弟，一点一点带出来的。

儒家文化的传承者

日本终身雇佣的优势就是比较稳定，可以长期积累，而不只是发挥个人的聪明才智。老员工随着阅历的增加，职位也就一步一步升上去，它们在指导工作的时候就比较了解历史，根据历史经验再去推广，可能创新性不强，但是能够把很多积累的东西发挥到最大的力量。

日本的产品都体现了这一点。哪个产品是日本发明的？基本上都是美国人发明的。但是你会发现占领市场的却是日本人，占领一段时间再把这些产品转移到其他的国家，但是它要保留核心的技术不断升级，你跟不上它的升级。这种升级的能力也表明人员的稳定性，因为只有这样，才能不断改进、改良。

其实这就是东方文化积淀在里面。中国传统的儒家文化无非讲究一些秩序，讲究晚辈要尊敬老一辈。汉朝为什么能持续几百年的基业，能够建立那么大的帝国？实际上可把一个国家看成大企业，而企业做大了也可以说是一个国家，你的文化要想长期沉淀下去，得用汉朝的一些制度文化。日本企业里基本上传承了中国汉朝、唐朝、宋朝的文化积淀，跟社会也是统一的，跟家庭观念也是统一的。

中国目前的情况就是社会已经基本美国化了，你想让企业回到传统经营文化是很难的，因为商业文化都是自由主义，整个社会也是这种状态，要求企业强调这个文化那个文化是很难做到的。我在三井发现日本的工作环境和中国的企业大相径庭；接触到的企业家经营的方式、思维方式、做事方式大不一样。而且有很多舆论说日本的这套是不行的，我当时也在反思，我在日本公司里也得考虑，如果都说日本不行我在这里工作是否有前途呢？

商社与制造业的联姻

1996 年的时候，我因为有一单生意做得不错，有机会去东京总部研修，实际上，很少有外国人进入它们的核心机构学习的。

去了以后我看到它们总部的工作非常严密。1996 年电脑在中国还不太普及，而在日本已经非常普遍了，强大的信息网络给三井的工作提供了便利条件。之后我又参观了一些制造工厂，发现日本企业在信息建设、自动化等方面已经非常完备了，领先中国企业很多。

最重要的是，也是在这个时候我发现日本的商社之间存在着表面竞争、实则合作的现象。比如三井做大宗贸易的时候，三菱商事、丸红商事这几家商社看似是竞争的，但实际上每个月负责人都要坐在一起共同探讨市场的变化。它们通过一段时间的竞争都有各自划分的客户群和地区，所以在竞争的过程中有时候有冲突，但是它们会进行协调，因为谁都不想得罪谁。

这让我发现，日本人是真正的商人，这和企业家是有区别的。企业家更关注企业的产品，然后视野慢慢放大再看外界。但是商人占的制高点就是市场的角度，然后再去观察商品，角度是不一样的。

比如丰田汽车公司就是这样，它受三井的影响是很大的，先从市场的角度不断把它的制造业做起来。而日产则是从技术出发来研发产品。日本人称呼这两家公司为“技术的日产”和“商人的丰田”。而商社的作用就是关注市场，把市场带给企业，企业根据市场情况配合运作。

很多学者都发现索尼和三井财团的关系密切，但不会说是财团的成员。实际上，索尼成为三井的成员经历了一个发展的过程，可能在 20 年前不够明显，随着现在的分工和竞争，索尼跟三井共同投资，两者关系变得越发密切，这个密切不是美国式的通过控股彼此联系。它的密切可能不是控股，可能是相互持股，可能共同投资。这是亲家的关系，两个儿女如果

本书由提出“边际产业扩张论”的日本经济学家小岛清著，于1984年出版

结婚了，两个亲家是不是就是一家人了？实际上就是这种关系。不光是一对儿女，我有十个儿子，他有十个女儿，不止一对在结亲，这个亲家就更紧密了。

商社最主要的工作就是整合产业链。你会发现中国的经济体制是很零碎的，无法进行大生产。而日本的商社就把这些产业组织起来，通过贸易投资，把这些企业关联起来。本来这个企业和那个企业没有太大的关联，但是因为商社在里面投了10%，实际上通过商社就发生关系了。而且它们的投资不是单线的，有时候这儿投了一部分，那儿又投了一部分，它们之间又有投资关系，这样就成了网络。别看只投了10%，但是能够帮你把这个网织起来，而且有了网就有信息源，能够把这些信息揉到一起，从中发现商业机会。

实际上商社并不介入企业的经营当中，人家本来是这个行业的专家，我商社干吗要参与经营呢？利益分配就是商社从企业制造产品的销售中获取利润分成。有些厂家也有自己的制造业商社，也可以获得利润。如果在利润分配上有冲突就坐下来交涉，大家坐下来划分一下市场。比如NEC去占领中国市场，东芝就跑到越南去发展。开始可能到一个市场打，打到一定时候企业之间就会进行协调，这个协调并不一定商社出面，大企业之间也会坐下来协调。

“哭穷”背后的财富

二战之后日本的财阀都被拆开了，实际上还是在彼此联系。

原来的财阀有点自上而下的控股关系，解散了以后就变成了财团，它们之间相互持股。你会发现三菱这个财团自上而下的结构还是非常明显，比三井要明显。三井感觉更松散一些，实际上只是表面松散，其实它们的协作很强。三菱的结构有点财阀的感觉，但也不是完全的财阀，因为有反垄断法的制约。所以，解散的只不过是当时家族的人，家族的人是资本方，不是实际经营者，经营者是经理人，经理人没解散，平常还有来往，最后又形成了财团，也正是这些经理人在操纵这些企业。

1997 年亚洲金融危机之后这种财团模式才真正成型的。当时亚洲经济危机对日本企业打击很大，商社相继退出了一些领域，并且开始把生产制造向国外转移。美国人认为控制一家企业就是要控股，但是日本人不这么想。它们通过商社控制资源的上游和市场。

宏观经济我们一般用 GDP（国内生产总值）来衡量，如果你看温州，温州的 GDP 增长在浙江是倒数的，但是你会感受到温州人在全国、全球不断扩张，这跟日本是一样的。日本本土的 GDP 虽然不增长，但是并不代表它没在全球扩张。日本的 GDP 上不去跟它的需求有关系，跟人口老龄化、产业外移等很多因素有关。

所以要衡量发达国家的时候，不要用 GDP，应该用 GNP。如果算 GNP 的话，日本肯定是两位数的增长，GNP 是什么？在发展中国家 GNP 是 GDP 减去外资投资的部分，所以 GNP 是小于 GDP 的。但是如果在发达国家绝对是 GNP 大于 GDP。你说日本人哭穷，其实它们心里也明白自己不穷，只不过是打消你的敌意。日本在全球扩张，如果它们整天耀武扬威的，肯定招人恨。中国人现在就招人恨，到处扩张。

中国若想发展自己的财团模式，现在最大的矛盾是中国的国有企业和民营企业打内战，韩国和我国台湾地区都是民营企业占主导，国家资本退出，让民营企业自己做市场，让这些企业家发挥作用。

但是如果单纯靠民营企业慢慢积累也来不及，所以应当让国有企业和民营企业合作，才能发展好民族的产业。

原文发表于《东方企业家》2008 年 12 月总第 237 期，作者：陈伟

第二节
日本财团与辛亥革命

乘虚而入的日本财团

中国的封建时代，恰似一场又一场盛装大戏，台上封侯拜相，台下落寞潦倒。等到锣鼓停声，改朝换代，一切贵贱穷富，皆归乌有。大清朝也不例外，这场戏足足演了267年，到了1911年，终于演不下去了。

彼时清廷与西方列强缔结一系列不平等条约，割地赔款、开放通商口岸，威信一落千丈。轰轰烈烈的洋务运动在带来一定技术革新的同时，也带来了严重的腐败。宣统三年，作为“中央机关事务局”的内务府，其一年支银的预算高达1024万两，而在咸丰朝时仅为40万两，足足增加了24倍。

至于冒领公款、挥霍浪费甚至侵吞赈灾钱款等更是层出不穷。两广总督岑春煊巡视陆军学堂，光一次宴会就“动需洋酒千数百金”，为此还专门在衙门中设立“洋酒委员”一职。甚至连军队都大量参与走私贩私，号称世界八强的北洋海军，其内部的腐败也是造成甲午一战全军覆没的主要原因。

然而与此同时，甲午战争的另一方——日本，却借此机会迅速发展壮大。**借国力强大之东风，以三井物产为代表的日本财团不断扩张势力范围，最主要的交易商品除稻米外还有煤炭，并出口到新加坡和我国的上海、香港、台湾等地**。在政府主导之下，三井与各地炭坑缔结独家贩卖契约，其承办数量一直增加。另外，对应日本纺织业的兴隆，也扩大棉花与纺织机器的进口。

甲午战争的获胜为日本带来巨大利益。首先以2.3亿两的赔款金进行日本的金融改革，确立了金本位体制，拥有了能与欧美诸国竞争的经济实力。同时由于领有了台湾与澎湖岛等殖民地，以及取得中国承认朝鲜独立并开放朝鲜的四个港口，开始开拓与独占我国台湾及朝鲜市场。

这些，都成为日本资本主义确立的契机，亦成为三井物产发展事业的

契机。三井物产随着收益增加和资金丰沛而开始金融活动，投资各种公司，并形成三井物产联合企业群。

独占东北 称霸上海

1905年，日俄战争结束，日本取得了南满的殖民权益。日本势力扩及中国东北，取得了大连与旅顺的租借权，也接收俄国拥有权益的中东铁路（自旅顺至长春），还获得鸭绿江右岸一带的森林砍伐权、安东—奉天的铁路使用权以及铁路沿线驻兵权。

图为南满洲铁道株式会社鞍山制铁所大孤山铁矿，而作为满铁中兴之祖的山本条太郎原是三井财团和政友会首脑

日本的财阀势力随着军阀势力踏入南满，三井物产亦随着日本势力进入我国东北地区，也开始开拓东北市场。三井系对南满大举投资，先后取得了鞍山铁矿和抚顺煤矿的开采权。

三井进入东北地区后，安田、三菱等财团的势力也尾随而来，安田在一年中的投资规模甚至一度超过三井的三年之和。

明治三十九年（1906），日本财团已经完成独占东北市场的准备，而开始棉布、武器、砂糖、面粉等的贩卖，以及大豆、豆饼、杂粮等的收购出口。当时在欧洲大豆是肥皂原料，豆饼为饲料，需求量颇大。

明治四十一年（1908），三井物产开始将大豆出口至欧洲，销售成绩非常好，获得成功。当时，在华日本财团的重要经办商品是煤炭、棉花、棉纱、棉布、蚕丝、砂糖、机械、金属器物、稻米、大豆、豆饼、木材……所经办的商品五花八门，这些重要项目都是让日本财团势力得以顺利发展的基础。

霸占东北市场的同时，以三井为代表的日本财团也开始把对华资本输出的方向集中到上海。上海附近产蚕丝、稻米、棉花。纺织业是当时上海

的支柱产业，各国纷纷投资。

在寸土寸金的上海寻找厂址是最令人头痛的。于是，三井把目光转向了底子薄弱的中国民族资本家兴办的纱厂，虽然规模不大，但还算有厂房、有设备，只要盘过来，投入一些资本便会产生活力，可以和英美人竞争。

1903 年，三井看上了位于上海市区的大纯纱厂。这家厂距离三井在上海的据点三井面制厂很近，便于管理。厂虽不是资金雄厚，却占有很大一块地方，有伸展余地。于是，三井便开始购入大纯的股票，大纯股很快成了上海的红头股，价格直线上升。

到 1905 年，三井成了大纯最大的股东。于是，三井便虚张声势，大量抛出股票。由于此时的大纯股正处于高价位，而三井作为大纯的第一大股东大抛股票，使其他握有大纯股票的股东对大纯丧失了信心，也一哄而上，猛抛大纯股。

于是，三井趁着自己营造的低价位，马上大批购入大纯股票，从而完成了对大纯纱厂的收购。

“慷慨解囊”的政治投资

一方面，在经济领域大举投资，另一方面，日本也瞄准了中国另一个有利可图的领域——政治。

早在 1895 年，孙中山在秘密策划广州起义之际，便经英国人康德黎博士介绍，结识了日本人梅屋庄吉。这年 3 月 1 日，在梅屋的联络下，他来到日本驻香港领事馆，拜访中川恒次郎领事，以争取日本对起义的支持。

据中川提交日本政府的报告，孙中山领导的革命党“缺乏武器，需要步枪 25000 枝、手枪 1000 枝，欲求为之筹措”。

4 月 17 日，中川恒次郎再次报告孙中山来访事宜：“其后，孙文仍时时来馆，提出务欲我国予以声援，但从来与我方并无关系。总之，孙文等所说的要在两广独立成立共和国，只不过是空中楼阁而已。”

可见当时日本对孙中山的政治主张并无太大兴趣，面对严重缺乏资金而四处求援的革命党人，也并无任何同情之心。然而，随着武昌起义一声炮响，革命形势一片大好，日本政府及其背后的金融势力终于按捺不住，

立刻主动提出愿为新政府提供贷款。

南京临时政府刚刚成立之时，因西方势力不予支持，无法从各大银行获得贷款，经济上十分困窘。据胡汉民回忆，有一次安徽特使来南京请饷，竟发现“财政部”金库内仅有现洋10块。由此可见南京临时政府处境之艰难。

这期间南京临时政府还曾得到时任三井物产公司上海支店店长的藤濑政次郎等人的大力帮助，三井公司同意提供300万日元的武器贷款，但因受到日本政府官方某些人员干涉，这项借约没有生效。

而后，在秋山定辅、宫崎滔天等人的推动下，日本政府才开始伸出橄榄枝，并且出奇的“积极”和“主动”。日本方面派出宫崎滔天、山田纯三郎等人从中撮合，提出南京政府以苏省铁路公司、汉冶萍公司、招商局为担保向日本方面贷款的计划。

孙中山与山田纯三郎，后者为孙中山与日本朝野的联络人，同三井关系密切

与此同时，日本大财阀阪谷芳郎也提出“帮助”中国筹建中央银行，条件是，南京政府向日本借款1000万日元，以阪谷芳郎为银行总监。集股成立后，资本金为日币1亿元，政府股份为3000万元，以官有财产为股份证券抵押，年利率6%。这个拟议中的银行，还有发行纸币的特权，特许有效期50年。

幸而此时，尚有一批头脑清醒的中国实权派人物及时揭穿日本的阴谋。大实业家张謇致信南京政府道：

“凡他商业皆可与外人合资，惟铁厂则不可；铁厂容或可与他国合资，惟日人则万不可。日人处心积虑以谋我，非一日矣，然断断不能得志。盖（日本）全国三岛，无一铁矿，为日本一大憾事。民国政府建立伊始，纵不能有善良政策为国民所讴歌，亦何因区区数百万之借款，遗他日无穷之累，为万国所喧矣！”

此后随着中国政局动荡，日本财团密谋投资中国政治的计划亦无果而终，但清朝灭亡前后数年日本财团在中国东北地区建立的稳固经济势力，却成为该国日后发动侵华战争的基础。

原文发表于《环球财经》2011 年第 11 期，作者：白益民、王宇

第三节

三井“蚕食”中国钢铁产业链

从建设宝钢入手布局

1977 年 1 月下旬，冶金部明确在上海建设“上海宝山钢铁厂”（宝钢集团的前身），主要从日本新日本制铁株式会社（简称“新日铁”）引进技术装备。而新日铁也正是看准了中国钢铁企业要生产大量高档产品就必须进口设备和技术的现实，以提供生产设备和技术为先导进入了中国的钢铁行业。

纵观国内的大型钢厂，几乎都从新日铁引进过设备和技术，而宝钢几乎全部的生产设备和技术都引进自新日铁。

2007 年宝钢日报刊登的“宝钢新日铁友好合作 30 周年庆典活动”，宝钢集团公司董事长徐乐江、前董事长谢企华及新日铁社长三村明夫参加了活动

新日铁和三井物产是什么样的关系呢？事实上，三井物产拥有新日铁商事（新日铁的商社）20.132% 股权，而且拥有新日铁 5% 以上的股权。与此同时，新日铁又是三井物产的独立董事。在钢铁贸易方面，三井物产是新日铁最大的钢材代理贸易商。

新日铁虽然不是三井财团二木会（总经理会议）的成员，但实际上，它与三井物产以及三井财团其他成员之间存在相互持股、共同投资、贸易代理等实质联系，已经形成了利益共生关系，很显然它们已成为一家人。

宝钢不仅在“硬件”上与新日铁合作，在“软件”上也不例外。1998年11月，宝山钢铁公司联合重组上海冶金控股公司和上海梅山公司，成立宝钢集团有限公司。时任新成立的上海宝钢集团公司总经理的谢企华开始进行重组后的统一规划、统一经营、统一管理，花费8900万美元引进新日铁的管理软件。

因此，宝钢在对外宣传时，经常称自己将新日铁的管理经验与中国国情相结合，创新出了“集中一贯管理”模式。事实上，这在很大程度更方便了新日铁深入地了解宝钢的一举一动。

新日铁和三井物产相互配合，“帮助”宝钢不断扩张，只是它们“中国战略”的一部分。除了新日铁和三井物产这样的老面孔，三井财团的其他成员企业，如丰田集团等也参与到中国钢铁产业链中。

值得一提的是，三井物产并没有忘记提携其他的日本中小企业，共同在中国钢铁行业进行扩张。相对于为第一梯队提供的周到服务，三井物产对待第二梯队更像一般的业务客户，钢铁生产设备和铁矿石贸易是其中进行最多的业务。

俗话说，“不能把全部鸡蛋放在一个篮子里”，三井财团在中国的合作伙伴自然不止宝钢一家，而且介入中国钢铁产业也并非始于宝钢的建设。

1974年，新中国第二次大规模成套技术设备引进开始，武汉钢铁公司（简称“武钢”）从新日铁引进冷轧硅钢生产成套设备，结束了中国不能生产冷轧硅钢片的历史。武钢项目的实际总投资达到创纪录的近27.7亿元，占整个第二次引进总投资的一成以上，仅次于用以解决穿衣问题的辽阳石油化纤项目。

时至1995年12月，三井物产作为三井财团的核心企业与武钢有了进一步合作，双方合资5000万元人民币，建成主营钢材深加工的合资企业武汉兴井钢材加工有限公司（简称“武汉兴井”），其使用的大型纵剪机组、包装缠纸机组等主体设备均从日本引进，年加工能力5万吨。武汉兴井的主要产品是硅钢片，客户集中在电机、变压器、大型发电机以及家用电器等行业。

其实，三井财团的新日铁和武钢历来就有硅钢生产的合作，而武汉兴井的建立，则巩固了二者的关系。

首钢作为另一家中国大型钢铁企业，与三井财团也有着合作关系。1994年12月13日，首钢总公司、电装（株）、丰田自动织机制作所和丰田通商合资29.5亿日元，在烟台建立了生产汽车空调的首钢电装有限公司，各方出资比例分别为50%、30%、15%和5%。电装（株）隶属于丰田集团，是与丰田汽车休戚与共的众多配套企业中的一员。事实上，丰田从创立之初，就与三井物产有着非常密切的联系，并且是三井财团主要的成员企业之一。

统合中国汽车产业链

中国的汽车市场从2002年开始呈现出繁荣景象，汽车钢板的需求激增。然而，中国钢铁企业并没有生产这种钢材的能力。

2002年4月，丰田汽车决定在中国生产乘用车时，首先以较低廉的价格从宝钢采购车门用钢制部件，此后还考虑采购车身用的表面处理钢板。另外，丰田汽车还表示，将从以往的主要依赖日本本土供应钢板，转向从宝钢、武钢、鞍钢和邯钢4家钢企采购车用钢板。这些中国钢企都与三井物产有着不同程度的贸易与合作关系。

为了应对因中国汽车销量增长带来的钢板缺口，除丰田以外，其他日本汽车制造商，如本田、日产也都不同程度地表示将向中国本地钢企采购汽车板，以保证在中国的顺利发展。

对于日本汽车三巨头的表态，宝钢予以积极回应，表示旗下的五钢公司已经与日本大同特殊钢株式会社签订策略合作协定。根据协定，从2005年至2007年，五钢将替代大同特钢，为广州本田供应汽车用特殊钢。以此为契机，作为三井财团主力部队的新日铁开始与宝钢携手并进。

借助三井物产和新日铁的帮助，宝钢在中国汽车板市场上所向披靡。

2005年，宝钢的代表产品冷轧汽车板全年销售172.6万吨，其国内市场份额由2004年的47.3%提升到了51.6%。一汽的载重汽车、小红旗轿车、捷达轿车、上海大众桑塔纳以及神龙、广州本田、风神汽车等都整车或大批量采用宝钢汽车板。其间，全面繁荣的中国汽车板市场也给深入其中的三井物产带来了无限的商机，宝井钢材加工配送公司忙得不亦乐乎。

如今，中国钢铁老大宝钢已经垄断了汽车钢板市场的半壁江山。然而，在汽车钢板市场独占鳌头的同时，自己又获得了多少利益呢？宝钢、新日铁和阿赛洛3家共同建成宝钢新日铁汽车板有限公司，主要生产设备及核心技术均来自新日铁，甚至部分钢板母材也一度从日本进口，宝钢其实并没有掌握多少话语权。

由宝钢和三井物产共同投资成立的宝井钢材加工配送公司，分别于青岛、杭州、无锡、上海、天津、重庆等地成立

事实上，**宝钢只是日本财团全球产业在中国利益链的一个分子。通过与宝钢的合作，新日铁为其他日本企业构建了一个利润通道，从丰田等汽车企业，到三井物产这样的综合商社，都成为最大的得利方。**

汽车企业和钢企的协作，只是三井财团梳理钢铁产业链的一个典型的例子。把产业链组织起来，形成顺畅的利益链条，并不断加固强化这种联系，才是日本财团在经营当中始终贯穿的基本思想。

从三井财团在华钢铁行业合资企业的布局图中，可以很容易看出沿海地区，尤其是以上海为中心的长三角地区，合资企业最为密集。除了三大经济圈，在武汉、长春这样的工业重镇，三井财团也建立了合资企业。由此，三井财团的一张隐形大网已经在中国市场悄然铺开。

中国车不能再当日本“殖民地”

从汽车配件产业版图看，中国的汽车配件市场早已沦为日本的“殖民地”，不但生产规模完败，而且合资企业的高科技，本土汽车零配件掌握得也是寥寥无几。日本很多产业因“3·11大地震”而受到不小的冲击。日本进口车、日系合资车，甚至包括一些欧系车、美系车，都受到零部件供应的影响，全球产生“车荒”。

日本在产业链上进行的是整体竞争，而不是品牌竞争。品牌竞争已经过时。几十年前索尼、松下、丰田进行品牌竞争，后来因美日贸易摩擦而受到美国保护措施的打击。此后，日本便不再硬碰硬地一定要把本土生产的汽车打进美国市场，而是在美国开始建立自己的合资企业、制造企业，甚至扶植当地的品牌。这套新产业竞争模式不仅是在汽车产业发挥作用，还被应用于电子产业。

过去十几年中，日本显示出衰退的表象，但实际上日本很多利益都藏在其他国家品牌的背后。日本在中国有四万多家企业，在全球更多。“日货”和“中国制造”的定义需要更新，中国品牌产品的核心零部件不是自己的，可以被称为“Made in China”（在中国制造），却是“Made by Japan”（由日本创造）。人们应当醒悟，并不是日本依赖中国的市场，而是中国甚至欧美都在依赖日本的技术，特别是高端技术。

中国不能以成为世界第一大汽车市场而沾沾自喜，更多应是从这次“车荒”事件中得到一些警示。以此为契机，中国能反省、重新借鉴日本综合商社和财团模式的成功经验，并指导中国下一步的经济发展。中国亟须做自己的综合商社、自己的财团，进行产业链的竞争，并打造中国独立自主的产业体系，争取在产业链上有更多的话语权。

原文发表于《中国经营报》2009年11月21日，作者：白益民、闫荣伟

第四节
三井财团双重包围 谋局中国

资源包围：从铁矿石到核原料

从东海油气田到钢铁矿，在日本财团的中国谋略中，资源包围是它们隐形的翅膀。

什么是资源包围呢？比如说宝钢，现在最大的一个问题就是铁矿石谈判一直谈不下来。而谈不下来的最大原因，就是我们的上游资源其实已经被外国资本控制了。

这些垄断巨头主要控制两大块，一部分是巴西，一部分是澳洲。澳洲背后是英美的资本在里头，而巴西背后主要是日本的资本。其实在巴西，日本已经进入淡水河谷，其中三井物产已经拥有了淡水河谷母公司12%的股份。

2001年4月，三井财团的樱花银行和住友财团的住友银行合并而成三井住友银行，标志着三井财团和住友财团的金融机构统合为三井住友金融集团。作为三井－住友这个新财团体系中的核心组织，三井物产、住友商事这两家综合商社始终承担着多元化和国际化的重任。

事实上，三井和住友是有所分工的，三井在铁矿、钢铁产业里布局很深，而住友则是从铜起家，而且在南美也有自己的镍矿。在全球的镍矿里头，很多现在正开采和生产加工镍的，基本上都跟三井、住友有很大的关系。

因为中国是世界上最大的钢铁需求地，所以三井在外围控制上游资源，实际上是为掌握其在中国投资的这些企业的上游控制权。

例如，三井物产把新日铁引入上海宝钢，成为其全方位的合作伙伴，而自己又与上海宝钢成立钢铁物流公司——宝井，从而深入钢铁产业链的各个环节。

由此，三井物产可以轻易掌握中国钢铁企业各层面的商业情报，为其掌握的上游铁矿石资源（如巴西淡水河谷）提供准确的定价依据，从而在与中国买家的价格谈判中占据主导地位。

最近几年，三井物产、丸红、伊藤忠等都跑到哈萨克斯坦去圈铀矿。铀矿是做核能用的，而这个时间三井财团的东芝在做什么呢？

2011年5月，国家核电董事长王炳华访问日本东芝，东芝佐佐木则夫会长表示，作为西屋的母公司，东芝将继续为AP1000项目在中国的首堆建设提供强力的支持

东芝花了40多亿美元收购了美国的西屋电气公司之后，又拿下了中国80亿美元的核电订单，表面看是西屋电气在做中国的核电产业，卖设备，卖技术，但实际上背后已经是三井财团的东芝在控制着。

三井物产在两头走，一头从美国拿来技术，另一头到中亚去圈铀矿。

前些年还有一个比较著名的事件，即中海油、中石油并购美国优尼科事件。我们最后还是碰壁了，那么碰壁以后，是谁把它收走了呢？

是一个叫雪佛龙的公司，这个公司虽然也是个美国公司，但如果你仔细去看的话，雪佛龙公司跟三井物产在泰国、澳洲都有着很密切的合作关系，它们实际上在很多地方已形成了一种利益共同体。

类似的案例还包括中铝收购，这也是一件很震动的事。我们发现，中铝当初收购是通过美国的投行，花了100多亿美元进行收购，结果金融危机一来，股价暴跌，再加上欧元暴跌，中铝的账面损失达80%。

2009年年初，中铝其实是想抄一下底来平衡它的损失，结果后来并没有成功。问题出在了哪里？

中铝的网站上有过这样一段叙述，它们在第二次收购时，就在成交之前的一两天，三井物产和必和必拓突然决定一起联合收购力拓，也就是说：三井物产在适当的时机出来搅局了。

技术包围：拿住长虹、联想的软肋

在日本财团的中国谋略当中，技术优势也扮演着重要角色，它们通过技术优势，一步步地瓦解对手，这种策略可以称为“技术包围”。

什么是技术包围呢？以联想为例，当初联想做台式电脑的过程中，并没有与其他的中国企业拉开太大的差距。是什么时候甩开对手的呢？是在1996年跟三井财团的东芝合作后，即从代理东芝的笔记本电脑开始的。

自那以后，联想发展得很快，连续4年，东芝笔记本电脑在中国销量都是第一的。后来，联想开始想做自己品牌的笔记本电脑，这时候就与三井财团之间产生了冲突，于是两家就分手了。

分开以后，联想实际上是委托台湾的企业去加工，然后贴牌。但是，台湾的那些原材料是从哪来的呢？都是来自日本的。联想很快通过委托加工，通过全国建网络，占领了中国第一的位置，把东芝挤下去了。

不久，三井财团的另一巨头索尼开始进入中国市场，索尼是专门来争夺年轻消费者这个领域的。与此同时，NEC、富士通都来了，在这个过程中，日本企业又开始争夺制高点。制高点是什么呢？就是技术，就是上游。资源是一种上游，技术其实也是一种上游。

三井是怎么来争夺技术的呢？东芝、索尼、NEC等，其实都是围绕着IBM来运作的。它们在美国那边花了几年的时间，一直在收购IBM的技术，等收得差不多的时候，我们听到了一个消息：联想收购IBM。**实际情况是：日本企业已经把核心的东西都收完了，当只剩下一个壳的时候，联想开始去收购IBM了。事实上，日本财团已经把很多的东西都拿走了。**

这其实就是一种技术包围。还有一个例子就是长虹在美国受到反倾销诉讼，长虹当时生产的是显像管彩电，价格已经竞争得很低了，然后大量地卖到美国，其实长虹的这些技术，也都是来自三井财团的。

因为长虹的很多技术都是东芝、松下提供的，生产线和很多原材料也都是对方提供的。当日本开始进行产业升级、推液晶电视的时候，中国的显像管彩电就大量过剩了。一旦过剩，必然就会往海外出口。在出口的过程中，首先是在两年之内占领了美国市场，而这个空缺正是日本财团当时让出来的。

实际上在1997年东南亚金融危机的时候，日本已经在液晶产业上推迟了投资，这便给了长虹等中国企业很多市场空间。长虹等在占领美国市场之后，对日本和韩国企业其实有着很大的威胁。

日韩企业担心：通过廉价的销售，中国企业可能会建立一些渠道商，这些渠道商将来会对产业升级后的日韩液晶产业有一定的阻碍作用。在这样的判断之下，最好的方式就是迫使长虹退回中国市场，不在美国市场销售。

于是，我们看到：美国有个叫五河公司的，首先对长虹提出了反倾销诉讼。五河公司，其实并不是生产什么电视的，但为什么会提出诉讼呢？后来经调查，真正提供很多的诉讼参考数据和资料的，是5家公司：三洋、东芝、索尼、松下以及一个叫ORION的公司，ORION虽然是一个韩国公司，却是做东芝代工起家的。不难想象：三井住友财团的这几家公司，在当年的反倾销诉讼中发挥了怎样的作用。

原文发表于《中国经营报》2009年11月21日，作者：白益民、闫荣伟

第五节

中国物流的最大缺失

外资在华物流产业扩张加速

在许多人看来，中国之所以加入WTO，是期待以平等的贸易伙伴身份和西方进行贸易，将自己的产品卖出去，拿回技术。因为根据规定，加入WTO后，中国便取得了多边、稳定、无条件的最惠国待遇，并以发展中国家身份获得普惠制等特殊优惠待遇；而西方国家需要的，则是中国巨大的市场。

然而，“入世”这十多年，中国得到了什么？我们真的拿到了国外技术吗？我们真的完全进入国际市场了吗？

实际上我们是给人缝裤子缝鞋。处于贸易环节的最低端，产业链最低端。我们的劳动力实际上是被廉价使用了，资源却控制在人家手里。

与之相对应的情况则是，“入世”以来，国外产品大举进入中国。我们可以发现，吃穿住行各个方面，尤其是洗发水、奶粉、汽车等商品，位居前列的似乎均是国外品牌。当然，这仅是表面现象，商品背后还有它们的服务，这个服务就是物流，就是供应链。**由于紧攥着供应链这张牌，国外产品在市场上的竞争力日渐增强。随着2005年年底中国加入WTO的过渡期结束，物流业全面开放，外资在华扩张步伐明显加速，占据了越来越多的战略资源和市场话语权。**

传统制造业与物流业正在加快融合发展，物流和供应链越来越成为影响一个产业甚至一国经济命脉的重要力量，像是一个人的“血管”和“神经系统”。一旦链接产业各个环节的物流渠道掌握在他人手中，与之相关的产业也必定受到影响。

日本物流体系的集大成者

“入世”以来，虽然各方对中国物流业的发展都十分关注，但谈论最多的几乎都是以四大快递巨头为代表的国际物流企业，而这些其实都是简单的物流，真正复杂的物流在日本。日本的物流企业表面上看就是一家独立的物流公司，实际上物流企业与制造业、综合商社之间有较深的关联。

商船三井（MOL）隶属于三井财团，不同于马士基等以集装箱运输为主的企业，商船三井的经营范围涉及各个船种，若以总吨位计算，其拥有世界上规模最大的船队

在日本，物流企业与综合商社、制造业形成了网状结构，这种物流的网络要比我们想象中更大、更密、控制力更强。因此，日本物流业真正的“大家伙”并非宅急便那样的物流企业，而是日本综合商社——它像影子一样，隐没在全球93个国家或地区的

某些角落。

这“影子”包括：三井物产、伊藤忠、丸红等六大财团的综合商社。它们是编织产业链的产业组织者，是大财团组织的综合商社；三井财团的商船三井、三菱财团的日本邮船、富士财团的川崎汽船这样的海运物流企业，它们在全球钢铁、石油、煤炭、铁矿石运输中都具有举足轻重的地位。它们形同影子，从不轻易崭露头角，同时又不单单是影子，还是日本企业在华运营背后强大的靠山和输血系统。

由于日本资源匮乏、为外向型贸易格局，其综合商社多发端于贸易公司，而发展到今天，这些公司已经远远超出贸易公司的经营范围。日本综合商社扮演着产业培育者的角色，就像一个“母体”，不断培育新兴产业与公司，是产业的组织者和联络者，打造“全套完整产业链”是其理想。这足以让其“孩子们”（旗下企业）大展拳脚，进行贸易代理，参与生产、金融服务、仓储运输、科技开发等领域，从产业链上下游相关联领域着手控制产业物流。

此外，日本物流企业的结构是金融、商业、产业资本相结合，这种模式的渗透力和组织力极强，一旦在中国形成网状结构后，相互之间的结构就显得非常牢固；而财团间物流企业相互扩张、相互配合，也在挤压着中国物流企业的生存空间。

日本的综合商社实际上是真正意义上现代化物流体系的集大成者，靠的是金融资本对这些产业的链接能力。如果物流孤立于产业，与上下游产业没有持股关系和长期的合作协议，而是一单一单地接业务，就不成其为物流体系了。

有统计数据显示，日本在中国有40000家企业，这些企业通过综合商社这个产业组织者提供的物流服务而高效协同起来，以实现对整个产业的主导权。这个过程需要的是各个企业之间交叉持股以实现企业间利益的捆绑。在中国，则没有交叉持股的出现，在利益上也就无法联系起来。

物流业应是“产商融”结合的平台

中国古话说，“同行是冤家”，这将中国企业缺乏协同意识的一面，描绘得淋漓尽致。因此，在同一个产业或者行业里，中国企业之间往往互相抵触，甚至为了各自利益而相互践踏；走向国际市场，也同样出现了“单兵作战”的窘境。

面对外资企业的打压和包围，“走出去”的中国企业有的败北，有的则深陷在一个小范围内始终不能大展手脚。没有协同，得不到必要的资金、技术、人力等方面的外援支持，只能单打独斗，而不是群体作战、协同互助，因此在业务上很难有更大范围的延伸，进而导致了中国的产业链之困；身在其中的企业，也不同程度地受到限制，发展壮大受阻。

我们还可以发现，日本的企业往往不是平面的。金融、商业和产业的公司之间相互持股，通过相互持股，使企业成为立体的；并且，财团内的企业群体会将集团外部的中小企业群作为长期稳定的交易对象（外包公司），也就是将它们纳入自己的业务经营范围。

这些外包公司有的向着水平方向延伸，如三菱公司旗下囊括了190家成员公司；有的朝着垂直方向发展，丰田公司下属175个初级供应厂商和4000多个二级供应厂商就是最好的佐证。此外，在主要的制造商和全国几千个零售商之间还存在着销售联盟，就如同铸造了铜墙铁壁，刀枪难入。

更出人意料的是，不同的商社之间也存在表面竞争却私下合作的情况。而且商社负责人会定期聚首共商事宜，通过协商和利益均分，确定各自的客户群体和目标市场。这些企业之间都互相交叉持股，有效地保证了各取所需、优势互补、共生共荣。这些都值得中国企业认真参考和借鉴。

“入世”十多年来，外资企业依靠强大的资本和经营实力，在中国市场迅速扩张布点，抢占稀缺的物流网络资源，并逐渐建立起自己的市场优势。在此期间，中国物流业的发展虽然有目共睹，但发展水平整体仍然不高。

国内企业对物流的认识，不应再仅仅停留于仓储、运输等方面，而应该意识到物流具有更为广泛的作用和含义，真正的物流产业应是将产业、商业、金融结合起来的平台。物流产业应该是未来十年中国经济的第一产业，我们应该将物流上升到新的高度，因为只有将物流搞好，做好国民经济的后勤保障工作，才能实现产业升级。

原文发表于《现代物流报》2012年2月3日，作者：白益民、曹亚慧

第六节

日资布局中国商业地产之忧

在华投资格局的转变

经历过房地产泡沫的日资财团，在当下中国持续的调控下，却似乎把眼球瞄向了中国的商业地产。2011年，杉杉集团宣布，将与日本财团伊藤忠商事联合建造浙江第一高楼——宁波中心。同期，杉杉集团与日本三井不动产株式会社共同开发的宁波杉井奥特莱斯商业广场正式开业。

由杉杉集团及日本伊藤忠商事共同投资开发的宁波中心，为浙江第一高楼

同年，三井不动产还在广州正式宣布成立子公司，子公司以资本金3000万日元、员工6人开始启动。成立之时三井宣称，主要是以获得华南地区更多的商业机会为目标。事实上，没过多久，三井就与深圳星河集团进行了商业地产方面的合作。

日本的企业基本上是围绕商业这一主体来运作，然后通过商业反过来控制产业的，同时它背后也是和金融结合在一起的。这种商业地产布局，其实也是为其整个进入中国市场做基点。

我们知道，在华的日资企业现在有四万多家，很多都是这种合资、合

作方式，但独资也越来越多了。最开始日本企业的战略是利用中国的人力资源进行加工组装，再把产品卖到全球各地，对中国市场本身并不十分看重。因此过去的二十年，它们在中国的投资主要是全球化分工，利用了中国的劳动力。然而，现在竞争已经不是简单的产品竞争了，而主要是渠道竞争。而且，日本渐渐开始注重在中国市场的销售，因为它在中国的生产能力很大，而全球很多地方经济又不景气，唯有中国是一个潜力巨大的市场。

但现在日本企业在中国的发展遇到一些瓶颈，即生产企业都要通过一些其他的渠道才能进入市场里面，另外，有很多的产品都需要中国这些渠道商、代理商，比如说国美电器，就代理很多的电子类产品。

日本的产品渗透到了中国的各个方面，包括中国的纺织品，有很多都是日本的面料在中国加工而成的。日本企业实际上是站在了后台：很多商品贴的是中国标签，实际都由日本提供的零部件组装。

另外，从战略角度来讲，日资企业的竞争目前也集中在渠道这一块，消费终端把握了以后，整个链条就打通了。因为日本企业无论在原料供应还是生产体系、物流体系的建设方面都已经做得很好了，那么，下一步最主要的就是消费的物流体系——渠道体系和它的消费终端。

也就是说，日资在制造业上的投资已经饱和了，现在主要是向服务业，包括金融、商业地产，这个方向走。因此，日本对华投资的格局已经转变过来了。

因此，不光是三井不动产，其他日本企业对产品销售终端都越来越重视，而且在加快这方面的投资。其实建商业地产，也等于是它们在中国建商圈的一个套路。

财团体系的投资优势

三井不动产一般都是带着合作伙伴一起来中国投资的，比如它和杉杉的合作，只是想借助中国杉杉在全国的渠道。同样，作为第一劝银财团核心商社的伊藤忠商事自然也是看中了杉杉的渠道。

所以，中国企业一般都是独资，想自己当老大，而日本企业一般都是

寻找合作伙伴，把上下游连接起来，然后再掌握整个盘子。

另外，中国的企业往往比较孤立，商业、产业和金融分离，搞商业就搞商业，搞产业的就搞产业，搞金融就搞金融，之间没有持股关系；而日本的商业、产业和金融是相融的。比如三井不动产，它实际上跟很多的企业都有关联，背后的很多持股方都是金融机构，所以，表面上看是商业资本，实际是金融资本。如果分析三井不动产的股权结构，会发现很多都是大型金融机构，所以要扩张的话就不缺弹药。特别是在危机来临的时候，很多企业都会低价把手里的产业转出去，它就可以借机接过来。像当初中日合资的一些企业，在1997年东南亚金融危机时期，由于中国国企改革、工人下岗，很多都变成日本独资企业。**目前中国经济的很多方面，包括地产，危机已经显现，这正是日本下手的时机。日资在中国活动有很长时间，并不轻易下手，一旦中国出现危机，它们就可以把合作伙伴的资源全部拿到手里。**

目前，三井在加大中国商业地产的布局，但另一个日本的房地产企业——森大厦，2010年年底把上海非常知名的环球金融中心出售了。

这两个行为看似矛盾，其实不然，森大厦做的是楼盘，实际上是物业投资，而三井不动产搞的是商业投资，这是两个概念。物业为什么要卖掉，因为已经分析出了中国地产有泡沫，想尽早获利出局。森大厦是做地产的公司，有点像美国式企业，反正就是获利走人，主要是赚取利润差价，和三井那种财团体系公司的做法、战略方向是不一样的。

而三井不动产整个体系是跟三井财团捆绑在一起的。像三井不动产这种财团式的公司，主要是做长期布局，吃的是长期收益，并不是靠房地产涨跌来获取收益的。

真实的日本“房地产泡沫”

中国房地产本身的泡沫跟日本还不一样，日本有强有力的经济体支撑。当时日本的泡沫是怎么出来的呢？实际上它向海外扩张的时候把大量的资金转移到海外了，当时日元升值，升值以后日元更值钱了。日元值钱以后回过头去海外收购大量资产，也就是有钱可以向海外扩张，而不需要在内部赚钱了。

实际上这并不是泡沫，是日本借机把高价的日元换成美元以后，进行海外扩张去了，所以把国内的经济压下来了。当它的钱出不去的时候，全都堆在日本了，然后就把整个房价给抬起来了。

中国现在是什么问题呢？中国现在是钱并没有出去扩张，也出不去，都给堵死了。在这种情况下，国内的游资往哪放？你说会一下垮下来吗？它也无法垮下来，因为钱总得有地方放，不然放在银行也不妥。这些人不着急把钱撤出来，有很多房地产商现在还扛着。

一个是前面赚到钱了，一个是现在钱也没地方放，所以就去炒黄金。所以，很多房地产商都在扛着呢，我不认为中国房地产价格会出现像日本那样的大幅度变化，因为钱出不去。

另一方面，中国的银行已经有意识地去清理债务，但是一清理中国的银行也死了，目前中国的房地产已经把银行给绑死了。

中国前段时间有点疯狂地发展房地产，现在我认为有很多在建或者计划要建的项目已经搁浅了，基本上是这种形势。

日本自从泡沫被挤出来以后，房地产基本上就平稳了。大家的心态都平稳了，自然这个价格就稳定了。当初价格跌到最高点的1/3，后来又回到1/2，基本上在泡沫1/2的价格中平稳这么多年了。所以，我觉得它已经是很成熟了。

所以，中国现在即使有泡沫，有可能会在未来一段时间出现下跌，我觉得也没有必要故意去调控，应该让市场发挥作用，然后等待它再回到一个平衡点。一般中国的调控很多用的是行政手段，而日本没有用什么限购手段。

我觉得行政手段还可以继续再变化。比如说如果再跌，限购这一块就可以放松一点。中国可以利用行政手段和金融手段的组合拳对房地产进行调控，避免出现大的起伏。我觉得这是最主要的，是中国未来要注意的。

同时，房地产下跌从另外一个角度来说是利益的重新分配，也就是说前一段时间房地产商圈钱太厉害了，老百姓真正买房的人实际上交了不少钱给它们，现在也应该让它们吐出一些了。

之后让它们平衡到一个点，这样对社会各方面的稳定都有帮助。我觉得房地产是可以调控住的，但是受控的范围要把它做好。

但是，绝对不能够轻易清理债务，一清理债务，产业链一破碎，就会出现大的危机了。

银行资本和房地产债务之间的关系不能随意清理。日本当初即使出现了大的危机，在有泡沫和房地产暴跌的时候，因为与财团关联的企业投资很多，政府也没有去随意清理债务，一旦清理，当时日本就会出现大问题。因此，当初日本是金融和产业捆绑在一起的，它们没有进行清理，慢慢就让自身不断进行消化。

中国金融资本应接管产业

借外资唱空中国、外资出逃的机会，中国的金融资本应该尽快接管中国的产业。我们被美国那些搞经济的人左右了大脑，它们给我们灌输的思想是金融和产业要分离，如果不分离金融就会有风险。实际上这是华尔街的想法，是那种游资的想法，它们才会去搞这种产业和金融分离的事情。

在日本，产业、金融和商业是结合在一起的，金融公司是可以持有产业公司股权的，但是在中国不行，学了美国那些东西以后制定法律不允许金融公司持有产业公司的股权。

所以，这次外资撤出中国的时候，金融公司手中那些没地方放的钱不要再放到房地产了，而要进入中国的产业——高端制造业，特别是装备制造业。

在外资撤出的时候中国应该尽快将自己的产业整合起来，利用金融资本对这个产业资本和创业资本进行整合，然后排挤外资，把被外资拿走的那些原来产生利润的东西拿回到自己手里。

日本当初把外资排挤出去以后，就形成了内部资本的循环，然后获得了更多的利润。我们现在只获得了加工的利润，把中间物流的利润还有很多其他利润都让给外资了。如果外资撤了，我们就可以让自己的金融资本，包括民间资本，进入。

其实，让这些民间资本形成合力，让民间资本发展起来去接管这种产业，然后把外资排挤出去，才是我们正确的应对之策。

最后，我的建议是不要实施西方式、外科式、手术式的治疗，要用中医调理的方式。西方外科手术式的治疗和化疗，揭掉癌症的器官、进行放疗虽然可能当时让病人感觉又活了几天，但人肯定是死定了。但是，中医治疗有可能会化解，利用激发自身的抵抗力来化解这个癌症细胞，最后还有可能活。

原文发表于《观点地产网》2011 年 9 月 30 日，作者：白益民、李宁

第二章　衰退假面下的王者

自 20 世纪 90 年代初日本经济泡沫破灭之后，“日本完蛋了”“日本从此将潇洒地走向衰落”“日本是 19 世纪的英国”等论调开始甚嚣尘上。直到 2008 年美国金融危机爆发后，日本各大财团陆续收购美国大量金融资产时，日本隐藏在衰落假面下的王者形象，才开始真正引起世界的关注。

1997 年亚洲金融危机后，因亚洲新兴国家出口成本降低，日本进行了第二次大规模产业转移。在日本刻意对外保持的经济“衰弱”“疲软”的形象下，其以商社和财团体系为主体的海外产业及资产，却在此期间悄无声息地实现了全球扩张，并成功实现经济转型。

2010 年夏天，英国《卫报》网站发表评论文章称，日本的发展方式可能被长期误读：“全球经济正在衰退。在美国，失业率接近 10%，中产阶级的退休前景堪忧。在欧洲，各国都有自己的问题。那么，我们该怎样看待这样一个国家：在那里，失业率始终不高，犯罪率很低，贫富差距现象不明显，全民享受医疗保险，人口预期寿命全球领先。”

作者题注：

中国发展进入“新常态”，经济增速持续下滑，在此重要的战略转折与机遇期，中国要低调平稳地实现经济调整、产业升级与海外扩张，可以参考日本如何在衰退的假象下，实现其全球的经济战略布局。

本章提要

当今世界，在日本本土国家之外，还存在“1.8 个日本”。这“1.8 个日本”指的即是日本的海外资产和海外产业。

日本消费电子并没有消亡，甚至没有衰败，其业绩背后是一个深层次产业升级的故事。甚至，这些所谓的家电企业早已不是家电企业。

事实上，东芝、索尼、松下进行的战略转型代表的是整个日本企业的战略转型。其内容主要是从传统产业向产业链上游移动，同时大力开拓以新能源和社会基础事业为代表的新产业。

在中国销售异常火爆的 iPhone 手机，有 34% 的零部件来自日本，其中包括传感器、电子罗盘、蓝牙模块及各种芯片等一系列重要零部件。

日本控制着全球电子业的关键部件，并在全球范围内寻找最优终端产品装配基地，通过关键器件模块化，将其他产业板块“组装车间化”，从而掌控全球电子业。

发达国家通常利用国内生产总值（GDP）偷换国民生产总值（GNP）的概念，掩盖其获取的巨大的世界财富，从而使其改头换面的殖民主义被欣然接受。

在日本的大财团体制的支持下，有很多日本大型制造业企业在过去几年所谓的经济低迷阶段却实现了在全球范围内的大肆扩张。日本制造业设备的升级换代，进一步确立了它们在全球的竞争优势。

第一节
“日本衰退”的瞒天阴谋

“日本衰退论”

近些年，“失去的十年”或“失去的二十年”再次成为很多学者评定日本经济状态的最多用语，众多评论也拿日本经济“衰退”作为衡量中日争端之间谁强谁弱的依据，一时间日本经济又被人拿出来讨论和评判。

2012年4月16日，日本东京都知事石原慎太郎做出由日本政府出面“购买”钓鱼岛的提议。7月7日，日本政府决定将钓鱼岛“收归国有”。这一错误举动更是激起了中国民众的强烈抗议。在分析中日关系的同时，更多人也愿意将日本“失去的二十年”与中国经济飞速发展拿来对比。

有专家认为，由于中国在东亚地区乃至全球地位上升，而日本20年停滞不前，在世界地位不断下降，所以日本国内民众十分不满。这个国际格局的变化是这次钓鱼岛纷争的根本原因。

日本泡沫经济启示录
审视日本“失去的十年”
一个泡沫的膨胀与破裂

“日本衰退论”“失去的十年”成国内外媒体主流观点，图为2007年广州日报赴日专访日本前首相海部俊树时所做的报道

总结国内许多专家的观点，“日本衰退”之说成为众多学者判定日本在钓鱼岛问题上政治和军事行动图谋的缘由。

但由此探究日本是否真正的衰退，正视日本衰退表象背后的真正目的，才是问题的关键。

日本人喜欢“唱衰”自己

其实，不仅仅是在中国舆论下有着日本“失去的二十年”之说，日本人自己也同样在大肆渲染日本经济衰退论。在日本国内从政府到学者也将“失去的十年”“失去的二十年”演绎得“淋漓尽致”。

自20世纪90年代初日本经济泡沫破灭之后，“日本完蛋了”“日本从此以后将潇洒地走向衰落”“日本是19世纪的英国”等论调开始取代“日本神话论”“21世纪是日本的世纪”“日本是不可战胜的”等论调。尤其是2001年3月，已经年逾八旬的日本前首相宫泽喜一亲自上阵宣称日本经济面临崩溃，正式拉开了“日本经济崩溃论”的序幕。

“日本失去的十年”始于1991年，当时日本国内经济陷入困局。日本经济界将1993年称为“厄年”，用以形容经济萧条、政治腐败之严重。当时的日本报纸更形容日本国内经济为“好消息难闻一件，坏消息常听八九”。有着“日本经济内阁”之称的经团联则声称：“这将是战后最长的一次萧条。”

到了1998年，田原总一郎、山田厚史两位记者写了《日本再败北》一书，让“失落”成了日本国民常挂在嘴边的一个词。2000年，日本智库“21世纪日本的构想”恳谈会发表一份报告称：“泡沫经济的破灭不仅在经济领域产生了腐蚀作用，而且蔓延到政治及社会领域，甚至包括我们所赖以安身立命的价值感和伦理规范。我们还未来得及在国民中形成一个富裕社会所应有的伦理道德观念时，就经历了90年代的挫折，被卷入全球化的时代大潮中。”

2008年出版《大衰退》一书的野村证券首席经济学家辜朝明曾经这样描述日本在“失去的十年”里所承受的经济损失：“这是人类在和平时期里所受的最大一次损失。泡沫经济的破灭使日本一共损失了1500万亿日元，相当于日本过去三年的国内生产总值总量。”

直到现在，日本还在竭力渲染“失去的二十年”。2011年1月，日本央行发布数据称，日本该年大型制造业信心指数下降，是自2009年3月以来的第一次。2012年1月16日，日本央行发布的地区经济报告显示，日本经济复苏处于停滞状态。2012年9月14日，日本经济财政担当相古川元久向相关阁僚会议提交了9月份月度经济报告，报告对整体经济形势的评估为“回暖趋势出现停滞迹象”，连续两个月作出下调。

除了日本国内“宣扬”日本经济衰退假象，国际上也附和着这种说法，20世纪90年代末期国外舆论亦在唱衰日本。

1999年6月21日，美国《时代》周刊以“日本综合症”为题撰文，奉劝人们不要在日本的复苏问题上下注。同年12月28日美国《国际先驱论坛报》刊登了一篇名为“日本仍是发达国家中的‘病号’”的文章。德国的《明镜》周刊则在2000年1月3日发表了一篇题为“告别儒家学说”的文章，称：“这次几乎没有人敢预言日本经济会轰动性地东山再起。表明经济迅速、持久复苏的信号似乎很弱，而且往往充满着矛盾。”

对于国际上的唱衰论调，日本国内不但没有反击和恐慌，反而应声附和，略显蹊跷。然而分析其背后的政治经济妄想，不难看出，这是日本国家战略选择的“高明之处”。

另外的“1.8个日本”

在普遍唱衰的背景下，日本经济真如预见的那么糟吗？答案是否定的。

2010年夏天，英国《卫报》网站发表评论文章称，日本的发展方式可能被长期误读：“全球经济正在衰退。在美国，失业率接近10%，中产阶级的退休前景堪忧。在欧洲，各国都有自己的问题。那么，我们该怎样看待这样一个国家：在那里，失业率始终不高，犯罪率很低，贫富差距现象不明显，全民享受医疗保险，人口预期寿命全球领先。”

2011年8月28日，中国商务部研究院研究员、日本问题专家唐淳风发表文章称，今天世界上，在日本本土国家之外，还存在“1.8个日本”。这“1.8个日本”指的即是日本的海外资产和海外产业。“1.8个日本”是日本的雄厚“家底”，在对其经济地位、经济状况进行判断时决不能忽视。可以说，日本是真正享受到全球化红利的国家，而且只有日本才是。

日本政府很早前就有构建“成熟的债权国”的图谋，首要的一点就是提高对外直接投资的比重，以与美国在经济全球化进程中深层博弈。

20世纪80年代，受国内生产高成本的影响，一些大型制造业不得不将部分生产环节移至国外，在低成本地区生产，形成了产业史上第一次全国性大规模战略转移。亚洲金融危机后，亚洲新兴国家出口成本降低，大大挤压了日本的出口市场，日本进行了第二次产业大规模战略转移，而这

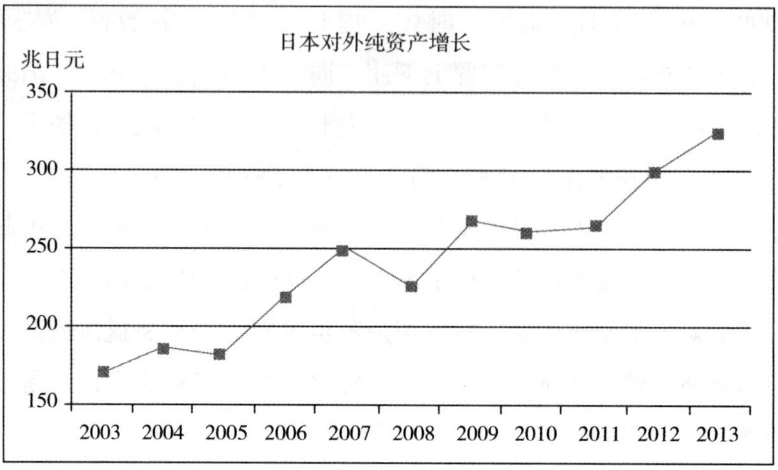

截至2013年底，日本海外资产净债权总额为325万亿日元。连续第23年成为全球最大的净债权国

次则是包括制造业、物流业等在内的全方位转移。

两次“战略性”转移外加80年代日元升值导致的日本海外权益疯狂收购，铸就了当前日本巨大的离岸经济。

2012年2月16日，据《日本经济新闻》报道，2011年日本对外投资额达1156.3亿美元，同比增长102.1%。日本企业海外直接投资收益比上年增长34%，达到38136亿日元（478.2亿美元），创历史新高。来自海外子公司的企业分红收入实现25000亿日元（约合312.5亿美元）的顺差，同比增长6%，连续8年保持增长。

其中，日本三井物产（属三井财团）、三菱商事（属三菱财团）等七大综合商社在2011年对外投资总额达3.18万亿日元（约合397.5亿美元），大幅超过历史峰值2.35万亿日元（约合293.8亿美元）。并且，这七家公司2011年来自海外子公司的分红收入就超过125亿美元。红利收益主要来自海外油气田、矿山的资源开发权益和电力基础设施项目收益。

2012年5月，日本经济产业省发布的《2010财年海外事业活动基本调查》显示，当年日本海外法人（制造业和非制造业）总计18599家，工作人员499万人，日本全产业海外销售额达到183.2万亿日元（约合2.2万亿美元）。

5月22日，日本财务省公布2011年底海外资产负债余额。公布资料显示日本企业、政府和个人持有海外净资产253.01万亿日元（3.16万亿美元），同比增长0.6%，时隔两年再次实现增长。日本连续21年保持全球最大债权国位置。

6月14日，《华尔街日报》一篇文章引用日本银行业巨头瑞穗金融集团首席执行长佐藤康博的话："日资公司感觉自己别无选择，唯有奋力开辟海外市场。"该报更是认为，受充裕的现金储备和日元走强推动，日资公司正掀起日本有史以来规模最大的海外投资热潮。

真实的"失去的十年"

在普遍认定的"失去的十年"中，日本到底又是在用怎样一种方式走到如今呢？事实上，日本在20世纪90年代的10年里，已经利用所谓经济低迷完成了经济转型，只是衰退论调掩盖下的阴谋从未揭开。

人们普遍认为，国内生产总值（GDP）可以很好地说明日本在1991年以后的10年中失去的经济优势，这也是形成日本"十年低迷""失去的十年"认识的统计基础。然而，若论GNP（国民生产总值，1994年改称为"国民总收入"），日本经济却没有那么糟糕。这点需要正视。

日本东京大学青年学者卞恒沁曾说，在泡沫经济破灭后，日本在"最深的绝望里"里发现了"最美丽的惊喜"。1989年，日本四大证券公司在欧洲金融市场上发行债券的77.9%为担保债券，其中87.1%面向日系企业发行，足见日本企业海外生产之规模。根据日本经济产业省的统计，2000年日本海外企业生产率增长14.5%，海外企业的销售总额高达13162亿美元，全部产品的80%都在当地销售，只有20%回销国内。

1991到2001年，日本海外总资产年均增长3.1%，净资产年均增长13.9%，均高于同期日本GDP增幅。更为可怕的是，到2000年的前5年中，日本投到设备技术开发和刺激生产上的资金已经高达1000万亿日元，约合9万多亿美元。20世纪90年代，日本拥有的美国国债达2000多亿美元，对外的纯资产金额为8910亿美元，是居第二位的德国1818亿美元的4倍多。

2001年，日本海外总资产达到2.9万亿美元，相当于日本GDP的

75%；海外净资产 1.5 万亿美元，超过我国 GDP 总量；海外制造业销售额 4348 亿美元，与日本出口相当。

日本 GDP 与 GNP 为何形成如此状态？其实并不难理解。**日本著名的制造业研究专家藤本隆宏曾经做过这样一个比喻，日本在全球的商业布局是一种“雁行形态”：本土企业为雁头，掌握最上游的产品和技术；其次是韩国和中国台湾地区，主要为日本技术做配套；最后才是中国大陆地区所扮演的“雁尾”角色，为日本制造业做组装，处于产业链的最下游。**

自 20 世纪 80 年代“失去的十年”开始后，东京建造的超过 500 英尺的摩天大楼有 81 栋，图为东京新宿副都心的摩天大楼群

事实上，“失去的十年”里日本国内 GDP 也并未如想象中的那么坏。日本经济在 20 世纪 90 年代取得了 GDP 年均增长 1.5% 的成绩，其经济总量在十年中总计增长了 10%。2002 年，日本国民生产总值约为 4.8 万亿美元，约合 40 万亿人民币，仅次于美国的 8 万亿美元，居世界第二位。更值得一提的是，在 20 世纪 90 年代日本从未让其失业率上升到 5.5% 以上。

常驻东京的爱尔兰记者、作家和经济评论员埃蒙芬格尔顿 2012 年 1 月 8 日发表于《纽约时报》的文章写道：“自‘失去的十年’开始后，东京建造超过 500 英尺的摩天大楼有 81 栋，相比之下，纽约 64 栋，芝加哥 48 栋，洛杉矶有 7 栋。”

就是这样，日本在“失去的十年”中享受着“失败者”的喜悦，香港《每周财经动向》曾在 2003 年 11 月 17 日的文章中说：“今天你若去东京，穿行在银座大街摩肩接踵的人流和川流不息的车流中，很难想象这里会与‘经济危机’联系在一起。”但日本顺从地接受衰退之说，背后又有何阴谋？值得考量。

原文发表于《环球财经》2012 年第 12 期，作者：白益民

第二节
揭开“失去十年”的假象

用 GDP 偷换 GNP 的概念

美国经济理论的“传教士”们轻易地相信了日本人到处宣传的论调：日本经济发展出现了停滞萧条的十年（1991—2001）。但是，当我于 1993 年底进入三井物产（株）北京事务所工作时，经历的却是繁忙的工作、奢侈的花销和大量推进中的投资项目，并未体会到衰退的景象。

1996 年，在公司的东京总部研修时，白天看到的是井然有序的工作，晚上见到的是觥筹交错的生活，体会不到萧条的景象。为什么日本非常乐意接受人们大肆谈论它的不景气呢？其背后有着非常隐秘的战略目的。

1997 年爆发东南亚金融危机后，我才真正感受到所谓的“萧条”：日本公司缩减财政预算，投资停滞，贸易业务量相对减少，工资不再增长，营业经费受到严格控制，不鼓励加班从而减少加班津贴。可是，当时中国国内面临更严峻的形式，国有企业普遍亏损，职工大规模下岗。

到 2003 年，日本商社的繁忙景象又出现了。因此，在我的眼中，日本经济在 1998—2002 年的 5 年间的确经历了一个低潮期，但不是人们谈论的“失去的十年”。这种感知上的差异来源于经济观察的视角不同。当我们引用日本国内的经济指标和体察日本经济的全球活动时，往往就会得出有差异的结论来。用经济学的专业术语解释为国内生产总值（GDP）与国民生产总值（GNP）统计差别。

发达国家通常用国内生产总值（GDP）偷换国民生产总值（GNP）的概念，掩盖其获取的巨大的世界财富，从而降低发展中国家的不满情绪，使其改头换面的殖民主义被欣然接受。总之，我们不能低估日本的经济实力，应该积极正视日本经济的真实情况。

与此同时，随着美国 20 世纪 90 年代 IT 产业和知识经济的迅速膨胀，加上 1997 年美国通过索罗斯掀起的金融风暴成功打击了日本在东南亚的经济势力，中国国内的经济学家们迅速抛弃了热烈讨论中的以日本式综合商社试点为主题的经济改革方案，转入了美国式的股票和基金经济模式，期待以此形成中国新经济体制的基干。

日本经济转型与战略调整

随着大批从美国留学回国的博士们成为国内各大学的经济学教授，加上美式 MBA 大行其道，中国经济改革开始加速向美国以资本市场为基础、以金融理论和宏观调控为主导的经济体制的转变。但是，在一个商业无序竞争和微观产业脱节的经济组织结构中，金融工具能够充分发挥宏观调控的作用吗？

美国模式在 20 世纪最后十年的出色表现同时震动了日本模式。随后，日本也出现了要求经济体制改革的呼声。经过一个时期的小心摸索，日本的确正在经历经济转型，不断吸收美国模式的优点。

应该看到的是，日本的经济转型是基于其已经完成对老牌资本主义国家的追赶、国民经济跻身发达国家前列，并且从商品输出转向资本输出后需要社会和国家从商业管理模式向金融管理模式转变的结果，也是青年一代从重商主义向拜金主义的思想转变的结果。

更重要的是，日本并没有动摇其以财团为基础的经济根基，因为那不但是经济发展的主角也是社会稳定的基础。六大财团在日本经济和社会担当了“准政府”的角色。一方面，综合商社在贸易、投资、金融、人才、情报和物流等方面发挥的综合机能的特殊作用，使其成为财团内部乃至日本社会实质上的经济总参谋部，如果仔细研究日本综合商社经营战略的调整，就不难发现和解释近年来日本在很多经济、政治、军事和国际关系问题上的政策变化和相关行动；另一方面，主要为本财团内部成员服务的主办银行出现了跨财团的合并，从而促进了财团企业间的合作和对外竞争的统一步伐。

随着财团内部大型制造业成员营业额和利润的增加，主办银行的贷款和坏账问题也不断得到解决，日本已经毫无疑问地巩固了多年来世界第一债权国的地位。伴随着其海外资产不断壮大，它正向着金融帝国的目标迈进。

在日本大财团体制的支持下，有很多日本大型制造业企业在过去几年所谓的经济低迷阶段却实现了全球范围内的大肆扩张。特别是在2000年以后，日本企业逐渐消化了IT技术和数字技术，应用于其具备优势的制造业中，为这些企业创造了巨额利润。这同时也刺激了日本制造业设备的升级换代，进一步确立了其在全球的竞争优势。

借助知识产权的保护，日本制造业通过跨国经营的产业分工，将核心技术牢牢控制在手，同时，利用中国的廉价劳动力和土地优势进一步巩固了其在全球家电产品领域和汽车产业中的领导地位。其中，三井财团的丰田公司具有一定的代表性。

财团主导日本国债内循环

2012年10月11日，国际货币基金组织发出警告："日本银行业持有巨额国债已经使其面临的风险大幅增加，且这些债务的持有比重还在不断攀升。"IMF也指出了日本存在巨额财政赤字，债务水平史无前例。

根据IMF数据显示，日本2012年主权债务总额GDP的比值接近230%，政府财政赤字占GDP的9%，远远高于主权债务与GDP占比60%，财政赤字与GDP占比3%的警戒水平。当然，IMF的言论在西方金融界引起共鸣，业界纷纷对日本国债进行警告，但是，真有西方金融资本家说的那么严重吗？

如果从意识形态角度来看的话，西方的金融资本主义与东方的产业资本主义是两种不同意识形态、不同思维文化形成的不同经济文化，从而形成了西方资本自由经济学和东方产业组织经济学。这两种文化一直在进行角力，典型的就是西方对东方产业的分割以及西方化，因此我们从东方经济学的思维来看，将会是另一种启示。

事实上，日本的国债都是日本的国民持有，或者说财团持有，外资不占主导，也就是说它并不受外国的影响，之所以大家说它的负债率高什么的，关键是如果被外国资本控制了，一旦发生风吹草动，外资轻易一撤，或者索要债务，都会重创以产业立国的日本。

此外，日本的债务、利息也都是落在本国的财团和国民手里，而不是被外国分享了，也就是说它这种负债实际上是一个内循环，并不是一个外部的循环。从日本国内银行的存贷结构看，日本企业和居民存款比贷款多出150万亿日元（约合1.85万亿美元）。引用日本财团三大金融巨头之一的瑞穗金融控股旗下综合研究所调查部部长长谷川的比喻：在国债问题上，日本政府与国民的关系好比是一个家庭中的父母角色，政府这个“父亲”特别能花钱，国民这个“母亲”擅长管钱，日本这个家庭是否圆满取决于“父母”关系如何，一旦“离婚”，“父亲”就只剩债务缠身了。

不过说得更准确些，**以三井、三菱为首的六大财团扮演着双重角色：它既是政府的融资人也是政府的投资人，通过购买国债再转售给国民，将国家资金凝聚在一起，政府再将这些资金安排给商业能力强大的综合商社在海内外进行长期战略投资，从而保持产业的国内国外发展和布局。**

因此在看到日本债务创新高时，我们也要看到日本是全球最大的债权国，实际上一个成熟的国家，其财务报表应该是债权和债务，再加上固定资产，我们知道财务报表应该有这样的结构，日本还有庞大的固定资产，还有海外的矿山、石油、粮食、资源等。

如果平衡来看日本的话，它完全是资可抵债的，而且还富富有余，在这种情况下日本这个国家，实际上整个国家被称为“大日本株式会社”，我们不能完全用西方的思维方式去考虑日本的情况。

日本的财团金融体制，其特征是间接金融；而美国的金融体制是直接金融。虽然美国在二战后对日本财团金融体制进行了美式改革，但是由于20世纪50—60年代美国面临两场战争，它不得不迅速停止了对日本的美式改革，客观上推动了财团的迅速恢复，并助推美国在亚太势力的扩张。

不过，为了应对经济全球化、国际化以及透明化以便与西方金融资本对抗，日本还是吸收了美国直接金融文化（不是主导作用），这是与世界接轨、接受公众监督、降低西方过分敌对意识，以及增加国际融资渠道的必要手段。当然，类似中国企业那种上市圈钱的行为，在日本综合商社的

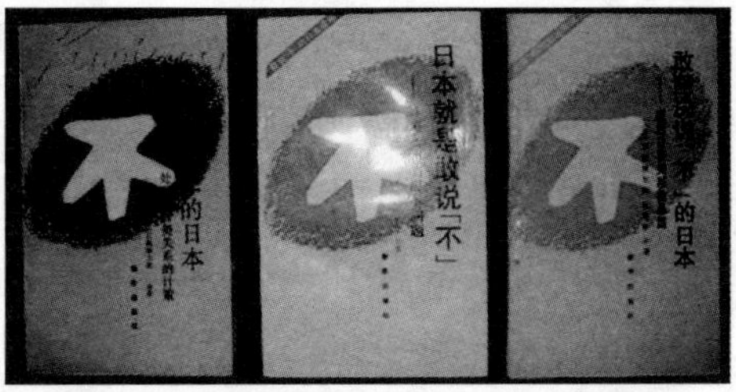

1998 年，石原慎太郎与三井战略研究所研究员市川周共同出版了《对美宣战：说不的日本经济，从美国金融奴隶的身份中解放出来》一书，直指美国霸权

金融活动中则甚少见。

20 世纪 70—90 年代后，日本六大财团推翻财团之间的“柏林墙”，进行金融整合，最终形成如今的三菱 UFJ、三井住友、瑞穗三大金融集团，三大金融集团都是官民一体整合来对抗外部势力的，为综合商社国际化提供了坚实的金融基础。

为产业服务的资金流向

在看待日本债务时，我们更要去仔细研究资金在产业的流向，从而更好地评价债务扩大到底是什么状况，因为政府高负债和三大金融集团的关系是非常紧密的。在 2008 年金融危机、欧债危机带来世界经济萧条的背景下，日本抓住好时机进行新的扩张；2012 年，扩张非常频繁。在这些收购业务中孕育着新的产业发展趋势，将使日本财团在新的产业发展井喷时占据更大的优势。

2012 年三井住友金融集团以大约 73 亿美元收购了苏格兰皇家银行旗下飞机租赁业务，以约 4000 万美元收购了欧洲从事对冲基金的两家基金公司。三菱 UFJ 金融集团收购了美国加州区银行，并积极推动收购美国 Jackson Square Aviation（JSA）飞机租赁公司等活动。另一个金融巨头瑞穗也在 2012 年以巨资收购了巴西商业银行等。

不仅日本财团的主办银行在积极活动，2012 年，日本财团各个综合商社也在积极花巨资进行收购。如日本伊藤忠株式会社与美国都乐食品公司达成协议，伊藤忠出资约 16.9 亿美元现金收购都乐食品旗下全球包装食品业务及亚洲新鲜果蔬业务，日本丸红株式会社以 56 亿美元收购美国谷物商 Gavilon 公司，三井物产投资几十亿美元在秘鲁铜矿、澳洲铁矿石、北海油田、汽车产业、粮食产业、太阳能产业、页岩气产业等领域进行布局扩张。

此外，**由日本设立并与财团共同承担资本支出的日本产业革新机构也**

在产业调整方面发挥积极作用，该机构领导人是从日本财团系企业选拔出来，来推动政府资本投资从而推动日本产业战略发展的，因此动辄几百亿日元的投资是惯常现象。

以上仅仅是2012年日本企业系列布局活动的冰山一角。这些大规模的活动，没有巨资支持是根本不可能进行的，因此由政府和财团共同运营的三大金融集团在融资方面发挥着不可忽视的作用，而这也是西方说日本债务危机大的重要因素之一。

因此面对西方舆论所谓日本负债过高，我们更应该冷静分析，带有危机意识地去看待产业立国的日本，也要看清西方金融资本主义对东方经济的敌视。毕竟在商业战争这盘围棋上，胜负在于“棋盘”长远的布局。

原文发表于《资本市场》2013年第03期，作者：白益民

第三节

日本消费电子“纸上兵败”

被误读的亏损数据

2012年10月31日，东芝、松下同时宣布下调2012年财年业绩预期，当时东芝预计全年营业利润将下降13%，松下则预计净亏损7650亿日元（约合95.5亿美元）。事实真的如此吗？这些数据背后究竟隐藏着怎样的内幕？

日本于每年3月底结束财务年度。通过松下的财报不难发现，松下2012财年上半年累计销售额为36382亿日元，比2011财年同比下滑9%，但是令人震惊的是，其营业利润达到874亿日元，比2011财年营业利润同比增长83.6%。

松下预计2012财年营业利润是1400亿日元，比2011财年增长220%。在销售额下滑的情况，任何一家中国家电企业都无法做到营业利润增长超

过50%（大部分是下滑），而松下是增长220%。

虽然松下收入下滑，但其利润却增加了，也就是说松下产品的竞争力提高了。净亏损为什么那么高？因为松下在谋求重组成本。2012年，松下进行了新的战略调整，计划将电器事业部由原来的16个精简为9个，9个事业部围绕3大支柱产业，分别是家庭生活电器、元器件和系统解决方案产业。同年，松下于3月份在亚洲成立了其在全世界范围内的第三家系统通信营销公司。

在大部分人的印象中，松下等于松下电视，松下的亏损等于日本家电巨头的亏损，事实上，松下电视在整个松下集团的业务中只是九牛一毛。2012财年上半年松下电视销售额2654亿日元，仅占松下总收入的7.3%。即便松下电视在中国一台也不卖，对松下的收入或利润影响也是相当微小的。

除了松下之外，东芝、索尼、夏普等另外几家日本电子巨头的情况也是大同小异。

东芝在2012财年上半年的净利润为252亿日元，同比增长了24%。索尼2012财年2季度收入16047亿日元，同比微幅增加1.9%。被公认为“衰到家”的企业夏普，2012财年1季度营业利润亏损202亿日元，2季度就缩减到9亿日元，很快将会转为盈利。

产业链上游是关键

也许有人还会说，日本家电已经被中国打败了。这其实是忽略了日本电子企业早已放弃了终端产品这一事实。长期以来，终端产品一直是全球电子企业竞争的主要载体，而随着全球各产业板块生产要素成本差的不断增大，终端产品已蜕变为企业间竞争的次级主体，以关键技术与专利为基础的核心器件已成为当今国际竞争的“主战场”，这也正是日本企业的战略重心所在。

在中国销售异常火爆的iPhone手机中，有34%的零部件来自日本，其中包括传感器、电子罗盘、蓝牙模块及各种芯片等一系列重要零部件。

就拿东芝来讲，近年来，随着中国、韩国在数码家电领域的崛起，东芝已无心恋栈，而是转向技术门槛更高的高端消费电子领域进行竞争。

2009年，东芝与索尼、IBM合作推出了配备有多核微处理器的CellRegza液晶电视。2010年9月，东芝推出全球读写速度最快的SDHC存储卡。

东芝公司中国总代表、东芝（中国）有限公司董事长兼总裁桐山辉夫曾在2011年明确表示："10年之前，民用家电只要在全世界卖出去1000万台，一般就能赚钱。但现在的情况是，就算卖得更多，也依然没有利润。"

海尔集团董事长张瑞敏曾在2007年表示，白色家电的利润已经薄如刀刃，利润率仅在2%至3%之间，如果加上维修服务成本，可以说，海尔是在零利润的情况下继续白色家电生产事业的。张瑞敏直言不讳地指出问题的要害："最关键的零部件——芯片是外国人的。我们付出了昂贵的技术转让费，等于是替人家在打工。"

东芝的营业数据也足以证明这一观点。2011财年度，作为东芝终端产品的家电和数码产品的利润微薄，仅为1%，反而是电子零部件和技术设施部门的利润率高达5.6%。

美的制冷家电集团总裁助理王金亮认为，日本家电业并非没落了，而是瞧不上低利润业务，转型高端制造业了。

可以看出，日本电子业根本不是衰退，而是将逐渐剥离终端品牌，强化其关键部件的掌控能力。从这个意义上讲，未来日本电子业对全球电子板块的分工是这样的：日本控制着全球电子业的关键部件，并在全球范围内寻找最优终端产品装配基地，通过关键器件模块化，将其他产业板块"组装车间化"，从而掌控全球电子业。

日系企业新战场

提到东芝、索尼等日本企业，人们自然而然地会联想到它们是电视机、手提电脑、数码相机等产品的制造厂家。但近年来，不知不觉中，日本企业的触角已经从制造业扩展到了基础设施建设领域和服务业。

就拿东芝来说，东芝的事业横跨电子元器件、数码产品、家电、社会基础设施等4个领域，它的主要业务部门均在中国设有生产网点。此外，东芝还在中国全面推进了研发、设计、采购、制造、销售、售后服务、物流等各个方面的业务。

在东芝2011财年度销售额中，社会基础设施部门为东芝带来24128亿日元的销售额，营业利润1342亿日元，占东芝总利润的七成。来自家电、数码产品和电子零部件的销售额则分别为5768亿日元、16640亿日元和16163亿日元。

索尼则转向瞄准更高层次的“绿色竞争”并且成就斐然。2010年4月，索尼提出了一个大胆的计划：到2050年实现“环境零负荷”，目标是将能源消耗、废弃物使用降到最低。随后，索尼还分别于2010年收购了美国生命科学公司iCyt Mission Technology，2011年又收购了华盛顿州雷蒙德市的医疗诊断设备公司Micronics，进军医疗设备领域。2012年9月，索尼又成功入主全球最大的医疗内窥镜生产商日本奥林巴斯，成为其最大股东。

“Road to Zero/走向零负荷之路”是索尼全新的环境计划

索尼社长平井一夫直言，索尼的目标是到2020年医疗设备的收入增长至2000亿日元（约26亿美元），“医疗设备总有一天会成为索尼利润的重要支柱”。

松下则从2007年开始加大了以新能源为基础的产业规划，明确将生活电器产业、元器件产业和系统解决方案产业树立为三大支柱产业。松下的愿景是，到2018年公司创业100周年时，成为电子产业第一的环境革新企业，这一目标标志着松下正从一家电子企业转型为新能源企业。

事实上，东芝、索尼、松下进行的战略转型代表的是整个日本企业的战略转型。其内容主要是从传统产业向产业链上游移动，同时大力开拓以新能源和社会基础事业为代表的新产业；并且由于日本国内市场的萎缩，其目光更多地投向了中国、印度等发展中市场。

目前，日本这种表面的衰退有可能是暂时的，未来在绿色战略的引导下，日本电子业有望再次引领全球电子业的发展趋势。

原文发表于《中国经济和信息化》2013年第02期，作者：白益民

第四节

日本藏起来的经济实力不容小看

韬光养晦的新兴产业战略

2012 年，在松下、夏普发布巨额亏损的消息后，国内不少人认为日本电子产业从此进入衰退期，制造业面临严重危机。

事实果真如此吗？事物兴衰轮回，在我们看到日本电子产业衰落时，应该警惕被衰落所掩盖的日本新一轮电子产业发展攻势，更要看到：日本隐藏的经济实力远远超出我们的想象。

事实上，日本电子巨头早已进行产业调整。作为产业调整的整合者，日本产业革新机构扮演着重要角色。该机构由日本三井住友金融集团、三菱 UFJ 金融集团等众多财阀企业协同日本政府组建，近年有不少大动作。

如在 2012 年 2 月，日本产业革新机构与日本瑞萨电子、富士通、松下合作成立新的半导体设计公司，利用 3 家企业在影像处理、通信技术等方面的优势，重点提高应用于智能手机、汽车制动的大规模集成回路系统（LSI）研发能力。

在日本电子产业巨头加强资源整合和协作的同时，它们也在低调等待另一个带动电子产业扩张的时机，那就是以智能城市、智能电网为首的智能产业。

为了获得发展优势，2012 年 10 月，东芝和日立制作所向国际电工委员会（IEC）提议设立关于电能储存系统的新标准化技术委员会（TC），获得了批准。这是智能电网领域首个以日本为主体设置的标准化技术委员会，日本还被选为负责委员会运营的国际干事。

可见，日本电子产业正在实施韬光养晦的策略，日本经济实力的现状与发展前景不容小看，我们不应急着下结论。此前，国内不少人认为日本经济发展严重依赖中国市场，这种观点并不准确。

日本企业、产业已经在中国布局多年，藏在我们产业中很多核心的地方，人们并没有感觉到它们的存在，熟悉的往往只是索尼、松下等品牌。但在日本，包括索尼、松下都是主要做“小玩闹”的公司，日本的核心企业实际是不做那种具体产品的，而是做装备制造、金融、商社等，地位相当于中国的央企。

因此，中国抵制那几家公司产品的意义不大，它们出现巨亏也未必会让日本伤筋动骨。

解读日企需有客观的角度

同时，日本并不完全依赖于中国，它在全球市场包括美国、欧洲、加拿大、澳大利亚市场及新兴市场有很多产业，甚至在越南、蒙古等国也有大量投资。所谓日本国内经济不景气，其实是因为产业外迁，就像我国的温州地区现在虽然看起来不景气，其实是因为大量温州人到国内市场、全球市场赚钱去了，本地只有留守人员。日本也是这样，它们的经济实力并不完全都在国内。

在“失去的十年”中，日本确实出现股市暴跌、房价暴跌，但在房价、股市损失一半的同时，日元升值了一倍多。如果用美元计算，日本的房价、股市并没跌，而且日元升值虽对日本的产业和出口带来短期不利影响，但也促进日本加速迁出那些不赚钱或者低附加值的产业，集中精力做高精尖产品。

日元升值还降低了海外并购的成本，日本企业得以乘机收购大量矿山和海外资产，带来的益处超过升值造成的损失。

因此，仅仅依靠中日 GDP 对比和部分日本知名企业巨亏的新闻，我们不能真正理解日本真实的经济实力，舆论宣扬这种误读只会加深老百姓的误解。

要同日本经济对抗，我们凭什么?

与日本相比，我们引以为豪的不少“中国制造”其实就是在做组装，许多关键技术仍在别人手里。一旦中日打起贸易战，拒绝日货、拒售稀土

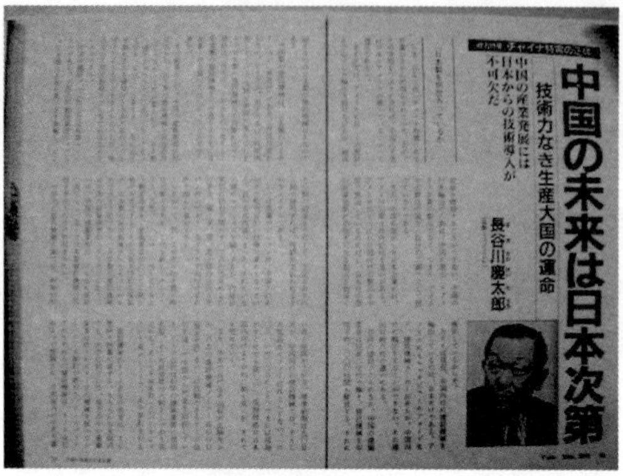
中国の未来は日本次第
技術力なき生産大国の運命
中国の産業発展には日本からの技術導入が不可欠だ
長谷川慶太郎

2005 年，日本国际经济学家长谷川庆太郎在《呼声》月刊 5 月号上发表题为《中国的未来取决于日本》的文章，宣扬中国经济对日本经济的依赖性

确实是对日本的制裁，但日本不出售关键零部件，导致中国企业无法组装产品，也是一种制裁。

要和日本经济对抗，我们必须有独立自主的产业体系，有自主研发的核心零部件做替代才有底气；要想拥有真正的“中国制造”，就要提高我们的装备制造业，提高我们的军工水平，拉动制造业、材料产业的升级。

从二战后的国际变局来看，大国之间通过打经济战进行较量的情况越来越多，而这种经济战不是简单的抵制对方商品，因为这种方式是打不赢的，我们一定要学会利用我们的经济体系。

为什么有的国家能打赢经济战？就是因为它们有发达的制造业，能够占据高端，有自身的一套独特体系。例如日本是依靠产业和商业金融结合的财团，美国则是依靠华尔街的力量。

因此，日本制造业经济体仍很强大，“日企陷落”只是一厢情愿的想法。

日本只是因为在 20 世纪 80 年代扩张时遭遇美国的打击，所以开始躲起来、暗中较劲。它们这么多年来隐藏起来的经济实力可能远远超出我们的想象，所以在看到有关日本产业陷入困局的报道时，我们还应该注意到日本财团的行动，因为它们往往是日本产业升级、商业化、业务化的推动者。

如果我们分析日本产业和经济时仅仅聚焦在一个公司一个事件上，将会错过日本经济在镁光灯外的活动，从而在这盘“围棋”上，一着不慎，满盘皆输。

原文发表于《环球时报》2012 年 11 月 7 日，作者：白益民

第五节

日本依然世界第一

日本的财富暗流

我们来看一下，为什么我用这个标题，“日本依然世界第一”。首先我们看看，在美国金融危机之后，日本做了哪些事儿？

日本开始收购美国大量的金融资产，首先是在2008年1月，次贷危机爆发后，日本的瑞穗金融集团旗下的瑞穗实业银行用12亿美元购买了美林证券的可转换优质股。接下来2008年9月，三菱UFJ金融集团90亿美元投资了摩根士丹利21%的股份。接着野村证券吞下了雷曼在亚欧及中东的业务，也耗资数亿美元。再往下，三井住友金融集团则在2009年5月花了54亿美元从花旗银行手中买下了日兴证券及相关资产。

我们看到，日本如果真的不行了的话，它哪来这么多钱去收购这些美国的金融资产。而且我们看到，这里提到三菱的金融集团、三井住友银行，我们知道美国花旗这些大银行，但是我们不知道，可能很少人去关注，三菱UFJ是日本第一大银行，第二大银行是谁呢？是三井住友银行。

我们再看：日本哪来这么多钱？首先我们要关注一下：日本的外汇储备为什么这么高？我们知道中国现在外汇储备在2006年就超过日本，是全球最高的，但是我们回过头来看中国的外汇储备结构是怎么来的。

中国外汇储备一个是靠贸易顺差，贸易顺差大部分我们是卖的廉价产品，获得贸易顺差；还有一部分就是我们卖掉很多企业，不好的企业，就是变相的外国投资；还有一部分就是外国的投机资金进入国内。就是这样的一个结构。

反过来我们看日本，日本卖什么获得了这么多的外汇储备，它的储备有多高呢？我们来看一看。2009年10月7日有这个新闻，日本的外汇储备达到10530亿美元，创造了历史新高。日本有这么多外汇储备，它靠什么来的？

日本不可能像中国卖廉价的产品，劳动力很值钱，它也生产不出这些产品，它也不卖自己的公司，而且它还在海外收购大量的公司，在海外大量资本输出，在这种情况下，它还积累了这么高的外汇储备，到底它是从哪儿来的钱？这个我们要划一个问号。

下面我们要看另外一个消息，2009 年 9 月，日本的贸易顺差意外大增，比上个月增幅达到 91%，也就是前不久发生的事情，也就是它现在的经济马上又恢复了。再看前面的报道，2008 年 5 月份的一个报道，这个是报道韩国的，说韩国对日本的贸易逆差，1 月到 4 月同期增加了 10 亿美元，达到了 102.8 亿美元。看看韩国全年对日本的贸易逆差达到了 200 多亿美元。

而此时，我们再回过头来看 2005 年的一个消息。2005 年韩国对中国的贸易顺差是多少，也就是中国对韩国的贸易逆差是多少呢？达到了 417 亿美元。也就是从这个贸易的关系里面我们就会看到，中国实际上对日本有贸易逆差。

韩国对日本有贸易逆差，我们会发现中国台湾对日本也有很大的贸易逆差，中国香港及很多东南亚地区都对日本有贸易逆差，反过来，中国对这些地区有贸易逆差。也就是说，中国的很多贸易逆差通过这些地区转到日本，一年得达到上千亿，不止上千亿，可能加起来得两三千亿美元的贸易逆差，但它是隐形的，是通过这些地区转过去的。

同时，中国对美国一年有将近 2000 亿的贸易顺差，也就是美国的很多财富通过中国，再转东南亚、韩国、中国台湾，跑到日本去了。所以隐形的这种变化实际上我们是注意不到的，也就是说日本的外汇储备来自哪里，实际上来自它的高端产业。

打造了一个“海外日本”

再看，我们认为日本过去的十年衰退了，我们的观察点在哪儿，就是日本国内的 GDP，因为我们习惯看中国国内 GDP 的增长，**我们国内的 GDP 增长是怎么起来的呢？有很大一部分是外资的投入，而日本则相反，它的**

GDP 怎么下降呢？很大一部分是因为它把产业转移，把资本投到境外去了，它的 GDP 才下降。

但是从总的财富积累来看，日本不但没有减少，而且还在加速，因为它在海外的投资规模非常大。我们回到 2001 年，这个时间大家都认为是日本长期低迷的时期，面临崩溃，这些议论都在的时候，我们看看日本的一些数据是什么呢？

2000 年底为止，日本的海外总资产为 32046 亿美元，这是它的总资产，当然还刨掉一些负债，它的净资产也达到 18766 亿美元，这是在它 2001 年的时候。2001 年到现在，它实际上这些年在海外的收益猛增，实际上数据要远远大于这个，这是我们看到的那时候的数据。

在这之后，它的很多产业都在大转移，特别是往中国这个方向转移。所以我们会看到，其实我有本书里头就是讲它转移过来以后怎么在中国布局的，这本书名字就叫《三井帝国在行动——揭开日本财团的中国布局》，这时候你会发现，很多产业都在布局之中。

三井财团怎么组织的，怎么布局的，怎么争夺的，我把案例都写在这本书里。实际上这个过程就是日本在进行产业转移的过程。

谁说日本是资源缺乏的国家

我们再来看，我们有一个印象，日本是个缺乏资源的国家，这个是我们一直在媒体上看到的说法。但是，我要告诉大家，现在日本是个资源大国，要比中国的资源还多，这个有可能你有怀疑。

首先我们看一看，实际上**日本这几十年的发展，通过这种财团模式的发展，在海外掌握了大量的矿山资源，包括石油、天然气、铁矿石、铜、镍、有色金属，这是它掌握的大量的海外资源。**

我们来看，它有一个提法叫什么呢？叫日本是城市矿山大国，什么意思呢？有这样一个报道：日本金银资源世界第一。什么叫城市矿山大国呢？除了海外拥有的这些矿山以外，它在国内现在储备的和它可以循环利用的资源有多少呢？我们来看一下，日本的一项统计是这样公布的，它说什么呢？

天然矿产储量“贫国”的日本，通过回收废旧家电、电子垃圾等“城市矿山”成为资源大国，仅黄金的社会资源储量就超过了全球最大的黄金出产国南非

日本是世界上最大的金银铅和铟的资源国，其铜、白金和钽资源也位居世界前三位，这个数据是对日本国内积蓄的可回收金属总量进行计算后得出的。具体的量我们看一下，黄金有多少呢？日本国内的黄金可回收量为 6800 吨，约占世界现有总储量 42000 吨的 16%。再看日本的银有多少呢？可回收量达 6 万吨，约占全世界总储量的 23%。

再看稀有金属铟，主要是做液晶显示器和发光二极管的原料，日本的藏量占全世界储量的约 38%。再看，银和铅占有量也都是居世界首位的。再看看锂，锂在日本的消费量是全世界年消费的 7 倍，也就是说全世界除了日本以外加起来的消费量，日本是其 7 倍。而且日本还拥有约世界总量 6 倍的白金，干什么用呢？是燃料电池里面不可缺少的电极燃料。

所以，我们会发现，日本积聚的财富是非常多的，我们把很多的财富放在美国去买国债、变成纸的时候，日本的很多财富实际上是变成了有色金属。大家都知道有色金属现在赚钱、挣钱，不知道日本已经积聚这么大的量。

日本已经成为新能源大国，什么叫新能源大国呢？日本《选择》刊 2007 年 2 月发表的报道说，日本现在创造 1 美元的国内生产总值所消耗的能源只有美国的 37%，是发达国家中最少的。这里头我们看到丰田、本田这样的汽车几乎垄断了混合动力车的世界市场。在产业领域，日本拥有世界最高水平的节能技术。另外再看太阳能这个领域，电池领域，夏普、京瓷、三洋电机、三菱电机等都是位居世界前列。

更多的日本第一

除此以外，日本还有哪些世界第一，我们再看看。美国有个叫新美洲基金研究会的，在 2002 年外交政策的刊物上提出了一个概念叫“国民酷值”，国民酷值是什么呢？酷，这个人很酷的酷，这个实际上是对文化产业的一种估值。

该刊物说 GDP 或者 GNP 是我们评价国力的，主要应该是 GNP 而不是 GDP，GNP 评价国力，同样文化产业在 GNP 里往往显示不出来，所以研究人员用了一个国民酷值来衡量文化产业的价值。这时候他就说，日本是国民酷值世界第一的，也就是它的文化产业这块。

我们可以知道，**日本的动画片，还有很多的出版物，包括服装设计，都很有竞争力。还有我们看到的美国大片，《蜘蛛侠》这些，背后是谁呢？那上面打的公司是哥伦比亚公司，但是谁拥有哥伦比亚公司呢？是索尼。**索尼在 20 世纪 80 年代就收购了哥伦比亚公司，前两年又收购了米高梅公司。所以我们看到美国很多大的影片制作的背后实际上是索尼。

我们再看一个报道。美国的里海大学在 2008 年 10 月 27 日向全球发布了一个全球各国创新能力的相关资料，在创新力的调查里面，它列出了 16 种新产品的投产时间，并对 31 个国家进行了测评。测评的结果是日本的时间最短，是 5.4 年，之后是挪威、瑞典、荷兰和丹麦，美国是 6.2 年，排名第六，所以它得出创新能力最高的国家，排名第一的是日本。这里头它的产品分为手机、MP3、数码相机、宽带、我们平常用的家用电器，所需的时间，通过这个来测评。

再看，2009 年 4 月，英国《经济学家》公布了 2004 年到 2008 年全球 82 个经济体的创新绩效排名，日本仍然排在世界上最具创新力经济体的榜首。我们印象中是美国的创新能力最强，但这个著名的独立机构排名显示日本才是第一。

用综合指标评价日本

除了衡量国家经济实力的这些因素以外，还有其他的一些因素。过去的排名，我们印象中的排名总是用 GDP 来进行排名，我们再看看其他的一些因素。

我们来看 2009 年 5 月，世界卫生组织对全世界的人均寿命的排名：日本排名第一，寿命为 83 岁。从这里能看出，一国的社会福利其实也是衡量

其经济水平的一个重要标准，从其人均寿命、福利能看出来。而中国这个时候比日本人均寿命要短10年。

日本的森林覆盖率名列世界前列。我们做一个对比：美国的森林覆盖率是33%，日本的森林覆盖率是66%，中国的森林覆盖率是15%。日本在保护它的环境的情况下，获得了这样的成绩、这样的发展。

据新华社消息，世界最长寿老人、日本人大川美佐绪在2015年3月5日迎来117岁生日。2013年日本女性平均寿命86.61岁，连续二十年全球居首

这里面我们甚至可以看到，有报道说，日本现在都发愁没人砍树，为什么呢？没人砍树，森林质量就会下降，树太多了，没人去砍的话，密度太高，所以现在日本都发愁，树太多了。同时我们看看另一个报道是什么呢？日本的一次性筷子96%来自中国，也就是说我们在把我们的森林变成筷子卖出去。

之所以用“日本依然第一”这个标题，我是希望大家换一个新的角度，用综合的因素去评价日本经济的发展水平。

我们再看后面，2008年元旦的时候，经团联的会长御手洗富士夫在发表新年贺词的时候说什么呢？说今后十年内，日本人均国民收入重回世界第一。什么叫重回世界第一呢？

日本在2000年之前，也就是20世纪80年代中期到2000年之间，一直就是全世界人均国民收入第一的国家，只是在2000年之后，像美国、英国这种资本发达国家，资产泡沫起来以后，金融这块衍生的各种产品创造了不少的收入。随着这次泡沫的破灭，我想它们的收入也都下降了，日本肯定又会浮出水面。

人均国民收入才是真正衡量国家财富的标准、富裕的标准，而不是GDP。GDP里面很多的是外资创造的，这个收入不是你的，这部分财富是别人拿着的。人均GNP实际上就是来自这个概念的，人均国民收入包括你在国内和在海外获得的收入。但是现在中国能在海外获得多少收入呢？很少了。

原文/白益民　节选自：CCTV 经济频道制片人讲座　2009 年 11 月 9 日

第六节
日本教训敲响中国警钟

谨防高盛唱多中国

当中国的股市和房市虚火中烧、外国投行们纷纷火上浇油之时，亚洲另一大经济体日本，却是出奇的低调；而更耐人寻味的是，跟着西方人一起唱空日本的，不仅有中国媒体，还包括日本人自己。

当日本人牢记覆辙、学会低调做人之时，国外投行经济学家却不约而同地称，中国不会重蹈日本覆辙。

领衔的仍然是高盛。**早在 2007 年 1 月 15 日，当中国楼市与股市泡沫已现，国内外各大研究机构纷纷出台对当年中国经济和资本市场预测报告之时，高盛就在其发布的 2007 投资策略报告称，目前中国股市估值水平仍然合理，并且不需担忧中国重演日本股市的一幕。**三天后，《21 世纪经济报道》以醒目标题“唱多派高盛：中国股市不会走日本老路”做了报道。

高盛认为中国不会重演日本的老路，给出了两大理由：

首先，日本在 20 世纪 90 年代初的低水平利率降低了其资本成本，从而使得市盈率大幅上扬。而中国的央行可能在 2007 年两次将存贷款利率上调 27 个基点，这是央行努力使国内金融环境回归正常水平的措施之一。

其次，在《广场协议》签订之后日元的升值也是推动市盈率扩张的主要动力。在 1992—1995 年间，日元升值了 30% 左右。虽然人民币兑美元汇率的进一步升值或多或少地成为市场的共识，但是该报告仍然认为中国可能会让人民币以渐进的方式升值，以维持实体经济的稳定性。

从“捧杀”到“棒杀”

日本在今日的低调，显然是深刻吸取了当年被高调捧杀的教训。

20 世纪 80 年代，日本通过汽车、家电等的出口成为全世界最富有的国家之一，其 GDP 排在世界第二名，仅次于美国；其人均 GDP 更是超过美国，遥据各大经济体之首。

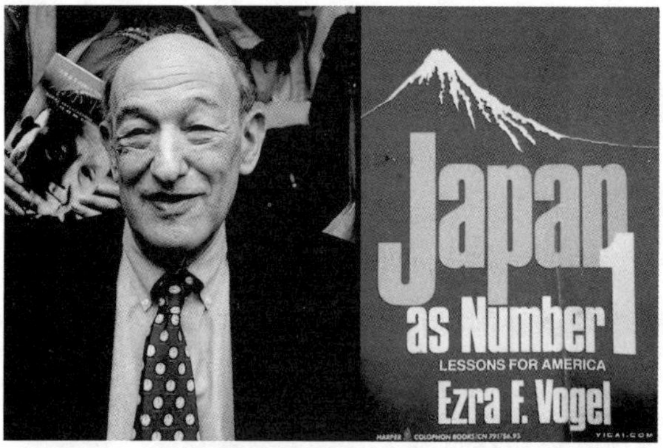

人口稠密、资源贫瘠的日本，是如何飞速崛起的？哈佛大学教授傅高义在 1970 年代末曾出版风靡一时的专著《日本第一：对美国的启示》

1985 年 9 月，美、德、英、法、日五国在纽约的广场酒店签署了《广场协议》，迫使日元升值。在日元升值的巨大预期下，大量热钱流入日本购买日元并使得日元升值进一步加速，这不仅导致日本资产泡沫急速扩大，也使得日本出口制造业在出口时遇到极大困难，其面临的必然选择就是希望能通过炒股炒楼能赚一点钱回来。

由于本币升值导致的外需下降，扩大内需和投资成为日本当局的最直接选择。当时的前川报告中计划使用 430 万亿日元，在未来的十年当中陆续投入基础建设。如此一来，日本大量的社会资源被吸纳到基础建设上来，使得日本私人投资大幅减少。与此同时，美国的官员、学者都在国际媒体上面不断地称赞日本人做得好，称日本会成为拉动世界经济的火车头。因此日本各大制造业、银行手中拥有了大量的股票、大量的房地产。日本 TOPIX 指数在不到 8 年的时间里几乎上涨了 300%。

20 世纪 80 年代末，日本几乎所有人都陶醉在资产升值和经济总量膨胀的美妙感觉中。1988 年，日本自诩在全球 10 家最具价值公司中拥有 8 家。1987 年，日本股市兴奋度达到高点，投资者以每股 120 万日元的价格购买 NTT 股票，1 个月内股价上涨就超过一倍。

与此同时，日本拥有了2850亿美元的美国直接资产与证券资产，控制了超过3290亿美元的美国银行业的资产（占美国银行资产的14%），控制了加利福尼亚州银行业资产的25%以上以及其未清偿贷款的30%，在美国拥有的不动产超过欧共体的总和，购买了美国30%～40%的国债，占有了纽约股票交易所日交易量的25%。

在美国市场上，20%的半导体器件、30%以上的汽车、50%以上的机床以及绝大部分消费类电子产品和其他数十种商品和服务都是日本所提供的，其成就远远不是2007年中国所能赶得上的。

然而，时至1989年的时候，美国发明了一种新的工具叫“股指认沽期权”，当时由摩根士丹利和所罗门兄弟公司开始狙击日本。他们劝说日本保险公司开赌局，美国人进来赌，不管胜负，进入赌场就交门票，日本人同意了。他们赌的是一年之后的日经指数，日本人认为日经指数不会跌，因此日本人开了无数的赌局。整个赌局越做越大，日本人签了数不清的赌单，全世界都参与进来。

到了1989年12月29日，日经指数到了前所未有的38915点。这个时候，由高盛带头狙击日本，通过丹麦政府去卖赌。美国在狙击日经指数之后，日本人才明白原来股票是可以跌的。股市开始崩盘了，楼市开始崩盘了，日本楼市持续十几年下跌。

内滞外强 明退实进

事实上，当初日本国内产生泡沫经济时，日本的离岸经济（海外经济）却欣欣向荣。**所谓日本经济长期低迷以至于面临崩溃之类的现象与议论，其实非常片面。遇到麻烦的，主要是日本的“在地经济”（国内经济）。仔细观察日本企业的海外行动，便会发现，它的离岸经济其实是在稳定地、高质量地成长中。**

据《日本经济的今天和明天》一文引用的日本政策投资银行的统计和大藏省公布的数字，即使在日本经济低迷的2000年，日本的海外总资产仍高达346兆日元（约合32046亿美元），海外净资产高达12319亿美元，占全球海外净资产的五成以上。另外，日本的海外总资产中，除去13280亿美元为金融债券等投资外，剩下的18766亿美元，大都是直接投资于制造业等各类产业……显然，美国只能望其项背。

近十年来，日本很多大企业开始从传统产业领域退出，全面进军新能源技术领域，寻求新科技革命以实现新的突围，一批新科技高技术产业正在移师中国。据统计，目前约有4万家日本企业在中国发展，其中主要为制造业，其整体盈利水平很不错。

丰田、本田等大型日资企业，确实受到了2007年全球经济危机的震荡，其销售收入、利润等增幅有所下降，但是日资企业在中国的盈利水平依然乐观。经济危机之后，在节能环保与新能源产业、电子信息技术业、生物科技、装备制造业等领域，由于日本企业掌握了过硬的先进技术，金融危机后日企将进一步扩大市场空间以及领跑幅度。

前段时间中国媒体开始炒作“日本不行了”，包括说日企从中国撤资，都有种幸灾乐祸的感觉。其实在总体上，日本企业不但没有从中国撤资，还在加紧投资。最新的例子，日本王子制纸株式会社，是三井财团的一个制纸企业，在江苏投了20亿美元。日本造纸业不砍自己的森林，到澳大利亚去种树，这些都是三井物产、丰田公司干的，它们把钱都储备在这里。三井物产是日本最大、最老牌的综合商社，而它和丰田集团都属于三井财团。

中国前一段时间大炼钢铁，需要大量的煤，煤挖多了就会过剩，必然会压制全球煤价，也将影响油价。在这个过程中，日本收购海外的煤炭资源加快了。中国还想着去收石油的时候，它们现在开始弄煤了。等中国开始经济复苏、铁矿石价格又上来的时候，你会发现日本人把铁矿石卖给中国，因为像三井物产这样的日本综合商社已经占有了全球的很多铁矿石资源。

原文发表于《环球财经》2009年9月期，作者：白益民

第三章　战后重铸共生体系

1951年以后，美国出于朝鲜战争和冷战的需要，放宽了对日本垄断资本的限制，于是，产、商、融三位一体的新财团体制逐步形成，并在20世纪60—70年代日本经济高速增长期，逐步形成了稳定的经济组织结构，新财团体系已经由传统财阀的金字塔持股形式转变成网状球体持股结构。

这种交叉持股的方式可以通过债转股帮助企业处理债务问题；通过集体监督减少腐败；通过信息共享减少信息不对称并实现共同决策；通过在企业间建立信用关系降低信用成本；通过建立内部人才流动机制为经理人提供更好的学习机会和成长空间；通过为中小企业搭建可依托的平台解决其就业问题和融资问题。

回顾日本经济发展历程，作为战败国的日本凭借自身独特的发展模式，以令世界震惊的速度完成了资本和技术的快速积累，在短短20年内就完成了医治战争创伤和追赶老牌西方国家的任务。在这举世瞩目的经济成就背后，日本战后重新搭建的财团共生体系，正是日本经济发展的关键。

作者题注：

日本在战后恢复期并没有完全照搬美国安排的经济模式，而是通过自己的财团商社模式，建立起独立自主的产业体系，还实现了海外扩张。2015年，中国国企合并重组浪潮迭起，日本财团的形成与融合历程为我们的改革提供了十分有益的参考。

本章提要

20世纪50年代日本加入“关贸总协定”时，股市低迷，有远见的经理人抱团将市场抛售的股票收购，通过交叉持股进行融资，这种民间资本的私有制形态通过集合和相互持股形成了一种混合所有制形态。

大企业形成的财团在产业链上进行分工的同时，一些中小企业围绕着这些大企业在运作，这样就形成一种秩序，一种利益共同体，这是日本的体制形态。同银行资本的紧密联系，也造就了其大生产机制。

日本现代公司制度的变迁，特别是所有权结构的变迁是有其深刻背景和原因的，日本政府比较有效地根据其实际情况引导了这一变迁，而不是完全根据盟军最高司令部（GHQ）的设计，照搬英、美的企业制度模式。

中国企业没有真正地面临过危机，既难真正抗风险更无起死回生之力，颇有“夏虫不可以语冰”之感。另外，无论是针对全球化还是内部应对，中国企业都缺乏强有力的支撑体系。

在日本，金融和产业互相持股，金融企业是父亲，综合商社是母亲，产业是孩子，三者组成了一个家庭。一旦遇到危机，这些财团内企业就形成了利益共同体，共生共荣，共渡难关。

日本企业就是典型的“诸侯国”模式，别看日本现在有松下、索尼、东芝等一系列品牌公司，其实在日本就一家公司：大日本株式会社。这些企业之间是一个“整体”。这种整体并不是死的，而是有机关联的。

第一节

财阀解散 经济被殖民化

日本财阀被美国解体

1945年9月2日，在东京湾美国战列舰“密苏里号”上，日本代表签署了无条件投降书。1945年9月22日美国发表《关于投降后美国初期的对日方针》。10月，美军先后在东京、长崎、大阪登陆，独占了日本。麦克阿瑟上将任美军占领当局最高司令官。

根据美国国会通过的一项有效议案，美国决定为了消除长期以来日本对美国的威胁，彻底改造日本；改变日本的社会基础、经济基础、国民性；按美国模式改造日本，使日本成为支持美国目的的忠实奴仆。

为了应付噩运的到来，三井发起召开了同族理事会。到会的有三井家族、岩崎（三菱）家族、住友家族、一些昔日的军部头子和三井的旁系血亲、大股东代表。

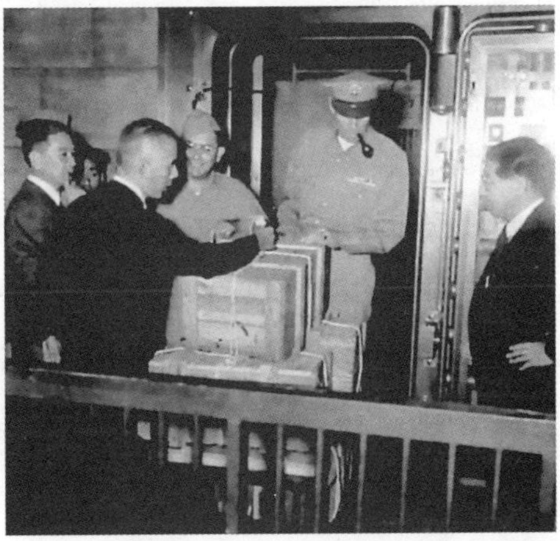

1946年10月，GHQ（盟军最高司令部）扣押三井、三菱等财阀家族成员的股票

后来，在美军的威慑下，三井、三菱等83家公司、56家财阀家族交出了价值75.71亿日元的1.6567亿股股票。这些股票被拍卖给这些公司的职员或社会一般居民，同时财阀家族和财阀所属公司领导人一律被勒令辞职，禁止十年内重新在公司任职。

1951年2月20日，《人民日报》的文章《美国正把日本变为它的殖民地》指出：

“在通过国家资本投资之外，美国独占资本家还以私人投资的方式不断地和大量地侵入日本经济。美国独占资本家不但在日本有其代表——麦克阿瑟，还陆续派遣了底特律银行家道奇、狄隆，里德公司副经理德莱伯，以及华尔街御用学者、哥伦比亚大学教授萧普等人赴日研究日本经济情况，积极活动对日投资事宜。

“日本的反动卖国政府也正极尽谄媚地以种种办法‘吸收美资’。吉田政府设立了‘外资导入委员会’，制订了吸收外资法案，宣布减低外侨所得税，并派遣了藏相（财长）池田勇人到美国去招来资本。麦克阿瑟则于1949年1月14日给日本政府备忘录，规定外国人（当然主要是美国人）在日的贸易业，无须申请许可手续。”

文章还指出：

“美国独占资本深深地侵入了日本的大小企业，控制了日本独占资本，并通过这操纵了日本的经济命脉。摩根系的通用电气公司握有三井东京芝浦电气公司的巨额股票，国际标准电气公司握有住友电气工业会社及住友系日本电气会社的巨额股票。麦克阿瑟是美国通用电气公司最大的股东之一，这是大家知道的，他在日本收买了与通用电气公司有悠久关系的住友公司的一大部分的股票。

“不仅在产业方面，美国独占资本对日本的商业、海运、银行等方面也都取得了控制权。在日本的美国贸易公司共有四十家，它们几乎完全独占了日本的对外贸易，日本本身的贸易公司则只靠收入一定的佣金，成为外国公司输出商品的经纪人。这一美国资本输出到日本，并掌握了日本财阀，操纵日本经济命脉的过程，显然就是降日本为美国殖民地的过程。”

实现“非军事化”和“民主化”

然而，在美国人来看，日本战败后，实际被美军占领，在美国控制下实行新旧体制的转换，其目的是要完全破坏日本的军事力量和军国主义，实现“非军事化”以及相关的“民主化”。主要政策包括三个方面：一是土地改革；二是解散财阀；三是劳动改革。其中后两项直接涉及企业制度，为日本创立现代企业制度奠定了重要基础。

另外，有学者认为：解散财阀、排除垄断具有重要意义，使旧财阀的中枢支配机构彻底崩溃，消除了原军国主义经济基础；对以后日本公司的持股结构和证券市场产生了很大影响；并为以后日本的技术革新、巨大垄断企业的重新发展等创造了有利条件。

美国解散财阀的措施主要包括：

（1）解散构成财阀机构支柱的控股公司。持股公司整理委员会指定83家为“控股公司”，解散了其中的三井、三菱、住友、安田等28家公司。强制转让和处置了这83家公司的资产，至1950年3月转让掉有价证券总额为689773亿日元，约占指定公司有价证券总额75%。

（2）消除财阀家族对企业的统治。56个家族被指定为财阀家族，其所有有价证券被强行转让；将被指定为财阀家族的人员全部开除公司董事职务；同时规定各公司不得使用财阀的商号、商标；此外对持股公司的子公司等指定公司（“限制公司”）中的468家的股份进行处置，切断了财阀资本支配关系。

（3）防止被解散财阀的复活。制定了《禁止垄断法》（1947年4月14日公布），对限制公司持股、限制董事兼任等方面做了严厉规定。但在1949年做了大幅度修改。

（4）分割大企业，消除经济力量的垄断。最初指定了325家企业为“排除过度集中”的对象，这些企业包括了各产业部门所有的大公司，占日本全部股份公司资本总额66%。由于美国最终改变了政策，实际仅执行了18家，巨大的金融机构得以原样保留。

与此同时，劳动改革的主要内容是公布了三部法律：一是工会法；二是劳动关系调整法；三是劳动标准法。这三部法律实现了劳资关系的根本变革，承认了建立工会、工会与资方交涉及罢工等权利。

美国设计的日本公司治理方案

二战结束后，日本现代企业制度变革的最初动因是超经济性的，以美国占领军为首的盟军最高司令部（GHQ）主要是从政治和安全角度考虑的。GHQ作为日本现代企业制度的创新者和企业制度供给者，最初设计的有关日本公司治理结构方案如下：

（1）以个人为中心的分散的所有权制度，通过市场和股东大会监督管

《禁止垄断法》于 1947 年 4 月 14 日公布，该法案对日本企业制度的形成影响深远

理人员。因为 GHQ 认为原先所有权集中于财阀家族或其他大股东是日本战前企业制度的特征，并且是与军国主义紧密联系在一起的，分散的个人所有权制度应当是经济民主化的支柱。

（2）内部雇员持股。目的有两个：一是雇员持股可以使雇员为公司的利益而工作，另一个是防止高层管理人员在劳动状况方面滥用权力。

（3）为避免控制权力的再度集中，大股东被排除在外。不仅对家族企业如此，对银行、其他金融机构和公司都是如此。1947 年实施的《禁止垄断法》，禁止工业公司持股，限制金融机构不得持有一个公司 5% 以上的股票。《证券交易法》，禁止商业银行承销、持有和交易公司的证券。

（4）高层管理人员的职务应从公司内部提升，由就职于非军事产业的支薪经理担任，大股东（即财阀家族成员）被清除出董事会。

（5）公司的资本结构主要由股本构成，即主要从证券市场上融资。

日本政府是日本企业制度创新的另一主体，最初它是被动的，有些方面的设想与 GHQ 一致，但主要有以下三方面的意见冲突：

（1）股东权利方面。GHQ 强调小股东权利并加以保护；而日本政府希望普遍限制股东权利。

（2）在机构持股方面。GHQ 希望机构持股尽可能少，以消除法人相互持股；而日本政府认为机构持股比较理想，至少是不可避免的。

（3）在公司融资方面。GHQ 认为应以股票市场为主；而日本政府对股票融资持怀疑态度，并认为银行调节对生产迅速复苏是不可避免的。

总之，GHQ 设计的公司治理结构主要是想将英、美的企业制度模式照搬到日本，而日本政府则希望根据其实际情况设计公司治理结构。我们进一步看日本企业制度实际的变迁情况。

首先是解散财阀。如前所述，通过解散其层级所有制结构来消除财阀的家族控制，被指定的83家控股公司中的31家，包括三井、三菱和住友等，均被解散，旧财阀的控制中心彻底消失了。作为财阀解散的一部分而转给控股公司整理委员会的股份数量总计90亿日元，估计占全国经济中资本额的24%，加上其他机构的股票处置，解散涉及总股份数额为144亿，占已缴资本额的32%。

然后对这些股票进行清算，按照建立以个人为中心的所有权结构的设想，在1948年4月确定了股票分配的优先权和程序：

（1）第一优先购买被清算股票的权利给予公司的雇员，然后是公司所在地的居民；

（2）不允许个人购买一家公司股票的1%以上的份额；

（3）严格避免所有权的再度集中。

与前财阀有关的公司和金融机构被禁止购买系列公司的股票，制造业公司被禁止持有股票，尽管它们不是受限制的公司，而是前股东或债权人。

日本政府推行了一系列措施，如发动了一场“证券民主化”的教育运动，为雇员购买股票提供金融支持等。至1949年7月，清算工作完成了80%，高效平稳。作为评判民主化的结果，所有权结构完全改变了，以个人为中心分散的所有权结构代替了以控股公司为中心的所有权结构，将近70%的股票由个人拥有，13%由证券公司拥有。

原文摘自《三井帝国启示录》P226～P228，中国档案出版社2006年出版，作者：白益民

第二节

重新集结的日本财团

日本政府不接受美国的设计

日本现代公司制度的变迁，特别是所有权结构的变迁是有其深刻背景和原因的，日本政府比较有效地根据其实际情况引导了这一变迁，而不是

完全根据盟军最高司令部（GHQ）的设计，照搬英、美的企业制度模式。日本这种现代企业制度及其产权基础，深刻地影响和推动了日本经济的飞速发展。

日本为了抑制通货膨胀、实现经济自立，从1949年3月开始实施“道奇路线”，结果造成工人大量被解雇，挤垮了许多弱小企业。股票市场上，由于股票供给过多，公司的经营状况普遍不佳，结果1949年8月，股票价格狂跌，股市几乎崩溃，这对以个人为主的所有权结构产生了很大影响。

许多雇员此时出卖了持有的股票，而大公司的经理也放弃原先强调内部员工利益的政策，开始关心股东利益。高层管理人员采取“变通”的办法来维持其股票价格，这种变通办法与“公司购买”相类似，实质是违反日本商法的。

第一种稳定股东的方式是公司委托证券公司持有其股票，资金由公司提供，是实际股东，证券公司则是名义股东。第二种方式是管理层委托金融机构持有它们所发行的股票以及它们持有的系列公司的股票，条件是公司在这些金融机构存款。

GHQ也逐渐认识和正式承认了机构持股的重要性，认可了日本政府为维持股价采取的措施：第一，日本政府鼓励金融机构持股，日本银行要求各城市银行在为购买股票提供资金方面进行合作，并鼓励为自己购买。第二，一系列限制前财阀公司持股的法律和法规被废除，使前财阀公司之间的相互持股成为可能。

1953年，日本又大幅度修改了《禁止垄断法》，将金融机构所有权限制从以前的5%提高到10%。随着这些政策和措施的实施，所有权结构从以个人为中心迅速转变为以机构为中心。

从1949年至1955年，个人持股者的百分比由近70%下降至53%，而同期前财阀公司的相互间持股又得到很大发展，使股票转移回到同系列公司。银行通过向同系列的公司提供购买资金而在相互持股中起核心作用，同系列公司的相互持股有效地抵制了被外部公司接管的可能。这样，曾经完全由个人持有的前财阀的股票现在又被机构所有者持有。

在以后的二十年中，日本利用国际环境、经济改革、引进技术等有利条件，高速度地发展本国经济。日本国民生产总值年递增 15.3%，社会生产力提高了 1100 倍，1968 年超过德国，跃居第二。这样，日本花了二十年时间，基本实现了国民经济的现代化，从一个后进的工业国发展成为工业技术高度发达、在当今世界举足轻重的经济大国。

日本式企业制度的确立

日本从 1868 年实行明治维新，进入近代资本主义社会。为了消除被西方列强侵吞的危险，日本资本主义从一开始就带有浓厚的国家资本主义性质。政府充分发挥干预经济的作用，建立国有工厂，扶植私人特权资本，输入国外先进技术和装备，推进资本主义工业革命。

至第二次世界大战，日本军国主义垄断经济发展到了顶点，各方面的危机和矛盾也充分暴露出来。终于在 1945 年 8 月，日本无条件投降后，日本经济全面崩溃。全日本约 1/4 资产遭到毁灭，生产水平降至战前水平的 40%，约占劳动力总数 1/4 的人成为失业大军。

正是从那时起，日本陷于巨大的社会动荡和剧烈的制度变革之中。那些在动荡中形成的各项制度，其中包括企业制度，奠定了日本经济发展的基础，并且随着经济增长而不断演进，使日本经济创造了奇迹。

作为日本经济高速增长基本源泉的企业，其制度特征更是具有鲜明的特点，1945—1965 年，日本形成了现代企业制度。总结为，日本经济体制在原来的军国主义的统制经济体系解散后，经过美国自由经济指导的解散过程，又重新集结为军团主义的现代“幕藩体制”。

这一时期是日本经济振兴时期。日本政府明确以汽车、石油化工、合成纤维等重化工业为主导产业，强化国际竞争力，采取出口导向政策，并以此为中心实现经济增长。

为了防止美国等外国资本对企业的收购和兼并，从 20 世纪 50 年代初开始，日本政府广泛推行“稳定股东工作”，从而形成了日本独具特色的企业财产关系形式，即所谓的法人资本主义。

日本式的企业制度在这一时期得以全面确立，主要表现在：六大财团型企业集团（也称“环形企业集团”）的重组和建立；产业型企业集团

（也称锥形企业集团或独立系企业集团）的兴起；对劳动者支配体制的确立；经营者控制局面的形成；转包中小企业体制的完善等。

日本财团重新集结

日本1953年对“禁止垄断法”进行修改，放宽了对持有竞争关系的公司的股份及兼职等方面的限制，如：金融机构持股限制由5%扩大至10%；缓和了对卡特尔的限制等。从20世纪50年代中期开始日本进行了“稳定股东工作”。三井、三菱和住友三大旧财阀原来的下属企业很多又重聚起来，当然其特点与旧财阀有很大的不同。

战后的一些“新财阀”也相互结合，形成芙蓉、三和及第一劝业银行三大新型财团企业集团。这就是日本著名的六大财团型企业集团。这些集团具有许多特点，最显著特点便是以金融机构为中心。集团内各企业环形持股，即银行与企业、企业与企业之间交叉持股。

由于美国的敦促，日本在1960年通过了“贸易、汇兑自由化计划”，对外开放贸易和汇兑。1964年日本加入国际货币基金组织（IMF）和经济合作与发展组织（OECD），这些组织都要求日本实行资本自由化。

日本政府和企业表面上承诺资本自由化，但实际上却加快实施阻碍资本自由化对策的“稳定股东工作”，即由集团内部或有关系的银行和企业相互持股，形成长期稳定的股东。

这样，市场上流通的股票很少，股价高昂，无论是国内还是国外的企业都很难通过购买股票达到兼并的目的，促进了股东的法人化发展。到1965年法人持股比率已达41.8%，到1990年更是增加到72.1%。这就是日本学者奥村宏所总结的日本企业最显著的特点——“法人资本主义”。

产业型企业集团与财团型企业集团的不同，在于其顶点和核心是以稳定的超大型企业为母公司。母公司拥有直接子公司和关联公司的很大股份，施行垂直领导，很多子公司和关联公司也持有母公司的股份，有些甚至比母公司自身所持的股份还多，如此也形成了一种紧密和相互持股关系，当然这类公司最主要的特征是形成紧密联系的垂直型产业集团生产体系。产业型企业集团在制造、运输、电信、贸易等行业都得到较大发展，最著名的约有40多家这类企业：

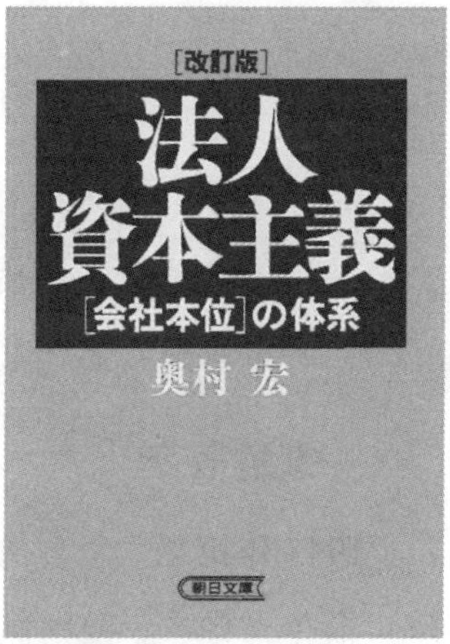

日本经济学家奥村宏就日本企业制度研究于1984年出版了《法人资本主义》一书

丰田汽车集团、日产汽车集团、本田技研工业集团、日立制作所集团、东芝集团、松下电器集团、索尼集团、日本电气集团、富士通集团、佳能集团、任天堂集团、新日铁集团、日本钢管集团、三菱重工集团、住友金属工业集团、日本石油集团、日本能源集团、三菱材料集团、神户制钢所集团、住友化学工业集团、三菱化成集团、旭化成集团、东急电铁集团、西武铁道集团、近畿日本铁道集团、阪急－东宝集团、东日本旅客铁道集团、日本邮船集团、大荣集团、季节流通集团、伊藤洋华堂集团、三菱商事集团、三井物产集团、日本电信电话集团、三井不动产集团、大成建设集团、三泽住宅集团、麒麟集团、味之素集团、东丽集团、东京电力集团、奥里克斯集团等。

六大财团型企业集团和众多产业型企业集团在这一时期基本形成，标志着日本式最典型企业制度的形成。现在，三井财团、三菱财团、住友财团、富士财团、三和财团、第一劝银财团在日本经济中占有重要的地位，在政界有着很大的影响力。代表日本的企业大部分都加盟了上述这六大财团，而且每一个成员企业又拥有很多关联企业和子公司，这个企业本身就形成一个巨大的企业集团。

原文摘自《三井帝国启示录》P229～P233，中国档案出版社2006年出版，作者：白益民

第三节

顺势应变，只为生存

一纸遣散令

1945 年第二次世界大战结束。根据美国占领军司令部发布的《财阀解体》命令，日本三菱财阀集团于 1946 年被迫宣布解散公司总部。

犹如一道晴天霹雳，各大财阀纷纷被迫撤出所在集团的全部控股股份，及全部家族成员。至此，日本近代由家族企业在政府扶持下构筑起来的一个庞大的财阀体系，就这样被打碎了。

小山雅久是日本京都大学的毕业生，1980 年进入三菱商事工作，现任中国总代表助理。虽然财阀解散是上一辈人的事，但他了解三菱的历史。他说："解散的命令下来后，当时我们的家族老板岩崎小弥太很苦恼。他认为自己消失了没关系，可下面雇用了这么多人，员工还活得下去吗？"

公司解散时，大家非常想把"三菱"的名字留下来，当时美国人不同意。但小弥太 1920 年为公司定下的社训"所期奉公，处事光明，立业贸易"，至今还是三菱商事发展的理念。

拾起"三菱"的牌子

1950 年，在三菱财阀体系被打散后，各自单干的公司原三菱造船、三菱商事、三菱矿业、三菱银行的基础上，又重新创办了光和实业。进入 50 年代，日美关系缓和，不到 10 年工夫，像三菱、三井、住友这样的财阀集团又终于有了重新组合的机会。

"他们等着呢，等待重新团结的机会。"小山说。在三菱重新成立的时候，大家都很高兴。原先岩崎小弥太下面的几个干部就去把原来的常务董事、社长都找回来，许多家族成员也被请了回来，让他们带头，说："咱们再聚合，重新开始吧。"小山雅久饶有兴味。就这样，在"三菱"旗下各公司重新挂牌之际，“三菱商事株式会社”于1954年也获得了新生。几大商社差不多都是那几年再成立的。而各大财阀的名称，也就不容遗忘地被重新捡拾起来。

这时，日本已经有了《反垄断法》，50%以上的股东控股都不被允许了。因此再成立时，家族控股、家族管理的形式完全没有了。股东十分分散，股份比例不能超过5%，成为完全的股份制结构。

当时为什么还保留“三菱”这个牌子呢？因为这是品牌。所以三菱“复名”时设立了三菱商标委员会，规定：今后凡是没有经过这个委员会认可的，不许使用这个商标；同时，三菱的股份不过50%的公司，也不被允许使用三菱的牌子。

“财团”只是利益共同体

在重新集合的“三菱”旗帜下，当时有：日本邮船、三菱重工、三菱商事、三菱综合材料、东京三菱银行、三菱地所等28家（公司）。半个世纪后的今天，已经不断发展、整合、变化。像制造业里，我们耳熟能详的是三菱重工、三菱电机、三菱汽车、麒麟啤酒，等等。

1940年11月1日，日本建造的最后一艘也是战舰史上最大的一艘战列舰——“武藏”号战列舰在三菱重工的长崎造船所下水

但是，**二战以前的财阀是法人，集团有组织、有总部；而二战以后不再有财阀，所有集结到“三菱”这个品牌下的企业都独立了。它们相互之间只有参股行为，可以说是兄弟公司、“亲戚”关系，却不再有“爸爸”来当总管或统领**。没有了“父子”隶属关系，也就没有了“集团公司”、“总部”这样的行政机构，没有“财团”的组织形式了。如果我们非要用“财团”这个概念的话，那也是象征着一个“品牌”下的利益共同体。

像三菱，在这个共同体下现在还保持的，只有一个联谊会（金曜会），这是各企业第一把手们沟通聚会的“俱乐部”，不是决策机构；一个社名商标委员会；一个广报委员会（负责品牌宣传，组织大型博览会等活动）。

这种松散的组织形式在历史的沿革中，各企业完全放开了去从事各自的产业活动，谁也不能强迫谁必须做什么；不过，无形的品牌凝聚力，又使它们之间能够相帮相衬，建立起商业网络。

三菱商事，当时就是这个利益共同体中的专业贸易公司。

福祸相倚，劫后余生

时间来到了20世纪的最后十年。

从80年代后期到90年代初期，日本经济处在一个非常繁荣的阶段。当时日元升值，出口大增，日本恨不能把美国的曼哈顿给买下来。魏杰那时也在三菱商事工作，他说：“我真是感觉好得不得了，工资也好，奖金也好。各企业都在盲目扩张，不断建子公司。”可当1997年他离开三菱去美国思科公司时，各商社都在重整。

90年代，经济雪崩似坍塌、日美贸易摩擦、阪神大地震、“金融风暴”的袭击，重创一个接一个。

那么，在每年都有上千家企业破产的裹挟中，大型综合商社是怎样调整过来的呢？

小山摊开两手：“我可以先给你一个结论：那时，我们也受到了很大冲击！”

首先是来自银行泡沫的崩溃。三菱从日本很多银行借贷，包括海外银行。一旦银行不好，企业资金周转就遇到了很大困难。其次，资金筹措不好，日本的制造业也同样遭遇挫折。而这些企业很多都与商社有关，或者它的生产要从国外进口材料，或者它的产品要出口到国外。由于三菱商事介入了很多环节，厂家碰到困难，三菱自然就受到影响。于是，三菱本身的业务、资金，都发生了严重问题。

企业依本能就要自救。但让小山自豪赞叹的是：“那时我们的社长、现任会长佐佐木干夫，他的功劳很大，90年代后期我们内部重组很成功。2004年开始，我们连续三年创出好业绩。如果没有整理好公司，我们就没有现在。”小山请他的助手裴欣女士拿出了一份三菱商事1978—2005年的营收报表，我们立刻清楚地看到：1993年的企业利润跌到了28年里的最低点，还不到400亿日元；而2005年，则已经飙升近4000亿日元！

有进有退，演绎“重组”

各综合商社在这场“重组运动”中，出现了下面的情况：

第一，90年代泡沫经济前，日本有九大综合商社。而从“失去的十年”中挺过来的只有六大商社了。其中，前五名保留了下来：三菱商事、三井物产、住友商事、丸红商事、伊藤忠。而日棉、日商岩井，两家合并成了一家；东棉，被丰田通商并购；兼松，则并入伊藤忠。

第二，各商社都相继裁撤部门，机构重组。但消化减员却很有日本企业的特色。即使经济状况好的时候，公司招聘也十分谨慎，宁愿加班加薪。因为日本不允许像美国那样随便裁人。因此，**三菱商事、三井物产这样的大型商社，直接雇员非常“精练”。即使今天在全球范围内，它们各自的正式职员也不过6000人左右。而商社把这些人训练成了日本社会中的高素质、高层次人才，受聘到第二家公司也非常容易。**那么，在经济不景气的年代，一是大幅减少每年的招聘数额；二是一部分退休，或愿意自寻出路；三是减少加班。因此在重组中，这样庞大的公司并没有像甩包袱似地上演“裁员大戏”。

第三，泡沫经济到来后，各商社在观念上发生了一个重大转变。各家放弃了销售额竞争，转而竞逐利润。如果你销售第一、利润第三，那就很不被看好。2006年三菱商事的财务统计预计，全球交易额1700亿美元，利润34亿美元；而三井内部私下里传说，它们2006年的利润会在40亿美元。

第四，资本重组。小山说：“当时，社长严格控制、严格处理公司内部不好的资产，原来投资的项目不能赚钱的就坚决撤出来，抽回资金，然后向新的、将来有希望的项目再投资。今天我们赚钱的领域大多是十多年前打下的基础。”魏杰则提到：**商社的优势，就是它的固定资产负担很小。即使它建子公司，也不会像制造业企业那样大量去购置固定资产，这就使**

得它转身比较容易，卸包袱的时候比较快——也许这就是几十年来，日本综合商社始终不介入实业操作层的原因。

原文发表于《中外管理》2007 年 4 月期，作者：白益民、王缨

第四节

六大企业集团（财团）与巨大企业

日本财团与集团的区别

1945 年日本战败投降，在以美国为首的占领军之下，大力促进经济民主化的改革。其列为改革重要事项之一的是进行财阀解体，并且禁止诸如卡特尔、托拉斯、康哲伦等企业结合。

然而，朝鲜战争爆发导致美国改变其全球策略的考量，欲重新定位日本为远东的军需工厂与反共堡垒，这使日本的财阀获得重整旗鼓的机会。至 1952 年，三井、三菱、住友等财阀商号的使用禁令被解除，战前财阀系的企业因而急速地展开企业集团化。

日本所谓的企业集团，在内涵上与一般所谓的“企业集团”有所差异。基本上，日本人所认知的企业集团（Business Group），可分为六大企业集团与巨大企业（Big Business）。例如：虽然以丰田汽车、日立制作所为中心形成的企业集团，不仅规模庞大且具有举足轻重的影响力，但业界一般都习惯称其为“巨大企业”；而通常所谓的“企业集团”系指六大企业集团，就是我们前面说的六大财团。

由于日本战后禁止控股公司的存在，故战后的六大企业集团或巨大企业，是以系列化的方式形成的。日本因受独占禁止法的限制，故不容许控股公司的存在；并购虽不为法律禁止，但在日本并不盛行；最常见的是系列化与连锁加盟，尤其系列化，乃为日本产业组织的一大特色。

一般日本对企业集团的定义为：各企业在法律上、经济上维持独立

性，然而透过相互持股、投资融资、业务合作、主要干部派遣等方式，追求共同利益而形成的复数企业的结合体。

所以事实上，日本存在两种形态的企业集团：

一方面以主力的都市银行（主办银行）、综合商社与制造厂商为核心企业，并且吸收横跨各种产业的企业而形成的集团，例如：三井、三菱、住友、芙蓉、三和与第一劝银这六大企业集团，又称为六大财团；

另一方面，还有以强而有力的企业为中心而形成的集团，例如：丰田汽车集团、日立集团、东芝集团、松下集团、东急集团、伊藤荣堂集团等。

习惯上，将后者称为“巨大企业”，而将前者成为“企业集团”，且一般都将巨大企业划分归属于某一六大企业集团之内。

战后新财团的六大特征

战后的日本，因独占禁止法第9条的限制而不存在类似战前那种财阀占支配地位的控股公司，其企业集团化的主要方式为系列化，即集团内的各参加企业保有其独立性。在日本战后的六大企业集团中，三井集团、三菱集团、住友集团是旧财阀系的企业集团，与其他如芙蓉集团、三和集团及第一劝银集团相比较，其内部凝聚力较强但拥有的参加企业数较少。

企业集团透过相互持股、投融资或业务合作、重要干部派遣与主办银行居间协调等方式，形成参加企业间彼此坚固紧密的结合关系。企业集团内部的最高决策组织为总经理会议（社长会），有别于战前财阀的控股公司。总经理会议是召集集团内主要企业的总经理定期举行的例会，亦为一切有关企业集团利益的经营策略的决议与情报交流的最高层组织，例如：三井系的二木会、三菱系的金曜会、住友系的白水会、芙蓉系的芙蓉会、三和系的三水会与第一劝银系的三金会。

战后的六大企业集团具有下列特征：

（1）参加集团的企业各有其独立性，通过多元的相互持股而形成多层圆环状的集团组织。

（2）集团内企业之间的协调沟通与政策商议，是以总经理会议的方式运作的。

（3）对集团内企业进行投资时，经常是发动整个企业集团进行联合的共同投资。

（4）各企业集团的核心企业，皆以大都市银行与综合商社为重要的角色。

（5）各企业集团皆以主办银行与综合商社为组织的重心，其事业领域则为横跨各种产业而且均衡地拥有各业种的有力企业。

日本六大财团简表

金融集团	三菱日联金融集团（MUFG，2005 年成立）		瑞穗金融集团（MFG，2003 年成立）		三井住友金融集团（SMFG，2002 年成立）	
财团组织	三菱财团	三和财团	富士财团	第一劝银	三井财团	住友财团
经理会	金耀会	三水会	芙蓉会	三金会	二木会	白水会
综合商社	三菱商事	双日商事	丸红商事	伊藤忠	三井物产	住友商事
主办银行 合并前	东京三菱银行	日联银行	富士银行	第一劝业银行	樱花银行	住友银行
主办银行 合并后	三菱东京日联银行（2006 年合并）		瑞穗银行（2002 年合并）		三井住友银行（2001 年合并）	
代表企业	三菱重工 三菱电机 三菱汽车 麒麟啤酒	夏普 NTT 神户制钢 帝人公司	日产汽车 日立 佳能 日本精工	富士通 五十铃 JFE 钢铁 古河电气	东芝 丰田 王子造纸 三越	NEC 马自达 三洋 朝日啤酒
行业领域	汽车 重型机械 军火 成套设备 石油化学 核能等	钢铁制造 纺织纤维 石油橡胶 通信业 液化气 陶瓷等	金融业 城市住宅 海洋开发 石油开发 地热利用 煤炭等	化工纤维 金融 光通信 计算机 石油开发 食品等	化工 机械设备 综合电机 汽车制造 钢铁 核发电等	石油化工 钢铁 有色金属 精细化工 海洋开发 核能等

注：企业名称随时间会有所变化。

战后新财团与战前财阀的异同点

若将战后的企业集团与战前的财阀相比较，则可发现下列共通点与相异点：

1. 共通点

（1）两者皆拥有金融资本与完整的产业体系等综合性的多元化事业

领域。

（2）组织的决策机构虽支配形态不同，但伞下的参加企业大多为有力的企业并对其下属的中小企业进行系列化。

（3）两者皆对日本经济具有巨大影响力，且在促进日本经贸发展与产业升级上扮演重要的角色。

2. 相异点

（1）组织的决策机构不同。战前财阀的组织决策机构是控股公司，而战后企业集团的组织决策机构则是总经理会议。

（2）在组织性格上，战前的财阀是以财阀家族为中心的自然人，战后的企业集团则是由参加企业的法人所组成。

（3）财务金融的控制机构，战前的财阀是掌握于财阀的控股公司，而战后的企业集团则是以大都市银行为主要的金融机构并由其主导。

（4）战后的企业集团与美国的独占资本相互结合，其规模更加扩张发展。

日本财团实现产商融相结合

日本的六大企业集团（财团）不仅规模庞大、掌握大量的资源，并且集团内企业遍布各种行业，彼此在情报、采购、制造、研发、行销、财务等功能上分工协助。

日本式的企业集团，通常包含三个重要的核心部门——综合商社、都市银行与有力的制造厂商；三者经常维持相互协助与分工合作的密切关系进而发挥集团最大的整合力。此种企业集团的协调互助与运作方式在日本企业进行对外贸易的拓展之时，即成为无坚不摧的强力武器。

当日本企业欲进行海外进出之际，银行将提供充分的征信调查与投资风险评估乃至长期融资；综合商社则将提供详细的原料、产品、通路、技术等市场情报。故日本企业通常能规划出周密的经营计划，以长期的观点且稳健地、按部就班地展开海外进军，大大提高事业的成功几率与持久性。身处全球规模的无国界竞争时代，日本六大企业集团无疑是日本跨国企业的主角。另一方面，对有志于在日本市场扎根的外国企业，却形成了一种无形的参入障碍。

外国企业若欲进军日本市场，往往不得要领而难奏功效。由于日本的流通组织系统有着浓厚的系列化色彩，若无综合商社的穿针引线，将很难打开行销通路。

日本企业大都有其归属的主办银行。拥有知名的主办银行，对日本企业而言，不仅是享有财务融资、商业情报等优厚益处的表现，更是表彰企业地位与信用的象征。所以，外国企业只有得到日本财团的主办银行与综合商社的协助支持，才可能具备立足日本市场的前提条件。

日本式企业集团的相互持股、主办银行融资、协力厂商系列化等独特的经营方式，使企业避免了恶意并购，促进了劳资和谐与企业间相互信赖，有利于日本企业的长期稳定经营，造就了日本经济的强劲实力。

原文摘自《三井帝国启示录》P233～P235，中国档案出版社2006年出版，作者：白益民

第五节
看财团如何搭建利益共同体

产商融结合 交叉持股

日本共有三菱、三井、住友、富士、三和、第一劝银六大财团。我们一般更关注的一些家电企业，其实并不是日本的核心企业。

很少被人提及的是，丰田等三井财团成员，其实是在三井协助下创办的。三井家族在日本做生意已经有三四百年历史了，跟中国近代史上的晋商处于差不多年代，模式也跟晋商相似。先经商，在商业资本获得市场以后，再加入金融资本，回头再反控或者说反哺产业，就像乔家大院的乔致庸，先搞贸易，再做钱庄。

三井物产是世界上最大的综合商社，是个产业组织者。在中国则没有这种角色，只有企业，而没有把企业再组织起来的企业，这样的企业一旦遇到危机，没有元首，没有利益共同体来救援，企业只能孤立应战。

三井财团核心企业列表

所属产业	核心企业
金融保险	三井住友银行、三井信托、三井生命、三井住友海上火灾保险、住友三井金融租赁
商业商社	三越、三井物产
地产建设	三井不动产、三井住友建设、山崎工程、东洋工程、JA 三井租赁
矿产冶金	三井金属、日本制钢、三井石油
汽车船舶	丰田汽车、三井造船
石油化工	太平洋水泥、三井化学、电气化工
机械制造	石川岛播磨重工、三机工业、新王子制纸、新日本空调
电子通信	东京放送、东芝、富士胶卷、Unisys
轻型工业	日本纸质、日本制粉、东丽、札幌啤酒
流通仓储	三井仓库、三井 soko、AIM 服务
科研情报	三井物产战略研究所
交通运输	商船三井

粗体字为二木会成员，下划线的为广报委员会成员（企业名称随时间会有所变化）。

现在中国的体制是金融和产业相分离，是根据美国制度设计出来的。而在日本，金融和产业互相持股，把它们的关系做一个比喻：金融企业是父亲，综合商社是母亲，产业是孩子，三者组成了一个家庭。一旦遇到危机，这些财团内企业就形成了利益共同体，共生共荣，共渡难关。在中国体制内，父亲却不能给孩子输血，孩子也找不着母亲。

除此之外，这些企业还有很多共同投资，比如三井物产有很多合资企业，它们形成了网状结构。每个企业也许在自己的产业链上已经规模很大，必定跟其他企业有很多业务交叉、股权交叉，在这样的情况下，所有企业都在产业链上互有关联，任何一个企业遇到危机，都是牵一发而动全身。

比如东京电力，在 2011 年日本大地震中损失最严重，但它是由各大企业交叉持股构成的。仔细观察它的股权结构就会发现，东芝、三菱以及三井关联的金融企业都是其股东。东京电力不是一个独立企业，它一旦倒掉，会牵扯到其他企业的利益，所以那些股东企业都在支撑着它，股价也许会一时下跌，后来还会支撑它再回升，这样看来，东京电力几乎没有倒闭的可能。

维护产业链　杜绝落井下石

2010年，丰田在美国发生了大规模召回事件，当时很多人从外界看来觉得也许丰田模式要失灵了，但是实际上丰田汽车并没有受到过多影响。其实丰田汽车只是丰田集团里的一个成员，丰田集团发展到现在也已经财团化了，除丰田汽车之外，还有丰田通商、爱信精机、日本电装等企业，它们均属于世界500强企业。

日本电装是数一数二的汽车零部件企业，丰田通商就是商社，还兼有金融的功能，也做汽车贷款和物流，爱信精机则制造各种汽车零部件和自动化设备。除此之外，丰田汽车还有成千家跟它相配套的企业，可能持有一些股份，它们之间是一种长期的协议关系。

组装厂一出问题，车卖不出去了，零部件和物流企业肯定也跟着倒霉。危机袭来的时候，一大家子人要怎么处理这个问题?

如果按中国或者美国的模式来处理，丰田汽车出问题了，肯定会要求周边企业降价，要求赔偿或者负担损失。某大企业一出事，便树倒猢狲散，其他配套企业开始逼债，银行也上门要求还贷，各方处于紧张的博弈关系。但丰田没有这样做，从共同的利益出发，并没有向这些企业转嫁困难，而是选择独自消化。事实上仅仅几个月之后，这场危机就过去了，丰田的生产能力没有受到任何影响，整个产业链没有断裂。

产业链一旦破碎，再去修补的成本就会很高，没有两三年是恢复不了的。虽然在危机当时，维持全体企业的利益需要花不少钱，但是相对于重新组织起来的成本还是低了很多。

财团的两面

“财团”是集体主义企业精神的体现。“日本企业和其零部件供应商之间的合作模式，是企业对供应商的生产能力、生产环境等确立严格的标准，在供应商审核通过后才能获得合作资质，而一旦建立起合作关系，企业和这些供应商之间就会长期共同发展，包括派驻工程师进行经营诊断；面对市场上有价格低廉的其他供应商出现时，企业会向供应商提建议，一起找解决办法。所以，日本集团企业周围通常会有众多关联公司。这种企业间的‘团队’合作模式，同中国企业与供应商之间的合作模式差异巨大。”

这就是日本财团体系下“集体主义”精神的独特表现。这种商业精神和“成果主义”（强调结果和业绩，早晚汇报工作成果等）一样，是日本商业精神强调的两面，对于企业来讲，它强调抱团作战、避免冒进、团队协作，对个人而言，它强调以企业为家（根源于企业的终身雇佣制）、服从（年功序列制延伸的等级观念）。

日企的“大公司病”，则是日本财团体系这枚硬币的另一面。日本财团体系依靠利益捆绑体系，使得其企业在非常态时能最快速度调集到资源，并协力做出反应，但也正是由于利益捆绑过于紧密，所以企业能够大而不倒，即便出现严重弊端和漏洞，企业要想矫正轨道、弥补错漏难免尾大不掉、反应“迟缓笨拙”。所以，震后的东电至今依然存在，还有日航宣布破产保护之后，是找到稻盛和夫来帮助解决问题，源于它牵涉的利益相关方较少，更能够基于企业发展的需要来保留或者去掉航线、人员。

另外，对于中国企业而言，上述日企复原力总结内容中，财团体系也许不容易习得，但是日本的全球化布局、商业精神和传承办法，却是确实可行的学习内容。

与之相比，中国企业显得“势单力薄”。中国汽车流通协会常务理事贾新光认为，这不单是说中国的企业受体制、政策性因素左右很大，大多数汽车企业在产能、质量、规模等方面实力不强，所谓的集团，也不过是制造企业的算术相加，并没有重要的金融核心功能，也不具备强大的贸易、物流、信息、资本运作能力。

还在于，中国企业没有真正地面临过危机，既难真正抗风险更无起死回生之力，颇有“夏虫不可以语冰”之感。另外，无论是针对全球化还是内部应对，中国企业都缺乏强有力的支撑体系，再加之普遍面临的用工制度短工化（临时工、劳务工为主），职工队伍流动性相当大，企业文化建设也是一大问题。

抱团的背后

相比中国企业，日本企业与产业链上合作伙伴的关系更为牢固。中国人看重价格，谁的价格便宜就跟谁合作，因此经常更换合作企业。日本企业选择合作伙伴的周期很长，但一旦确定之后就很少变动。假如供应商的技术或品质不行，公司会派技术人员前去调查研究，给予培训、助其改进，而不是简单地换一家企业。这是企业发展比较成熟的表现。

“抱团”的背后是日本企业更注重长期利益的经营理念。而这一点，又与日本企业的融资模式紧密相关。美国企业主要通过上市融资，因此美国企业的 CEO 最擅长财务知识，美国企业也更加注重短期财务收益。

日本企业主要通过银行融资，而银行对企业的短期经济效益并不特别看重，这使得日本企业更专注于长期的业绩表现。日本企业的领导也多出身于技术或业务领域，它们对产品和服务质量的重视多过对短期财务表现的重视。

看得更为长远，注重长期利益，这使日本企业不计较一时的得失，当合作伙伴陷入困境时，都愿意无偿提供帮助。对它们来说，维护一种长久而稳固的合作关系，对双方都更为有利。

“农耕模式”防范风险的优势

上述财团模式并非日本所独有，德国也有类似组织。德日都是产业型国家；而美国是金融型国家，靠的是钱生钱。20 世纪三四十年代，美国的摩根财团也是产业、金融和商业相结合的模式，但是八九十年代以后，由于结构松散，美国财团式微，被迫关闭了很多竞争不过德日的产业，只能靠贸易保护主义来限制日本企业出口，逼日元升值。

美国人把产业全抛到海外的做法，我们可以称之为“游牧模式”，与之相对，日本是“农耕模式”。农耕的人考虑的是怎样播种、插秧、锄草、施肥、浇水，并雇人照看，是一种积累的模式。天旱了，要灌溉，就是金融跟产业结合；水多了，就要排水，把金融力量再移出去。而游牧民族不需要考虑这些，只要赶着牛羊寻找水草，吃完就走，或者以打猎为生，缺

乏根基。

美国人的游戏规则是谁有能力谁决策，但是日本人最高决策层基本都是50岁以上的人，一层一级慢慢升职上去，这样的体系可以保证决策不犯大错，有一定年纪的人，一般对企业历史会有很多了解，偏重从长期看问题，做决策的时候更多考虑的是风险，而年轻人更多考虑的是机会。所以日德企业行动起来一般比较慢，不像游牧民族那么反应迅速，但是内耗也少。如果方向错了，日本企业当然也会犯重大错误，但都是有经验的人在高层控制风险，所以可能犯的错误已经事先在内部有所防范了。

所谓决策，对美国企业来说一定是找机会，但对日本企业来说，却是防范风险，保证企业不犯大错。

原文发表于《商学院》2012年03期，记者：马新莉、王志勤、郑晓芳

第六节
"部落"斗不过"诸侯国"

"部落"斗不过"诸侯国"

现在中国有成千上万的企业，企业与企业之间是没有关联的。中国企业与企业之间的竞争，就像原始社会的游牧部落一样，最开始的时候，大家只是群居在一起，最后形成"部落"，我称之为"部落经济"，属于最原始的生存形态。

社会的发展阶段，是由部落慢慢发展成为"诸侯国"。我把它称为"企业集团"，这个集团还不是简单的组合，实际上它是一个财团。这样的一个形态，必定是社会发展的趋势。这时候，我们不免就会有这样一个疑问，如果"部落"与"诸侯国"发生战争，谁最终能获胜呢？答案显而易见。

为什么诸侯国会崛起呢，因为在诸侯国里面，它的分工明确，且能够

美国经济学家格拉克于2003年出版的介绍日本经济体制的图书《联盟资本主义》

形成一个相对复杂的配套体系，一旦定居下来，就可以做制造、做交换、有市场，然后就形成了一个产业链，这样诸侯国的经济就会起来。而部落的分工是非常单一的，打猎就是打猎，采摘只管采摘。

而日本企业就是典型的“诸侯国”模式，别看日本现在有松下、索尼、东芝等一系列品牌公司，其实在日本就一家公司：大日本株式会社。这些企业之间是一个“整体”。这种整体并不是死的，而是相互关联的。

而中国的企业，受美国模式的影响，都成了自由化经济，甚至形象地说就是“摆地摊”经济。各自为政，见缝插针，今天卖这个不行，明天就卖那个。而美国更希望中国的企业“摆地摊”，搞自由经济，结果是对大资本的发达国家最有利，因为没有办法与它们竞争。

这种方式，在过去的十年、二十年或许还可以，因为那时候中国一片空白，到哪里摆地摊可能都会赚钱。但现在不行了，外资进来了，再想摆地摊，能随便摆吗？最后那么多人，为了“摆地摊”互相厮杀。

所以，中国企业的转型，不是某一个企业的问题，而是这些企业怎么去组合成为“集团军”的问题。如果大家都是想做成集团、世界一流的企业，但却不与别人联合，到最后谁也做不成一流企业。

像日本、韩国那些企业组合起来成为一个个财团。我们也应该组合起来，成为一个个共生体制，形成产业链，变成上下游关系，大家交叉持股、共同投资，形成中国传统的“商帮”。只有被纳入商帮里，最后才有可能活下来。在未来的竞争中，如果脱离这样的形态，慢慢地都会被淘汰。

然而，中国的企业管理者大多数都非常浮躁，想的是在短期内就要成功，要发展。于是，就挖空心思想走捷径。但是，日本企业走的却是可持续发展的道路。人家先是在机制上做好，而不是先在钱上看如何进来。

因此，日本走的是可持续发展的道路。到现在，我们总说日本经济不行了。可现实是，日本国内的生产总值只占其全球生产总值的40%，其余的都是由国外的企业所创造，换句话说，日本在海外建立的一个“大帝国”，仅在中国就有4万家企业。最可怕的是，这些企业和企业之间不是一个个独立的个体，而是都相互关联。这些企业就相当于“毛细血管”，不知不觉地就把你的“血”给抽走了。

要有中国自己的“商社”

三井物产，实际上它是一个商社，日本的商社为什么发达？因为日本没有资源，缺少市场，技术上也是后进国家，所以它要去国外引进技术。在这样的情况下，它形成以贸易为主体的格局，其实，三井的成功代表了日本的成功。因为商社是日本的代表，而松下、索尼、东芝等并不是代表，背后的这种财团才是真正的代表。就像投行、高盛、摩根代表着美国一样。

而反过来看现在的中国，资源越来越稀缺、市场被压缩、技术没有培育起来，这些都跟日本大致相似。因此，我认为，中国应该回过头来补这一课，把商社放大，因为商社可以拿到资源、技术和市场，它是产业的组织者。三井综合商社，还有另外一个名字：产业组织者。中国为什么要学这个体系，实际上是我们有这个需求。

商社最早的时候，我们是有这个雏形的。就是原来经贸部下面的五矿进出口、中国石化进出口公司，其实商社最原始的状态就是几个对外垄断性的大贸易公司，1994年的时候，政府曾经专门下过一个文件叫“综合商社试点”，本来国家设计得非常好，后来因为东南亚金融危机，就否定了日本的模式，然后把美国的模式给请过来。

否定的这一二十年，我们回过头看看发现，资源拿不到了，技术没有培育好，产业也没有组织起来。当初不是没有雏形，那些进出口公司之前有很好的基础。然后，在它们的上面再加一些功能，因为纯粹的贸易公司不叫综合商社，综合商社一定要把金融加到贸易里面去，在日本，综合商社被称为第二银行，也叫影子银行。

所以，你会发现，商社的持股方都是金融机构。一旦贸易被赋予了金融的功能，它的后台是非常大的。因为商社做贸易与各行各业的人打交道，它能迅速地捕捉到商机，再加上金融的跟进，试问焉能不成功？

而中国则不是，中国并购海外企业，不是通过贸易的过程建立伙伴关系去收购的，而是通过美国的投行造出一个概念，由它们经过精细的包装以后，卖给中国的企业股权。企业花了几百亿甚至更多的钱把它买回来之后，发现实际控制能力没有，把钱全白送给了人家，就要了一个股权，实际上就等于是财务投资。

仅仅只是财务投资，对中国的利益有多大意义呢？我们控制不了人家那边的物流等各方面的因素，就只是一个股东，而且还不给董事的席位，最后钱扔进去了。这样的例子太多。所以说，中国商社的形态应是把垄断性的贸易公司发展壮大起来。

“活熊取胆”与“亲戚优先”

隶属于近江商人（右图）的伊藤忠商事创始人伊藤忠兵卫（左图，1842—1903），奉行“三方利好”原则，即“对卖方有利，对买方有利，对社会有利”

作为日本商社之一，三井企业在维护客户关系的时候，讲究的是你好我好大家好。这点，有些类似中国的江浙一带的商人。他们在赚钱的时候，一定会想，如果这单生意，对方没有赚到钱，他们会觉得非常难过。

在他们的理念中，一个订单，不管是有多少人参与，一定是每个参与的人都能够赚到钱，才会认为这桩生意是成功的。但是北方商人在做生意的时候，恨不得你亏得倾家荡产，我才高兴。

所以，日本人做生意都希望是做持久性的合作，可能一开始的时候特别麻烦，他们会考察合作伙伴的每一个细节，但一旦合作意向达成，他们就会是十年、二十年甚至几十年的合作保持不变。

用现在非常贴近的话来讲，**日本人做生意，通常做的都是“活熊取**

胆”，而不是“杀熊取胆”。还有一点，他们有时候会考虑关系的强弱。假如他们的财团关联企业也到相同的区域来开拓市场，那么，他们会优先选择这些财团相关企业。因为，他们认为财团相关企业的关系是首位的。

所以，有时候，一些中国企业在与日本企业合作的过程中，被竞争对手挤死了，就是这个原因。如果中国的企业明白这一点，就应提前在合同中约定，“在合作的过程中，不能把相关联企业引进来参与竞争”。

与上下游企业建立共生体系

学习型组织的创始人彼得·圣吉先生曾说过这样一句话：“我们的生存都离不开氧气，但是生命的目的却不是呼吸尽可能多的氧气。企业的生存离不开利润，但是企业的目的却不是赚尽可能多的钱。”

以三井为例，在日本，企业更像一个社会，它要承载社会责任；美国则把企业当成一个赚钱的机器。而日本人认为，企业是职工的，应该为职工谋福利的，也就是说日本的企业不是为股东赚取利润的，它是为了能够让大家都有饭吃，过得更好，然后大家共同发展。

实际上，它是这么一个思路。这样的话，就没有人专门去追求利润，没有人想把钱拿走，大家都想把钱放在公司里，让自己的钱越滚越多。

因此，在日本的企业里，经常会看到这样一个现象，那就是即使公司上市，公司也不会分红。尽管有时候会有一些分红，但那更多的是外部投资者的要求，本公司内的员工从来不会有这样的要求。

因此，日本企业追求利润的原动力并不是很强，但是面临国际资本的要求，企业也要有利润，但不是第一目的。因为没有人要抽走这部分利润。因此，我认为，当这个系统越来越大的时候，它发展的路子会越来越宽。

另外，美国的经营思路是希望企业能够快速地长大，怎么快速长大？美国的企业一定是把它周围的草、灌木全部拔光，然后让营养一株独占。但美国人没有想到，如果把这些都砍光的话，水土流失，最后变成沙漠，自己也完了。

但日本企业的经营与美国的思路不一样，日本人想的是共生的关系，

他们认为如果想要让企业能够持久地发展，就要保护好这些草和灌木。把这个环境营造好，让水土不流失。而且日本的企业认为，这些草和灌木不但不抢自己的营养，还帮助自己蓄积了营养。因为，这些草和灌木的根系特别大，能够在其他的地方吸引过来很多的营养。这样，才是一个良性的共生体系，才是一个持续、健康的发展。

原文发表于《新智囊》2012 年 07 期，作者：白益民、刘建飞

第四章　同舟共济 乘风破浪

中国企业是500大而非500强，“强”之谓，不仅指在景气中扬帆疾行，亦意味着逆境时具备坚挺不倒的底蕴。例如，丰田汽车不单单只是汽车生产商本身，其背后，是一个健硕的丰田财团，而在丰田财团诞生、发展至成熟的整个历程中，其身后还有一个更为庞大的三井财团体系。

众多研究者大多把“丰田模式”简单地等同于及时制（JIT），等同于精细化管理。这仅仅窥视了丰田制造环节的一斑，而没有能够看到丰田模式的全貌。丰田实质上是一个经营组织、制造、研发、供应链四个环节形成的系统模式。只有从“财团”角度去审视，才能清晰地描绘出一个真正的丰田。

财团实际上就是命运共同体和利益共同体，其中的企业相互持股，捆绑在一起，由于自己跟上下游的企业紧密关联，因此当任何一个企业遇到问题，后者都会对陷入困境的企业施以援手，救别人就等于是在救自己。在危机中抱团取暖的经营方式，让日本大企业的寿命远长于欧美大企业。

作者题注：

面临全球经济的动荡，无论国企和民企更需要以商业为筋骨，以金融为血脉，将被外国资本和地方行政分割及解体的产业重新聚合起来，形成互联互通的“产商融结合”的财团体系，抱团取暖，共谋发展。

本章提要

财团模式对身处危机之中的日本企业来说中举足轻重。日本特有的财团模式会使这些受损企业更快地恢复元气。

三洋创始人是井植岁男、井植佑郎和井植薰三兄弟，他们不仅是松下创始人松下幸之助的内弟，也是松下的创业元老。

松下与三洋电机组建全球最大的电器公司以及笔记本电脑和手机电池制造商将成为事实。如今的松下、三洋和索尼，都是“三井－住友”这个大财团体系的成员，其实早就存在着隐形垄断。

松下收购三洋是典型的日本式救赎，日本财团不会轻易放弃自己成员企业，但是拯救并不是简单的注资，而是全面的改造，这种改造过程也不是一蹴而就，是逐步进行，甚至还暗含着共谋与布局。

除自身的强大之外，索尼还有一个不为人知的后台，即三井财团。早在索尼发展初期就曾得到了三井财团的大力帮助，创始人井深大和盛田昭夫研制收音机时，其主要的资金来源即是三井银行。

丰田通商、三井物产等综合商社正是日本财团的主要核心组织，日本企业与欧美企业最大不同之处就在于——日本企业拥有商社组织。这个在生产环节“内系统”之外的“外系统”，形成了对内系统的有力支撑。

通过联姻，丰田、住友与三井日益紧密融合成一体。这种强强联合，含金融、商业、产业“海陆空”三位一体的“军团”结构，正因为某单一日本企业可能出现严重问题，但一是伤一指不足以动全身，二是这种财团结构给其中某单一企业以极大支撑，能有力助其渡过难关。

第一节 财团模式有利于企业复苏

从大地震影响透视日本电子产业链

2011年3月11日，日本东北部海域发生里氏9.0级地震并引发海啸，造成重大人员伤亡和财产损失。从整体上看，震区东北部并非日本经济中心，但是日本在产业外移的过程中，最核心的生产链条已经在东北部被保留下来。比如东芝的芯片全球生产基地就位于东北部，这部分业务的损害会给东芝带来很大影响。

其实处于地震高发地带的日本企业内部都有比较完备的应急系统，即使震级再高，这些防范措施还是会起到保护生产线和设备的作用。因此，如果单纯是地震的影响，生产应该很快就能恢复。

但此次主要的问题是地震引发了破坏力极强的海啸，导致物流系统出现问题；更加严重的是，核污染威胁到了人的活动，这必然会导致整个生产在短期内难以为继。而在多重作用的影响下，东芝生产线的恢复和重建恐怕没有那么简单，如果用现有厂房，设备替换需要一定的周期，而且由于多数设备都是需要定制的专用设备，因此将进一步拉长时间。

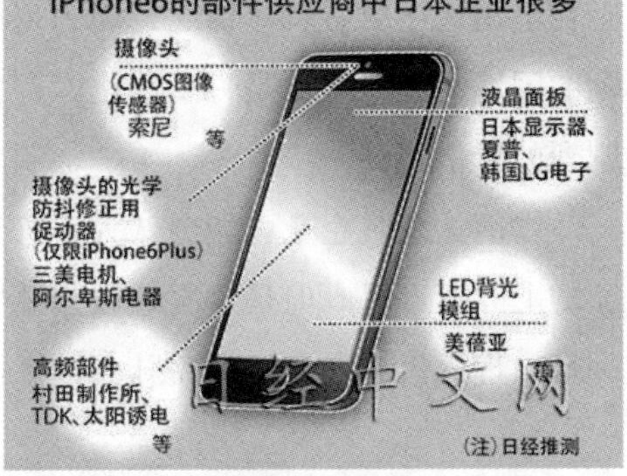

美国苹果2014年新推出的智能手机iPhone6采用了很多日本厂商制造的电子产品部件

更何况，核污染的威胁还没有解除，何时能投入重建还是个未知数。有另外一种可能，就是把生产线转移到其他国家或者地区，那么厂房建设的周期就会更长。以此估计，东芝的生产线恢复最快也需要半年以上。

所以说，短期来看，东芝的芯片业务肯定不容乐观，而且这种不乐观还会传导至全球的电子产业。**东芝的芯片在许多电子产品——包括现在热卖的iPhone和iPad、智能手机、家电的自动控制系统、汽车的自动控制系**

统中——都有应用。它的芯片属于核心而不可替代的部件，加上全球真正能生产此类芯片的企业并不多，东芝形成一家独大的局面。

因此不排除此类产品在全球出现短期断货的可能，一旦发生，这就势必会带来连锁反应。松下、索尼等本土电子企业跟东芝在很多产品上都有捆绑和关联，比如索尼的游戏机使用的就是东芝的芯片，因此相应前者的游戏产业也会受到或大或小的牵连。

而且这三家企业都是围绕电子产业来进行布局的，很多投资、产品都在这个产业链上，短期内这些公司受到的业绩影响也会很大。如果说东芝的芯片业务相当于水源，那么松下和索尼都是支流，一旦水源污染了，整个产业链都有危险。

以液晶电视为例，东芝的芯片是其核心元件，其短缺会导致下游组装企业停产，这种影响又会进一步延伸到下游对液晶平板的需求降低。在生产减少、需求没有减弱的情况下，可能会出现价格上涨。当然，这一结果是否会出现还要看具体情况，因为目前液晶电视在全球来看还面临产能过剩的困境，或许这也是一个消化库存的时机，因此短期内可能不会出现太剧烈的价格波动。

以前，组装企业可能会认为不管从规模还是发展速度来看，自己在产业链上并不逊色。但是这次地震会让它们意识到核心产品的重要性。因为一旦出现危机，产业链的命脉会被掌握高端环节的企业牢牢抓住。

财团模式有助于企业化解危机

不过看似危机重重，这些影响其实并不会给上述企业带来本质上的冲击。相比于东芝，松下和索尼不会引发这么大的连锁反应源自它们在东北部的产品线并不像东芝一样高精尖。比如索尼在这个地区的产品主要是蓝光光盘、磁头，这些产品不仅在中国的合资厂内可以生产，全球的同类企业也不少；而且，这也并非产业链中最核心的部分，替代品也很容易寻找。

另外，索尼、松下等企业所从事的是综合业务，它们的利润来源并不仅仅倚重单个产品、单个产业。比如索尼本身就是一个财团，它涉足电影产业（收购了美国的哥伦比亚公司，大片《蜘蛛侠》就是其作品之一）；

松下也是如此，尽管业务集中于电器领域，但是也不乏其他的辅助产业。所以就算未来一段时期内索尼电子出现亏损，也并不意味着整个公司或者财团出现了很大的问题。

财团模式对身处危机之中的日本企业来说中举足轻重。日本特有的财团模式会使这些受损企业更快地恢复元气。财团实际上就是命运共同体和利益共同体，其中的企业相互持股，捆绑在一起，由于自己跟上下游的企业紧密关联，因此当任何一个企业遇到问题，后者都会对陷入困境的企业施以援手，救别人就等于是在救自己。

而且，出于整体战略上的考虑，财团宁愿牺牲一定的眼前利益。比如电子产业是日本经济的龙头，一旦出现问题，影响的不仅是一家企业的市场份额，还将动摇日本的电子产业在全球的根基，所以财团一定会动用全部力量来投入营救。

而之所以能够做到快速调动、积极营救，根本原因就在于日本财团都是金融、产业和商业的结合体，资金、市场和产业之间可以做到相互配合和协调，使整个经济体高效运转起来。

从历次危机的应对来看，财团的行动都是迅速而有效的。当然，其中也不能忽视财团模式潜移默化形成的文化作用。在日本，工人以企业为家，所以震后许多企业就算不能马上恢复生产，工人也会默默坚守，因为企业和社会是一体的，不是割裂的。日本财团的这样一种协作机制，使日本经济具有很强的抵抗危机的能力。

相比于财团的作用，日本政府并不是经济恢复中的主力。日本政府的救市，实际上是为了平衡金融市场，它所起的作用也就是表明一个态度，起到稳定民众心理的作用。

而在日后的重建过程中，政府一般也不会直接给予资金援助，而是会把项目交给财团运作，比如核电重新加固、升级、启用、在海啸防护上的基础设施建设，等等。这样，财团也可以更快速地自主运转起来。

日本财团式救赎

早在2004年，三洋就出现了1715亿日元的经营赤字，遇到了巨大的危机，此时出手相救的正是三井住友银行、大和证券SMBC、高盛三家金融机构。

三井住友银行一直是松下的合作伙伴，1927年从住友银行（三井住友银行的前身）借入一笔3万日元的无条件约束贷款开始，松下存贷款主要都是由住友银行操作。**松下幸之助在创立松下的时候是拥有100%股权的，可是几十年后，经过无数次增资扩股，松下家族手中却仅有不到3%的股权，松下电器的第一大股东却是三井住友银行。**

救赎三洋的这三家金融机构之间的关系也极为密切。2003年1月，高盛接受三井住友银行1500亿日元的可兑换优先股，持有的三井住友银行的股权达到7%，而早在1986年，住友银行就以5亿美元获得了高盛12.5%的股份。

另外，大和证券SMBC本身就是三井住友银行与大和证券集团合资组建的日本第二大投资银行，当时二者分别持股40%和60%（2009年9月三井住友银行宣布所持有的股份转让给大和证券集团）。

在三家金融机构2004年掌握三洋控股权后，三洋开始被拆分。拆分出的部门对松下来说均不是其发展战略中的重要的部门，此外一些在行业内占据优势的部门都卖给三井住友体系下的企业。一些不太重要部门如冰箱和金融部门等卖给了国外的企业。

对于松下来说三洋最有价值的部分是太阳能电池、手机电池、新型充电器以及新能源开发等业务。这是面向未来的朝阳产业，也是可以不断提升竞争优势的产业。松下收购三洋后，不仅在太阳能电池领域消灭了一个强有力的竞争对手，同时也因此让松下在新能源研发上成为日本乃至世界的老大，为松下今后保持继续发展的实力奠定了一个很好的基础。

重新加入财团

三洋创始人是井植岁男、井植佑郎和井植薰三兄弟，他们不仅是松下创始人松下幸之助的内弟，也是松下的创业元老。1946年三洋创业以后，其经营思路与松下的经营思路大相径庭。

松下幸之助经营管理的核心思想是水坝式经营，即不论设备、资金、人员、库存、技术、企划或新产品的开发等都要保留储备和弹性，以便应

对各种危机，而三洋的经营则更接近美国式经营，追求投资回报率的最大化、企业规模的快速扩大。在市场上好狠斗勇，用井植兄弟的话说就是“冷峻无情，以打败老师为快”。

但追求短期利润的做法让三洋最终陷入了绝境，用了60年时间又重新回到了原点。与欧美的并购不一样，虽然经营上易主了，但绝大多数管理团队和员工得以保留。

2008年10月下旬的一天，松下社长大坪文雄与三洋社长佐野精一郎举行了秘密会谈。在这一个会谈上，大坪社长向佐野社长做出了“三洋10万员工将全部再雇佣”的许诺。业务的重组并不意味着人员的下岗，而是围绕新业务发展方向人员岗位进行了调整，人员的内部流动是日本财团企业所独有的。

松下与三洋的合并在新能源和电池业务方面将进一步在全球形成垄断，此外收购了三洋手机销售业务的三井物产，在2009年7月8日宣布，已获得加拿大锂材料公司（Canada Lithium Corporation）的锂材料垄断经营权。

根据计划，从2013年起三井物产将每年从加拿大锂材料公司采购相当于日本八成需求的2000吨锂材料，供应国内及中韩市场。三井物产今后将向汽车生产商及家电制造商提供样品以展开市场调查工作。三洋重新加入松下，有了来自企业外部的利益共同体的稳定支持，让经营有了后方。

松下收购三洋是典型的日本式救赎，日本财团不会轻易放弃自己的成员企业，但是拯救并不是简单的注资，而是全面的改造，这种改造过程也不是一蹴而就，是逐步进行，甚至还暗含着共谋与布局。

日本财团企业的经营管理者认为通过长期的人脉和业务往来联系起来的关系比股权之间的联系更紧密。在危机中抱团取暖的经营方式，看似违背市场经济规律，却让日本大企业的寿命远长于欧美大企业。

原文发表于《中国经营报》2011年3月26日，作者：白益民

第二节

三洋：被财团统合的离群者

抄底，还是产业布局？

三洋的确像中国企业一样——“兴于代工，亡于代工”。

作为一个制造企业，三洋面临的危机是有代表性的，尤其值得中国企业借鉴。造成三洋危机的根本原因在于缺乏整体的产业观和来自企业外部的利益共同体的稳定支持。

2009 年，日本三洋电机株式会社重新回到松下株式会社的怀抱，成就其为当时最大日本电器厂商

2008 年 12 月 19 日，松下株式会社和三洋电机株式会社同时发布消息称，松下将以每股 131 日元的价格通过 TOB 方式（公开股票收购）收购三洋电机的股份，两家公司从 2009 年 4 月 1 日起正式合并。三洋电机的三大股东——三井住友银行、大和证券 SMBC 和高盛将转让其持有的股份。预计松下收购三洋的整体金额将超过 5600 亿日元（约合 64 亿美元）。

松下接手三洋之后，双方合并年营收可达 11.2 兆日圆（约合 1220 亿美元），可望超越日立制作所，成为日本第一、世界第二的电器公司。目前，三洋电机、松下和索尼占全球锂电池市场份额的六成多。

到 2012 年，全球锂电池市场规模将比 2007 年增加 24%，达到 27 亿只左右。松下非常看好三洋电机的电池事业部门，把三洋电机的电池事业部门纳入版图，松下勾画出了成为世界第一电器制造商的蓝图。

松下收购三洋，并不是经济危机中的抄底行为，而是产业布局的必然结果。松下、三井住友银行、高盛和大和证券这几个老熟人都是在三井-住友财团体系下为了大家的共同利益，寻求共赢的方式。

曾以打败老师为快

松下与三洋不同的发展模式最终决定了各自的命运，松下是住友财团的关联企业，三洋源于松下却有着与松下不同的经验理念。

三洋创始人是井植岁男、井植佑郎和井植薰三兄弟，他们不仅是松下创始人松下幸之助的内弟，也是松下的创业元老。井植岁男曾是松下电器的专务董事（相当于副总裁）。1946 年，井植岁男离开松下电器，开始独立创业。松下幸之助把自己的一家工厂送给他，这家工厂成了三洋电机的总公司。

与三井 – 住友财团的成员企业相比，三洋特立独行。三洋以低价快速占领市场，追求利润最大化，企业规模的快速扩大，在市场上好狠斗勇，用井植兄弟的话说就是“冷峻无情，以打败老师为快”。

20 世纪 50 年代初，三洋掘得第一桶金，“价廉物美”的三洋收音机很快就赢得顾客的青睐，上市当年销量就达到 7.7 万台，第二年又猛增一倍，达 15.8 万台，销售量仅次于松下。再往后，三洋出口的半导体收音机总量已超过所有的日本企业。

1953 年，日本第一台喷流式洗衣机在三洋诞生，售价只有搅拌式洗衣机的一半，顿时抢购如潮。1955 年三洋 14 英寸电视机问世，价格比同类产品低 50%，迅速占领市场。1961 年夏天，日本掀起了一股空调机热，三洋及时推出了独创的分体式空调，年年旺销。后来三洋又推出了冷暖两用空调，再次取得了巨大成功。

进入 20 世纪 60 年代后，三洋通过“走出去”战略进一步提高成本优势。先后在中国香港、中国台湾、新加坡、马来西亚、印尼、肯尼亚、加纳、加拿大、巴西、美国等地建立了子公司。

到 80 年代末，三洋在世界各地已经拥有 101 家从事制造或销售的子公司和孙公司。三洋电机海外企业的直接生产销售总额为 5000 亿日元，居日本企业首位。整个三洋集团的年销售额也高达 1.5 万亿日元（约合 110 亿美元）以上。

兴于代工，亡于代工

一直以来，三洋都以规模效应来降低成本，以成本优势快速占领市场。20 世纪 90 年代后期，三洋寻找到了进一步扩大规模效应的方式，即开始放弃发展自主品牌而转向 OEM 战略，三洋利用领先的质量控制体系和完整的工业体系来为其他大公司代工。这一战略把三洋的盈利能力推向了顶点。

2000 年到 2002 年间，三洋成为全球最大的数码相机 OEM 厂商，产量占全球的 30%；同时三洋也是全球最大的手机电池 OEM 厂商，为诺基亚等许多品牌的手机代工生产手机电池。此外，三洋 OEM 的产品还包括充电器、CPU 上的风扇、闪存、模拟半导体芯片等。2000 年后的几年间正是日本经济衰退之时，但三洋却凭借代工赚取了丰厚的利润，2001 年的利润超过 500 亿日元，其鼎盛时期的股价远远超过了松下。

代工的辉煌固然令人陶醉，但也为三洋的危机埋下了伏笔。由于过分看重代工带来的利润而忽略了品牌塑造和技术创新，使三洋的品牌价值和创新能力持续下降，尽管每年的研发经费都有所增加，但实际都只是用于代工生产线的改进，根本没有用于新产品的开发。

三洋的确像很多中国企业一样——“兴于代工，亡于代工”。作为一个制造企业，三洋面临的危机是有代表性的，尤其值得中国企业借鉴。但关于“代工说”以及类似的国内主流分析只是触及了问题的表面，造成三洋危机的根本原因在于缺乏整体的产业观和来自企业外部的利益共同体的稳定支持。

典型的日本财团企业如东芝、NEC、松下、三星等布局整个产业链，形成从研发、设计、整机生产、物流、销售到金融各个节点互相支持的格局。三洋依然在为其他企业提供便于规模生产的非核心零部件，在没有财团体系的支撑环境下，三洋无法将产业链由零部件向整机生产延伸，也缺乏从上游的研发、设计到下游的流通、服务等领域持续盈利的能力。

三洋的老师松下走的却是另一条道路，除了不断完善自身的产业链布局外，还进一步整合资源加强与三井－住友财团体系内企业的合作。松下

和住友财团的NEC、三井财团的东芝、索尼、丰田、东丽等有着非常多的合作。涉及的领域包括3G通信技术开发、LCD业务合并、新一代平板显示技术开发、家庭电子设备软件标准建立、版权保护标准建立、半导体业务合并、高清数码摄像标准建立等多个方面。

另外，松下与其他日本财团企业或竞争对手的合作也层出不穷。如与三井财团的东芝、富士财团的日立、三菱财团的瑞萨合资25亿美元建设65纳米芯片工厂，与美国德州仪器联合组建3G芯片合资公司，与中国华为公司联合组建3G移动通信终端开发公司等。

通过与财团内外企业建立密集而牢固的联系，松下才能够在国际电子行业的发展中拥有强大的抵御风险的能力，并不断通过与其他企业的协作，引导世界电子产业的发展，使其朝着有利于自身发展的方向不断变化。

财团收网，三洋回归

经过60年的快速扩张，三洋留下了极为庞大产业。对于离群的三洋，等待她的命运似乎只是被肢解后重新并入财团企业。2004年，三洋出现了1715亿日元的经营赤字。三洋接受了包括三井住友银行、大和证券SMBC、高盛三家金融机构的3000亿日元的援助，这三家金融企业最终获得了三洋70%的股份。

事实上，三井住友、大和证券SMBC和高盛组成了一个配合默契的利益共同体。2003年1月，三井住友金融集团向美国高盛集团发行1500亿日元（约12.5亿美元）的可兑换优先股，这次交易使得高盛持有的三井住友银行的股权达到7%，而早在三井住友金融集团成立之前的1986年，当时的住友银行就以5亿美元获得了高盛12.5%的股份。另外，大和证券SMBC本身就是三井住友银行与大和证券集团合资组建的日本第二大投资银行，二者分别持股40%和60%。

松下与住友财团的关系可以追溯到1927年从住友银行借入一笔三万日元的无条件约束贷款开始。**松下幸之助在创立松下的时候是100%股权的，可是几十年后，经过无数次增资扩股，松下家族手中仅有2.9%的股权，**

松下电器的第一大股东却是住友财团的核心企业住友银行（三井银行和住友银行于2001年合并为三井住友银行）。

三大金融机构掌握三洋控股权后，三洋开始被肢解。2006年，三洋的电冰箱部门卖给了中国海尔。2007年8月三井物产的子公司Telepark接管三洋电机的手机销售业务，在收购Telecom三洋后，三井物产在日本手机市场销售量排名第一。同年，三洋的信用卡等金融部门卖给了通用电气。于2008年1月，京瓷公司正式收购三洋电机的手机制造业务。

至此，三洋放弃了曾经带给自己辉煌的白色家电和半导体业务，转向太阳能电池、新型充电器等产品的研发生产上，实际上变成了一家新能源开发公司。2008年12月19日，三洋在经历了半个世纪的闯荡之后，终于回到了“娘家”。

原文发表于《董事会》2009年2月期，作者：白益民、袁璐

第三节 索尼为什么不会破产

索尼不仅仅是电子品牌

2013年8月，一则索尼申请破产的传言在网上疯狂传播，最终却被证实是谣言。诚然，近年来索尼在终端电子产品领域份额的下降以及整体盈利情况的每况愈下，让人们产生了这个电子巨人已经倒下的印象，破产谣言的迅速传播也无可厚非。

但是，这也从侧面反映了一个问题，即人们长期以来对索尼这个大帝国的严重误读以及对索尼产业布局缺乏足够的认识，而这些众人未知的要素才是支撑索尼这艘巨轮永不沉没的动力。

事实上，当外界在不断唱衰索尼的时候，这艘巨轮的方向早已悄然发生了改变。2012年2月新上任的索尼CEO平井一夫公布了“一个索尼”

（OneSony）政策，将公司的全部力量聚焦于移动、数码影像和游戏三大支柱业务。也正是在当月，索尼完成了对索尼爱立信的收购，开始发力移动业务。

智能手机领域寻求突破

尽管索尼在智能机兴起的这几年没有抓住机会，被三星、苹果远远甩在身后，但是索尼已经意识到了手机业务的重要性。平井一夫上任后，将移动设备确定为战略重点，希望提升智能手机 Xperia 的销量，借手机业务突围，打破苹果和三星在移动行业双寡头垄断的地位。

目标锁定后，在移动领域，索尼在 CES2012 上以“SONY”为品牌名称推出了自己第一款搭载 Android 系统的智能手机。为了支持移动业务的发展，在索尼发行的影片《007：天幕坠落》及《超凡蜘蛛侠》中，主人公都使用了索尼的智能手机。

如今，索尼智能手机找回来了原来的位置。数据显示，2012 年第四季度，索尼占全球智能手机市场份额已攀升至 4.5%，是仅次于三星、苹果和华为的全球第四大智能手机厂商。英国知名媒体《Stuff》评选的全球 10 佳智能手机排行榜显示，索尼新款智能机 XperiaZ 超过三星 GALAXYS3，获得第一的桂冠。

传统电视业务革新

除了移动业务之外，索尼在传统的电视业务上也开始革新。2012 年下半年，平井一夫提出索尼复兴的关键战略——以 4K 电视为主导，结合索尼影视、移动、娱乐形成 4K 产业链，集中火力，抢占先机。

随着 84 英寸、55 英寸、65 英寸等 4K 电视相继在中国推出，索尼的战略已收获成效，索尼 4K 电视 2012 年在中国的销售业绩远超预期。

DisplaySearch 数据显示，2013 年全球超高解析度的 4K 电视机出货量将达到 50 万台，预计到 2016 年这一数字将达到 700 万台。先发制人的索尼极有可能在这场电视革命中占得先机。

娱乐产业新巨头

20世纪80年代，《时代》周刊的一期封面。穿着日本和服的自由女神。喻指索尼收购哥伦比亚广播公司

在出身音乐和游戏等娱乐领域的平井一夫看来，娱乐部门与电子产品部门间有着更多的协同性，内容与消费类电子需要紧密结合，前者可以促进后者的业绩。

其实，索尼在内容上的造诣甚至已经超过其电子产品的地位。2012 年 7 月，超级英雄电影《超凡蜘蛛侠》上映 10 天后，累计票房即突破 4500 万美元。较早的《蜘蛛侠 2》也曾以 6.75 亿美元的票房收入横扫全球。这些备受欢迎的作品正是出自索尼。

早在 1989 年 11 月，索尼便收购美国哥伦比亚三星制片电影公司，进军好莱坞市场。2004 年 9 月 13 日，以索尼为首的收购财团又以近 50 亿美元的价格与具有八十年历史的好莱坞最后一家独立电影公司——米高梅公司达成收购协议，之后索尼旗下的索尼影视娱乐跃身全球第一大电影公司。

索尼影视娱乐在全球的业务包括：电影的制作和发行，电视节目的制作和发行，数码娱乐节目的制作和发行，全球范围的电视频道投资，购买和发行家庭娱乐节目，经营影视拍摄设施，开发新型娱乐产品、服务和技术，以及在 67 个国家进行电影娱乐产品销售。

同时，索尼也在大力开展音乐业务。1988 年 1 月，在盛田昭夫的主导下，索尼并购了哥伦比亚广播公司（Columbia Broadcasting System，简称 CBS）的音乐部门，使 CBS 百分之百成为 Sony 旗下音乐部门，并更名为 Sony Music，中文简称为“索尼音乐”。

2012 年 4 月 19 日，索尼音乐娱乐又以 22 亿美元的价格**将百代音乐版权公司（EMI Music Publishing）纳入麾下，索尼也因此成为全球规模最大的音乐库，拥有唱片市场 31% 的歌曲版权。**

不得不提的索尼金融

另外，支持索尼盈利的还有金融服务，2011 财年索尼金融业务收入达到 8719 亿日元，这也是公司最大的利润来源。索尼的金融服务包括寿险、非寿险以及银行业务。

1979 年，盛田昭夫先生为了向金融业扩张而一手打造了索尼生命保险公司，到目前为止，金融部分已达到索尼资产的 1/3。2008 年 11 月 27 日，索尼集团旗下全资保险公司索尼人寿宣布在北京设立代表处。

可以说，如今的索尼早已不是传统的制造企业，而是集产业与金融为一体的巨人。

索尼背后的财团共生体系

除了自身的强大之外，索尼还有一个不为人知的后台，即三井财团。索尼早在发展初期就曾得到了三井财团的大力帮助，创始人井深大和盛田昭夫研制收音机时，其主要的资金来源即是三井银行。

公司 1953 年至 1959 年的董事长万代顺四郎先生是原帝国银行（后来的三井银行）的董事长。万代先生在金融界有神明一样的地位，为索尼融资时，他用一种不容商量的语气对三井银行的干部们说："这次，我的公司要追加投资，你们若想要股票，我分一些给你们!"一语既出，四座皆惊，但没有人违背老前辈的命令，后来索尼的股票也给银行带来了丰厚的回报。

索尼创业初期内部有个顾问委员会，这个顾问委员会在索尼的融资和投资上起到了巨大的作用。在索尼的顾问委员会推荐的投资实业家中有石坂泰三，正是他重建了三井财团的东芝公司，而且在后来还担任了日本经团联的主席。以东芝为代表的三井财团企业和银行对索尼的发展提供了极大的帮助。

以索尼为代表的日本企业与美国企业有很大不同。美国企业的生死存亡很多是靠其在股市的业绩，企业之间往往缺少共生的关系，但日本百年企业很多，恰恰说明企业之间的共生关系很好。一根筷子容易弯，十根筷子折不断。索尼背后有巨大的财团网络，很多企业在支撑索尼，其实也是在支撑索尼背后的庞大产业体系，而这正是索尼不会破产的真正秘密。

原文发表于《新产业》2013 年 10 月 14 日，作者：白益民

第四节

财团体系支撑丰田“不死鸟”

丰田开的不是汽车，是财团

2010 年出版的《谁想干掉丰田》，揭露了“丰田召回门”背后的“美日汽车博弈”

从 2008 财年惊爆近 45 亿美元的亏损到如今“召回门”事件重创，丰田汽车会不会就此倒下成为人们思考和关注的问题。《华尔街日报》刊发的一篇题为《日本制造的危机》的文章中预计，最开始的 20 亿美元召回和 17% 的股价下跌只能算全部代价的首付款而已；《纽约时报》则援引日本专家的话报道说：“按这个速度，日本将沉到海底。如果丰田有问题，日本就有问题。”

对于丰田“召回门”事件，人们都把注意力放在了丰田汽车身上，在人们通常的认识中，丰田就是造汽车的——这与我们自身的错觉有关系，因为在中国，造汽车的企业就是造汽车的，没有或者很少有其他的一些产业和功能在里头，所以产生“丰田的汽车产量最大，它就是一个造汽车的工业企业”这样的错觉。这种错觉之所以产生，与普通大众对经营模式的理解有关系。

美国的经营模式是金融、商业和产业分离的模式，中国在过去十几年也都是按照这种分离模式打造我们的企业，这样的现实造成我们在理解“日本制造”的时候，往往戴上“美国眼镜”去看日本的企业。实际情况

是，日本的丰田并不是一家简单的制造业企业，它实为“丰田财团”。

只有从“财团”角度去审视，才能清晰地描绘出一个真正的丰田。

丰田财团 = 日本中央银行

一家汽车公司的现金储备超过本国中央银行，这听起来让人难以置信，但这就是在丰田身上发生的事实。**日本一度流行着“丰田汽车公司是日本中央银行”的说法，原因是丰田汽车拥有的现金数额比日本国内大型银行保有的现金数额还要多，达到了近3万亿日元（1兆日元≈110.6亿美元）的现金。凭着这样巨大的现金储备，丰田汽车公司在日本甚至成为“央行”的代名词。**

丰田也成为诸多日本企业的“救世主”。凭借3万亿日元现金储备，丰田似乎已成为众多并购交易的幕后神秘人物，而且不仅仅局限于汽车行业，还涉足银行、证券、保险、商社、电气、通信、化学、钢铁等众多行业。

过去几年间，丰田曾向至少两家银行注入了资金，这两家银行分别为日本UFJ银行（现三菱UFJ金融集团）和樱花银行（现三井住友金融集团）。丰田还向这两家银行的一些贷款对象提供了资金支持。截至2009年3月，仅丰田财团的丰田汽车便持有日本72家企业的股票，总持股金额2.1万亿日元。

有日本经济学者分析说：“丰田汽车公司凭借着它的巨额现金和影响力，现在与日本中央银行一样，发挥着维持日本金融体系的支撑作用。丰田以现金融资支持一些企业公司，一方面有力地证实了丰田的信誉，而且，获得丰田资金支持的企业，将资金用于新技术开发和提高企业效益，从另一方面也使丰田获得了实际利益。”

丰田汽车何以这么财大气粗，何以储备如此巨大的现金？

丰田财团至今仍流传着当时的丰田如何直面经营危机的一段小插曲：1949年，GHQ（由美国独家支配的“联合国军总司令部”）使出杀手锏，加紧紧缩财政，停止复兴金融融资，大大打击了复兴途中的日本经济，这时丰田深受其影响，于年底发生资金周转困难，此后丰田陷入“穷困”时期。

1949年末终于发生2亿日元周转不开，无法支付物资的费用，更谈不上红利，此时丰田喜一郎、石田退三、神谷等干部前往当时的主力银行求援，每天都重复着向银行低头献媚的日子，还被抛出“无钱借给冶炼公司”这句话，最后通过三井银行、东海银行等银行的特别融资才脱离困境。

作为协调融资的条件，以三井银行为首的银行团要求在公司的重组过程中裁减人员，于是丰田汽车在1950年4月起的三个月时间里，经历了一场劳动纠纷，这场纠纷最后以丰田喜一郎的辞职、石田退三就任第三任社长告终，而丰田财团的第四任社长中川不器男就是这个时候由三井银行调任过去出任专务董事。

丰田社长石田退三誓言，此痛铭记在心，此后要自力更生。他向员工训示：①加速积累盈余充裕资金；②破格实施固定资产之折旧；③借入款项尽量投入机械设备。以上三大原则，在此后几十年皆步步为营积极累积盈余至今，而当时丰田的资本率不过是3%、4%而已。

以石田退三、神谷正太郎为首的经营管理层经历了丰田最艰苦的岁月，深切地感受到银行只会锦上添花，不会雪中送炭，遂提出了“必须建立不依赖银行的经营体制，自己的城池总要由自己来坚守”的理念，至1978年完全实现了无贷款经营，利息不再是经营成本。

1982年销售和生产部门合并为丰田汽车股份有限公司。2009年丰田汽车自身的备用金有2.9万亿日元，丰田财团内部更是达到了近5万亿日元。

丰田汽车目前已经成为丰田财团旗下各公司的主要控股公司，财团内部普遍形成交叉持股状态。不仅如此，丰田汽车还大量购入本公司的股票，2002年3月决算时购买本公司股票的支出为2828.49亿日元，2003年3月决算时更高达4546.11亿日元。这种稳健的资本结构，让丰田财团的经营不受任何外部因素的干扰。

丰田模式何以“丰田”

现在的丰田财团是以丰田佐吉创立的丰田自动织机为母体发展起来的庞大企业集团，丰田财团由丰田总公司、子公司（529家）及关联公司

(229家）组成。日本国内以丰田财团为主要客户的直接交易企业有26269家（包括供应商及销售商）。

虽因行业不同很难进行简单比较，但已确认交易企业数量约为日本航空集团的12倍。从销售额看，“1亿日元以上10亿日元以下”企业最多，为13307家（占整体50.7%），年销售额为数亿日元的小规模企业占交易企业的大半。

丰田财团旗下曾拥有5家世界500强企业，分别是丰田汽车、丰田自动织机、丰田通商、爱信精机、日本电装。财团内十几家一级企业均是世界知名企业，产业链覆盖汽车产业从上游原料到下游物流的所有环节。

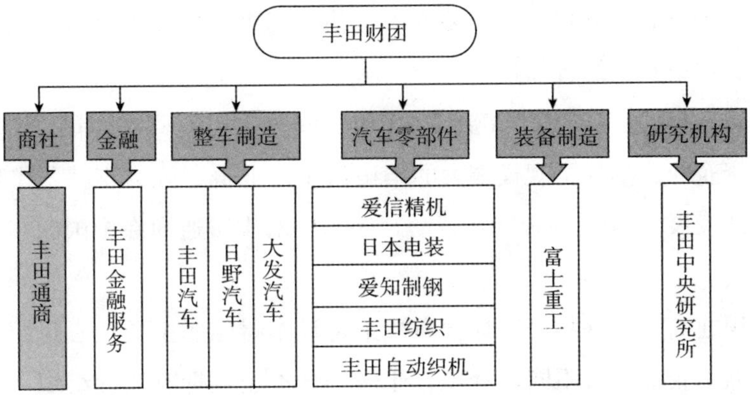

1997年至2001年，日本经济受东南亚金融危机拖累陷入低迷，而丰田集团始终保持较高的盈利水平。2002年5月，经济团体联合会与日本经营者团体联盟合并，成立新的日本经团联（NihonKeidanren)。丰田前任社长奥田硕众望所归成为有“日本财界总理”之称的新经团联的首任会长。

丰田汽车超强的盈利能力让无数企业羡慕，其实丰田财团旗下多家世界级企业的盈利能力也不输于丰田汽车。众所周知，汽车配件的利润要高于汽车整车，日本电装、爱信精机、丰田自动织机被称为“丰田三驾马车”，其主营业务正是汽车零部件。

日本电装是世界屈指可数的汽车零部件生产厂家之一，在日本排名第一。爱信精机是世界第九大汽车零部件生产商，丰田汽车零部件的主要供应商，其汽车零部件制造技术闻名于世。

著名的丰田自动织机是丰田集团的本家，多年来，公司以自动织机为基础，向世界提供了众多产品，其中许多产品市场份额位居世界第一，如喷气式织机占世界市场份额的39%（2002年），汽车空调用压缩机占世界市场份额的38%（2002年），叉车占世界市场份额的25%（2002年）。丰田自动织机高浜工厂更是迄今为止世界上最大的专业生产工业设备的制造厂。

在日本汽车界，“销售的丰田，技术的日产”流传甚广。在某种程度上甚至可以说，丰田汽车就是一群商人的集合。丰田的商业能力集中体现在丰田通商身上。丰田通商总是刻意保持低调，尽量地隐蔽起来，在背后默默地支持和帮助着丰田汽车。

丰田通商的业绩在2009年3月达到销售额6.2万亿日元、净利润402亿日元成为排名三井物产、三菱商事、住友商事、伊藤忠商事、丸红商事之后的日本第6大综合商社。

值得一提的是从1971年到2010年之间，丰田通商在中国成立了100多家合资企业，形成了规模庞大的丰田汽车产业群，强力支持了丰田汽车在中国的发展（《三井帝国在行动》一书中对丰田通商在中国的布局有详细阐述）。

丰田通商、三井物产等综合商社正是日本财团的主要核心组织，日本企业与欧美企业最大不同之处就在于——日本企业拥有商社组织。这个在生产环节“内系统”之外的“外系统”，形成了对内系统的有力支撑。

目前的众多研究，大多把“丰田模式”简单地等同于及时制（JIT），等同于精细化管理。这仅仅窥了丰田制造环节的一斑，而没有能够看到丰田模式的全貌。丰田实质上是一个经营组织、制造、研发、供应链四个环节形成的系统模式。

如果把美国企业的不断细分化经营模式称为“游牧模式”的话，那么日本企业则是一种东方式的“农耕模式”，在插秧、育种、除草施肥等劳动力投入外，围绕这块田，要想让它丰产、高产，还要做一个外系统，比如水渠，要引水、灌溉，甚至于建水库；此外还为生产出的作物寻找出口，做“米的加工厂”等一系列，只有这样完整地来看，才能明白“丰田模式”的全貌为何物。

丰田财团及与三井财团的“通婚史”

在《三井帝国启示录》、《三井帝国在行动》等著作中，我曾向中国读者详细剖析了三井财团低调横行天下的奥秘所在。而丰田实际上就是三井财团的一个翻版，这不仅是说丰田与三井、三菱等日本几大财团组织结构近似，而且丰田财团也正是三井财团成员之一！

三井财团是由 26 家以上企业组成的一个组织，组织里面有一个“总经理会议”来协调各方的行动，企业之间有持股关系，有共同投资的关系，有互通情报、有人事互派。

丰田财团的模式中蕴含了很深的“三井文化”。实际上，“三井文化”来源于中国的浙江地区。在我们对日本财团十数年的研究中，我们发现中国南方，如“温州商人”、“浙江商人”用通婚连接家族纽带的“商帮”经营模式，都体现在“三井”的经营哲学和经营文化中。

通过联姻，丰田与三井日益紧密融合成一体，当某个单一日本企业出现严重问题时，只是伤一指却不足以动全身，这种含金融、商业、产业“海陆空”三位一体军团结构的强强联合，给其中某单一企业以极大支撑，这种财团体制能有力的助其渡过难关。

财团实际上也是一种在市场经济环境下新的国家形态，因为如今日本财团的规模已大到其完整的产业链体系足够成为一个国家整个产业体系的境地。我们在国内看到的丰田汽车，其实代表的是日本国家在汽车产业上的整个产业体系。

在国内，丰田渗透日产及其他汽车公司的产业链里，和它们进行捆绑；在海外，丰田与中国“一汽”、“广汽”这样的产业链形成捆绑，在美国也是如此。故其帝国之大，远远超过了它在日本的版图。

如今，丰田财团已经形成了一个“帝国”（三井财团的帝国版图则更大），日本企业独有的“财团”体系，正是我们认为支撑丰田“不死鸟”的核心所在。

资料：“丰田”与“三井”的历史人脉

1894 年，丰田佐吉与纺机工厂老板石川藤八共同开办了“乙川绵布合资会社”，提供周转资金的是三井物产。翌年，1895 年，三井物产董事长益田孝发表了“纺织立国论”，并设立了“井衍商会”收留丰田佐吉。

1905 年 12 月，在三井物产总部主管棉布的主任藤野龟之助和名古屋支店长寺岛升积极筹划下，丰田织布机株式会社诞生，三井物产不仅自己参加，而且还成功地动员了大阪、名古屋以及东京等地的资本家加入该公司。

1909 年 5 月底，经过藤野龟之助的劝说，在三井物产两名职员陪同下，丰田佐吉开始对美国进行访问，丰田佐吉此行的最大收获就是对美国的汽车业发展印象极深，并敏锐地感到汽车业将在今后的工业文明中唱主角。

1912 年 5 月，丰田佐吉急需资金，从三井关联的“服部商店”的社长服部兼三郎那里很快就借到了 25 万日元。原来，三井物产古屋支店长儿玉一造在三井银行支行长矢田介绍下，认识了服部兼三郎，并把他介绍给了丰田佐吉。

1915 年 10 月，由于丰田佐吉与儿玉一造之间的交情，两家结成姻缘。儿玉一造的弟弟儿玉利三郎（曾在伊藤忠工作）入赘到丰田家，娶了丰田佐吉的长女爱子为妻，并改名为“丰田利三郎”，他就是丰田汽车的一任社长。

同年，在儿玉一造的推荐下，石田退三于 1915 年进入服部兼三郎的“服部商店”，他是丰田喜一郎的姐夫丰田利三郎的表弟，就是后来继任丰田喜一郎的第三任丰田汽车的社长，被称为“丰田中兴之祖”和“日本的商魂”。

1918 年，神谷正太郎进入三井物产后，学长冈本藤次辗转到丰田集团。后来，神谷正太郎被冈本藤次郎拉入丰田汽车公司，成为后来的“丰田销售之神”。1940 年，冈本藤次郎又介绍把三井物产的干将赤井久义推荐给丰田喜一郎当副手。

二战后，丰田汽车公司背着 10 亿日元的债务，陷入经营危机，丰田喜一郎不得不引咎辞职。石田退三听从三井财团主导的董事会的决定，出任总经理。以三井银行为首组成银行团借给丰田汽车 2 亿日元贷款渡过难关。

1950年6月，丰田喜一郎离开丰田公司以后，石田退三从丰田自动织布机接管了丰田公司，三井银行调派了中川不器男（后来担任丰田公司第四任社长）为专务。中川之下是大野修司，丰田家族的丰田英二仅在公司排第四位。

如今，现任丰田集团社长的丰田章男的夫人田渊裕子，是原三井物产副总裁田渊守的女儿，而丰田章男的母亲是原三井银行董事三井高长的女儿三井博子。另外，丰田章男堂兄丰田达娶了原住友银行（现三井住友银行）行长堀田庄三的女儿真理。

原文发表于《环球财经》2010年第4期，作者：白益民

第五节

日本财团不是明日黄花

四次经济萧条

我们今天所知的日本是从二战后的废墟上经过集体意志的努力而获得新生的国家，这种集体主义观念成就了日本独一无二的财团体制，而财团体制也成为日本贸易和产业立国基本国策的物质基础。

日本现代财团体制形成于战后日本经济复苏时期，之后日本分别经历了4次经济萧条，它们分别是：

1964年日本举办奥运会后，日本经济从假象的繁荣坠入了急性萧条之中。

20世纪70年代的石油危机给日本工业带来了非常大的冲击，当1973年原油价格上涨三倍的时候，日本真实的GDP增长率从60年代的10%降低到1974年的负增长，并且随后出现了4年的经济萧条。

1985年7月发生的日元风暴中，日元在广场协定签署后的两周内升值了100%，这导致了巨大的变化。几乎是一夜之间，日本的产品就在国际

市场上变得昂贵了，日本的工资水平达到了世界最高，这使日本经济面临极大的挑战。

1997年东南亚金融危机波及日本，日本财团的根基主办银行受到极大的打击，经营环境逐步恶化，不良债权越积越多，利润率不断下降，坏账总额曾高达73万亿日元（约合6500亿美元）。

这4次经济萧条，几乎是每隔10年发生一次，这不仅是经济周期性变化的结果，同时也是国家和国家较量的产物。日本经济崛起之路并非一帆风顺，而是伴随着激烈的竞争和争夺，其惨烈程度不亚于在战争中的拼杀。

竞争的实质，"商权"之争

贸易立国和制造业立国的国策在实际的执行过程就体现在"商权"的争夺上。这个"商权"争夺的具体体现就是不放过从上游的资源到下游的市场这整个产业链中的每一个环节。

日本财团的核心企业——综合商社在这个"商权"争夺战中扮演着最重要的角色。综合商社在贸易、投资、金融、人才、情报和物流等方面发挥着综合机能的特殊作用，成为财团内部乃至日本社会实质上的经济总参谋部。

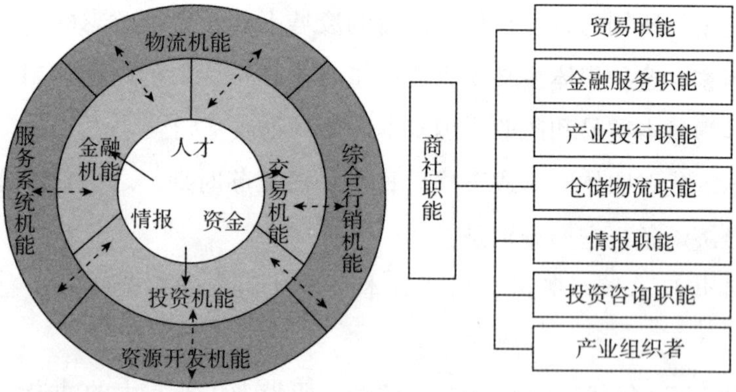

在日本企业进行海外扩展的过程中，综合商社一定是最先进入某一市场的，它的一个最重要的职能就在于打开当地的"商路"，进而控制"商权"，为制造业企业的进入开路。

以日本最大的综合商社三井物产为例，从20世纪70年代末80年代初进入中国以来，三井物产总投资额达到4亿美元左右，参与投资的企业有152家，但其在华的业务量只占其全球业务量的8%左右。对于三井物产这样的跨国巨头来讲，4亿美元的投资额显然不算很大，但三井物产这样的大型商社，其实是一个投资放大器，4亿美元的直接投资至少可以带动40亿美元的投资。三井物产有独特的投资模式，在全球范围内都很少有自己百分之百投资的项目，大多数项目都是携其成员企业一同投资。

三井物产基本没有自己品牌的产品，但集团当中有很多世界性的大企业，丰田和东芝这样的日本跨国公司都是三井财团的成员，三井甚至把美国通用和中国宝钢这些日本之外的大公司也视为自己的成员单位。

欧美的投资往往是直接投资获取利润或者靠资本培育来赚钱，三井物产对企业的投资与欧美金融机构的理念完全不同，三井物产的投资很少会控股，往往是带着它的成员企业共同投资。

三井物产更加重视的是与企业建立商业伙伴关系，投资往往是长久的，是战略性投资。对三井物产的投资来说，利润是第二位的，建立长期合作伙伴关系才是最重要的，因为它们的投资回报是长期的，也可能是间接的。

作为制造业企业的引路人和产业的组织者，综合商社几乎所有可以想到的生意都会做。三井物产中国副总代表魏杰曾说："问我们做什么，不如问我们不做什么。我们不做毒品、不做武器弹药这些违犯法律的事，但是其他的只要有机会我们都可以做。"

"商权"一旦掌握，财团的相关制造业企业就蜂拥而入、占领市场，日本的汽车、电器、电气、半导体等产品能迅速占领欧美市场就是最好的例子。因此，控制"商权"是日本财团驾驭日本经济的重要砝码。

转型创造新生

制造业的成本最主要包含两个方面：一是人力成本，二是原料成本。日本企业正是利用财团掌握的"商权"，把大量资产和生产能力转移到人力和原料成本很低的东南亚国家。

日本综合商社、大型制造业企业和主办银行对东南亚国家进行了大量

投资，这里需要提到的是日本企业的资金来源主要是通过相关财团的主办银行和金融机构借贷实现，这和欧美国家的企业通过股市融资不一样，所以说日本经济的命脉（金融危机前）在于各大财团的主办银行。

伴随着日本经济的快速增长和发展，日本金融业在大藏省“护卫舰队”（各大金融机构和法人企业互相持股、稳定股价）保护下，一路顺风而行，主办银行以其稳定、安全和高效率成为信誉优良、具有国际竞争力的国际性大银行，银行破产几近神话。但是随着日本对外投资的加剧和西方各国对日元汇率的操纵增强，“护卫舰队”体制暴露出越来越多的弱点。

1997 年开始的东亚金融危机才是真正动摇日本根基的“巨大危机”，不过日本企业毕竟实力雄厚，靠着财团内部的互相扶持和政府的金融改革，日本经济慢慢地转危为安。

为清理呆账坏账，日本政府通过“金融再生法案”，由政府注资给银行体系，以提高银行资本充足率，对破产银行实行国有化，另外保护银行储户的利益。此项软中带硬的举措和改革，可以从根本上改变金融局面，为银行业复苏创造先决条件。另外，日本银行业内加速合并或组成联盟，现在已经形成三井住友金融集团、三菱东京金融集团、瑞惠金融集团。

尽管组成联盟并不能减少坏账、提高资本充足率，却可以通过精简机构、优化人员配置、合并业务、调整经营策略等方法获得成本效益，使银行整体规模加大和承受坏账的能力有所加强。重组后的银行集团将加快从“稳定持股”向流动持股转变，同时也从“保护型”的协调竞争向“开放型”的竞争转变。

进入 21 世纪，日本经济获得复苏，很大程度得益于“中国特需”。日本在全球的跨国经营活动重点正在向中国转移，表面看为中国经济注入了新的资本，实际上是加强了对中国经济活动的影响力、渗透力和控制力。

随着财团内部大型制造业成员营业额和利润的增加，主办银行的贷款和坏账问题也不断得到解决。日本已经毫无疑问地巩固了多年来世界第一债权国的地位，伴随着其海外资产不断壮大，它正在向着金融帝国的目标迈进。

在大财团体制的支持下，很多日本大型制造业企业在过去多年所谓的经济低迷阶段实现了在全球范围内的大肆扩张。特别是在2000年以后，日本企业逐渐消化了IT技术和数字技术，应用于其具备优势的制造业中，为这些企业创造了巨额利润。同时也刺激了日本制造业设备的升级换代，进一步确立了它们在全球的竞争优势。

借助知识产权的保护，日本制造业通过跨国经营的产业分工，在将核心技术牢牢控制在手的同时，利用中国的廉价劳动力和土地优势，进一步巩固了其在全球家电产品领域和汽车产业中的领导地位。

日本改变了过去那种锋芒毕露的竞争态势，正在以一种悄无声息的方式追赶美国的信息技术，并且确立了从“科技立国”向“知识产权立国”的战略转变。同时，日本谨慎而有序地进行着新的经济制度调整——主要表现在各财团主办银行间的合并和综合商社的转型上——不断强化对全球资源和物流的控制。经过一段相对低迷阶段，日本经济于2003年焕发了新的活力，并显示出再次崛起的势头。

《重新崛起的日本》，2004年出版，作者李培林，冷静客观地观察和分析日本社会，揭示那些影响日本社会的深层因素

日本特有的“儒家资本主义”崇尚创造价值而非“金融资本主义”掠夺式的赚钱，对一个发展中国家来说，建立强大的制造业无疑是在创造价值，更重要的是强大的制造业是任何国家崛起的根本，无论是美国还是日本，都经历了这个过程。

金融工具是无法取代实物商品的，金融业的发达与制造业的低迷是不可能长期共存的。如果一个国家偏重于靠金融获取利润而忽视通过制造业创造价值，那么这个国家经济的根基是相当不稳固的。

日本海外“大丰收”

金融危机以后，日本经济陷入真正的低迷，2001年4月小泉内阁上台以后，由于日本经济不景气以及银行不良债权问题日益恶化，日经指数一路狂跌，到2003年4月28日更是跌到了7067.88点的低点。但是从2003年开始日本经济逐渐从调整期向上升期转变。

日本各大企业抓住美国和亚洲经济强势增长的契机，在营业销售和利润两方面均实现“大丰收”，如丰田汽车、松下电器、三菱商事、三井物产、佳能、任天堂等企业的经营业绩都再度刷新历史纪录。汇总日本各大上市企业新近公布的2006年度上半年（4至9月）的财务决算报告显示，制造业平均销售额增长10.3%，纯利润增长27.2%，非制造业的平均营业额和纯利也分别增长10.3%及23.2%。其中，丰田汽车、三菱商事和三井物产在利润排行榜上位列前三甲。需要强调的是，这三家企业都是传统的财团企业，其中两家更是财团的核心综合商社。

作为日本财团的核心的五大综合商社，三菱商事、三井物产、住友商事、伊藤忠商事、丸红在2005年度纯利润合计为9300亿日元，较2004年度大幅增长83%，与日本四大钢铁企业的利润总和9230亿日元并驾齐驱。利润大幅上升，一方面是由于世界能源价格上涨，五大商社积极参与海外能源项目获利颇丰，如三菱商事在澳大利亚的煤炭项目获利达1000亿日元，住友商事参与北海油田开发，使其全年利润达到1650亿日元；另一方面，机械设备和不动产在2005年度也行情渐好。

在强大的能源供应压力下，日本财团旗下的各大公司对节能技术进行了大量的投资并且转向附加值更高的产品的生产。石油危机成了日本在节能方面取得全球领先地位的催化剂，这一领先地位的获得曾经使许多产业受惠。

石油危机还促使日本进行创新并在先进技术产业（如汽车制造业和电子消费品制造业）立足。结果在电视机的生产方面，降低能源消耗的渴望促使日本制造商较早地从真空管转向晶体管，这一转变还带来了其他的许多好处，如产品的可靠性、多功能性和易生产性。

日本在金融危机以后加速处理不良债权、加大金融业的改革重组，银行效益有了明显改善。据统计，日本六大金融机构2005财年中期的税后纯利估计达到1.4万亿日元，创历史同期最高纪录。东京股市日经平均价格指数也在2006年11月突破14000点重要关口。

无疑，日本在战后的发展并非一帆风顺，而是走过了无“艰”不商的心路历程。21 世纪的今天，包括日本在内的世界各国在经济上都面临着巨大挑战，同时这种挑战也是巨大的机遇。

在波谲云诡的国际竞争中，中国稚嫩的企业能否担当得起复兴中华民族的重任？我们学习的目标难道只有美国的金融业和所谓战无不胜的“对冲基金”吗？

原文发表于《董事会》2007 年第 03 期，作者：白益民、袁璐

第六节

法人资本主义的日本经济

财团的网状生存体系

三菱、三井、住友、富士（芙蓉）、三和、第一劝银是日本著名的“六大巨头”，前三者是直接继承二战前财阀谱系的集团，大约在 20 世纪 50 年代前后形成；后三者是在战后日本经济发展过程中，以主办银行为中心于六七十年代形成。

战后六大财团和战前金字塔形的财阀在组织结构上迥然不同，财团内各个成员企业，在经营决策方面保持着各自的独立性。在财团企业中，有一个连接各个成员企业的直接纽带经理会。这个名为“总经理会议”的会议是各个成员企业总经理定期聚会交换信息（情报）和交谊的场所，同时“总经理会议”也是各公司领导统一决策和协调财团战略发展的“总参谋部”。

日本财团正是以“总经理会议”和互相持股为基础建立起了企业间的联合体，财团的向心力也随着成员企业间合作和资源整合而得到不断加强。

以“总经理会议”为纽带的战后日本财团，表面看起来松散，而实际上却联系紧密。在最高领导人的任用上就可见一斑，被称为东芝“重建之

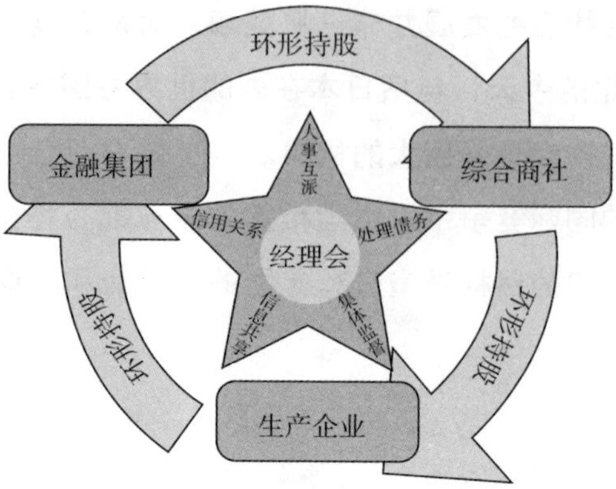

王”的前任社长土光敏夫曾经是三井财团另一企业石川岛播磨重工的社长。

在东芝经营出现极大问题的时候，时任东芝董事长石板泰三（后出任日本经团联主席）直接任命土光敏夫为东芝社长（总经理）。这种高级经理人在财团内部流动，在当时和现在都是十分普遍的，这种现象比较类似于中国国有大型企业间的高层变动（特别是电信行业）。

财团的另一核心部分就是综合商社，综合商社是财团的情报机构，同时又是拓展海外市场的先锋，它在财团内部有巨大的协调能力。日本企业最初进入一个地区和国家的时候，它们一定会第一时间找到本财团综合商社在当地的分支机构，寻求它们的协助。各财团为了发展和壮大自己的综合商社，都不遗余力地提供各种支持。1995 年，世界 500 强的前 4 名都是日本综合商社，前 10 名中有 6 家是日本综合商社。

以三井财团为例，50 年代初，由三井银行发起成立了月曜会（总经理会议），接着以促进三井物产公司的合并为目的而成立了总经理一级的五日会，1960 年改名为二木会，逐渐成为三井财团的统筹领导机构。50 年代末，原三井财阀直系、旁系公司以企业集团的新形式集结而恢复成为大财团。三井财团的经理会成员公司及其子公司和关联公司共达 150 多家。而三井物产则在 1995 年世界 500 强排名第二，并且连续 5 年以上进入世界 500 强前三名。

主办银行和综合商社在财团内进行资金融通及集团内交易，同时也组织成员企业参与巨型项目、共同投资和拓展海外市场等，这些集团进攻的

案例在中国市场也屡见不鲜。但是现在的日本财团不存在上下支配关系，因此我们把财团称为“横向集团企业群”。成员企业间互相持股，谋求股东的长期稳定，是财团的一个重要特征。

另一方面，“纵向集团企业”也是日本大型企业所必备的一个特征，这类集团企业是一个在母公司一元化、垂直领导下活动的有机的事业集合体。日本的几乎所有大型企业作为母公司在其系统中都拥有大量的关系公司。

所谓关系公司是指包括母公司持股超过50%的子公司和持股超过20%以上的相关公司，在中国就有大量这种日本企业的关系公司。母公司不仅对关系公司投资，而且还向其派遣高级管理人员直接参与经营。关系公司的数量按集团（group）不同有所区别，通常在100～200家左右，当然也存在像东芝、丰田等那样拥有1000家以上关系公司的集团企业。

这些关系公司在母公司业务多元化发展和垂直性整合的过程中逐渐形成和发展。在这一过程中，既有通过资本参与，将现存的交易对象作为关系公司纳入集团旗下的，也有将母公司内部组织（部门）作为独立公司分离出去的情况。另外，随着日本经济国际化而出现大量海外子公司，已经占据了关系公司的相当部分。

日本企业这种“做大做强”和中国企业的“做大做亡”形成了鲜明对比，其自身培养企业的方式与那种靠资本运作发展企业的方式有本质的区别。没有强大的管理和技术基础，通过资本运作壮大企业，得到的企业成长是不稳定的，甚至会葬送企业。

不过，应该强调的是，这两种集团并非各自完全不同的两种形式。例如，三井物产是三井这一“集团企业群”（二木会）的重要成员企业，但同时又形成在其系统中拥有数百家关系公司的三井物产集团。事实上，日本企业的集团是由这两个层次的重叠构成的。

日本的集团企业，通过母公司持股、派遣高层管理干部等手段开展经营活动。然而集团企业的经营活动范围并不仅限于集团内部，许多制造业企业将集团外部的中小企业群作为长期、经常性交易的对象，即“外包公司”，实际上将它们纳入自己业务经营的内部范围。“外包公司”有的朝着水平方向延伸，如三菱公司拥有190家成员公司，年销售额超过3000亿美元；有的朝着垂直方向发展，像丰田汽车公司，拥有175个初级供应厂商和4000多个二级供应厂商。

此外，在主要的制造商和全国几千个零售商之间还存在着销售联盟。局外人要想打入系列内部，真是比登天还难。这样一来就将大量的中小企业纳入大企业的生产经营轨道，在互补、互利的基础上，增强抵御外国资本和产品的能力。它与富有日本特色的法人交叉持股体制一起，形成保护国内产业和市场的复杂自我保护网。

"法人资本主义"与"民有国营"

日本企业的股份所有结构非常独特，其集团企业股权结构和欧美企业完全不同。在东南亚金融危机以前，日本集团企业的高层管理人员，包括董事长（会长）、总经理（社长）在内的董事会由40人左右的董事组成，同时他们又是企业的实际经营者。

2000年以后，日本有些集团企业，如索尼等，都开始改变股权结构引入外部股东，但是根深蒂固的交叉持股和企业间长期积累的关系并没有轻易改变。日本这种所有权和经营权分离的方式和美国那种大众持股的所有权和经营权分析的方式不一样。

日本公司的持股结构主要是由金融机构、事业法人、个人和外国投资者四类组成，其中一个特点是金融机构、事业法人、个人持股比例较高。例如，1992年，日本全部股票上市公司持股主体的持股比例为：金融机构持股为41.5%，事业法人持股为24.5%，个人持股为23.2%。这种相互持股的主要好处是有了共同利益的关系，企业间可以相互支持，互通情报，同心协作，共同发展。

需要指出的是，公司董事会成员的持股比例非常低，虽然部分日本企业开始引入期权机制，但是大多数传统的日本企业董事会成员的持股依然变化不大。1992年三井财团的东芝公司，董事会成员36人，持股合计51万股，其比例仅仅为0.016%。

当时被认为比例较高的松下电器，董事会成员为32人，持股合计

1790万股，比例为0.85%，这可以说是微乎其微。在代表日本的这些巨型企业中，经营者几乎并非具有实际意义的所有者。

日本巨型企业的主要股东几乎都为法人所有，因此这种资本主义被欧美国家称为“法人资本主义”。日本政府和财团对经济的影响和干预很大，而且企业管理者调动和任免一般都要服从财团和政府的安排，各个法人股东的持股率并不足以进行单独的支配企业，而且董事会大部分都是内部董事，公司的实际控制权就落入职业经理人手里了。

我把这种公司治理称为“民有国营”经济。日本和韩国把那些本国的巨型企业称为“社会型企业”、“国民企业”，这些企业虽然有特定的股东，但是普遍的观念是这些象征国家的企业是全体国民所有的，并非个人财产。这些企业的兴衰存亡直接影响到“国运”。

二战后日本经济急剧增长、企业规模日益扩大，股票所有广泛分散，形成了从“按所有权支配”到“不按所有权支配”即“经营者支配”的结构。法人股东更多情况下与其说是为了“支配”本身，不如说是为了反映企业的关系程度，特别是稳定的交易关系。银行和金融业为财团企业的发展提供充足的资金，同时这些法人股东几乎从来没有干涉过持股企业的经营活动，甚至不要求过高的分红，这些为日本的职业经理人提供了充分展示自己能力的舞台。

财团助力日本走出“失去的十年”

日本以财团机制进行国家经济管理是历史（战时）、地理（资源）、文化（儒学）和战略（反殖民）等各种综合因素的产物。其目标只有一个，就是在面对帝国主义列强统治的世界中团结全民的力量，迅速获得有效的竞争优势，在全球范围内争夺原料、技术和市场。日本1955年加入关贸总协定前后采取的政策，可以清晰地看到日本对抗外国列强经济统治的意志和手段。

正是这一时间开始，日本采取“稳定股东工作”的措施，重新组建以主办银行和综合商社为核心的、聚集大型企业形成的以相互持股和外部董事为特征的财团体系。与此同时，**国家经济命脉真正掌握在这些财团企业**

内部培养起来的、高度忠诚的、具有责任感的、实践型的职业经理人（穿西装的军队）。这种由财团机制建立起的日本模式，或由此形成的东亚模式成为发展中国家在短期内迅速跻身于经济强国，并形成持续发展能力的成功典范。

日本海上自卫队驱逐舰编队，日本企业间也正通过相互持股形成了经济上的“舰队护航体制”

在日本企业融合和形成新型财团时，有一个金融、产业和商业的结合点——综合商社。日本财团的本质就在于“财团”二字，“财”代表“金融”、“团”代表“商帮”。金融中的企业间相互持股被称为日本财团的“舰队护航体制”，而综合商社则是现代商帮的体现形式。财团的存在在日本看来是历史的选择，是生存的选择，也是日本经济发展阶段性的体现。

日本经济“失去的十年”和其间的亚洲金融危机，人们普遍认为是日本经济体制的问题，但是这实际上仅仅是日本经济的战略调整和应对新经济所做出的转型。拉美国家经济和东南亚国家经济之所以受到跨国公司的操纵，最终引起大规模的金融危机，使政府不得不听命于外国势力的安排，关键在于其国家和政府为赢得一时的经济增长而放弃了国家经济主权，没有在经济高速发展阶段建立起自主的财团体系。

所谓财团体系，实际上就是将现代战争中以集团军组织结构为基础的多兵种合成作战体系引入经济活动中。一般人都感觉“战略”这个词通常是军事领袖使用的术语，然而，在日本综合商社的工作过程中，每当遇到投资项目时，频繁使用的单词不是“利润”，而是“战略”，还有一个通常使用的单词就是“统合”。另外，我们通常所说的“项目”这个词也几乎都被日本人说成是“事业”。

事实上，日本现代企业制度来源于二战时期的战时统制经济政策，保留了非常突出的军事体制和计划经济的痕迹，成为日本战后迅速崛起的重要法宝。**研究日本经济管理千万不要只看到其著名制造业的企业管理模式，应该更多地同时关注日本财团内部的三股力量：综合商社、主办银行、大型制造企业，它们之间是一个有机联系和相互作用的整体。其中，综合商社这种独特的经济组织在日本社会中扮演者极其重要的角色。**

综合商社是日本经济的总参谋部，是日本国家经济战略的制定者，同时也对日本政治、外交和军事等方面具有很强的政策影响力。日本政府对世界经济事务的认识和研究几乎完全依赖于财团的研究机构。例如：三井财团的“三井物产战略研究所”和三菱财团的“三菱综合研究所”。

实际上，各国政府的经济政策研究和制定都是来自对从世界范围内收集来的各种情报所做的分析和研究。日本综合商社在经济情报方面有着无与伦比的巨大资源，这也决定了它在国家经济决策中的重要地位。

中国的现状有很多方面类似于20世纪五六十年代日本经济高速发展的时期。1955年日本加入关贸总协定，1964年举办奥运会，整个五六十年代日本经济的平均增长率高于10%。当时的日本制造业属于产业链的低端，经济的快速发展得益于低廉的人力成本和成功的对外贸易。

日本企业以上述独特的方式抓住机遇完成了资本和技术的快速积累，其“贸易立国”政策带有很强的重商主义色彩，使日本在短短二十年内就完成了追赶老牌西方资本主义国家的任务。因此，20世纪五六十年代日本的政策和发展历程对我们认识当前经济形势和解决制约经济发展的诸多问题具有极其重要的参考价值。

原文发表于《董事会》2007年3月期，作者：白益民、袁璐

第五章　财团舰队 整体作战

与中国钢企一样，日本也属于铁矿石进口方，在利益上似乎具有共同性，但为什么近几年的铁矿石谈判日本频频“放黑枪”，主动挑起比中国同行预期更高的价格呢？而随着中国资本在该领域的深入，人们会更多看到三井等日本财团和全球铁矿石供应商暗暗联合、围堵中国的身影。

日本的六大财团，每个财团都掌控着数十家大型企业。财团运行实行的是类似立体作战形式：金融如空军，商业如海军，产业如陆军，空军（金融）和海军（商业）为产业（陆军）发展护航。以主办银行、综合商社和制造企业“三位一体”的方式在全球争夺原料、技术和市场。

三井物产等日本综合商社并不追求在资源投资上的控股地位，而是把资金重点投入物流设施上。通过一定投资拥有项目上游部分股权，参与项目的上游开发和管理，进而占有项目资源的优先购买权，保证生产企业大量资源的安全供应。这种方式被称为“日本模式”。

作者题注：

未来中国经济向海外的扩展，可借鉴日本财团“产商融结合”（陆海空结合）的立体作战体系，注重对产业链的整体布局和立体掌控，对商权（供应链）的把握，用围棋思维与手法展开全球化的博弈。

本章提要

在财团企业中，总经理会是各个成员企业总经理定期聚会交换信息（情报）和交谊的场所，同时也是各公司领导统一决策和协调财团战略发展的“总参谋部”。

财团的核心部分就是综合商社，综合商社是财团的情报机构，同时又是拓展海外市场的先锋，它在财团内部有巨大的协调能力。

主办银行和综合商社在财团内进行资金融通及集团内交易，同时也组织成员企业参与巨型项目、共同投资和拓展海外市场等，这些集团进攻的案例在中国市场也屡见不鲜。

所谓财团体系，实际上就是将现代战争中以集团军组织结构为基础的多兵种合成作战体系引入到了经济活动中。

三井物产作为三井财团的核心公司，被称为产业组织者，它有两个关键职能：第一是通过各种各样精心设计的服务，促进客户的国际贸易活动；第二是全球性地调动信息、人力、财力等资源，和客户共同努力，从而创建新的业务、新的公司，并进入新的产业。

日本在印度的布局和在中国的布局如出一辙，都是通过与当地最大型企业合资合作，进行资本、产业、信息、流通等方面的嫁接，最终控制整个产业链。

在对中国南海争端问题进行关注的同时，日本财团在南海的隐秘布局也随之浮出水面。以三井和三菱财团为首的日本财团通过对南海资源上游和下游市场的渗透，最终达到掌控市场、垄断技术、攫取资源的目的。

第一节
解密日本财团体制

财团是个利益共同体

熟悉这个市场的人士都晓得，2009 年 5 月 26 日，力拓公司发布公告，称与日本新日铁公司已经达成协议，新财年铁矿石合同价格降价 33%，而此时中国企业正谈判要求降价 40%。

2005 年 2 月 22 日，日本新日铁与巴西淡水河谷公司（CVRD）曾单方面达成协议，将铁矿石价格涨幅定为 71.5%，随后新日铁与另一铁矿石巨头——澳大利亚必和必拓公司也达成类似协议，之后中国钢企被迫接受了这一价格。

至 2008 年 2 月 18 日，日本新日铁又与巴西淡水河谷率先达成了涨价 65% 的协议，再次逼迫中国企业接受巨大的价格升幅。

很多读者不免想问，日本企业到底想干嘛？它们为什么愿意主动接受一个高价格，而不和中国的需方一起联手争取一个低价格呢？这背后到底有什么关系？

实际上，表面上新日铁更主动地接受了比中国钢企要求的更高的价格水平，但由于新日铁关联方三井物产（三井财团的综合商社）在铁矿石上游的资源布局，整个三井财团获得了更大的利益。新日铁公司和三井物产是一个利益共同体，它们之间存在相互持股或共同投资的关系。

就是说，铁矿石价格上涨，拥有巴西淡水河谷股份的三井物产就多赚一些，然后在铁矿石贸易时让利给新日铁。这就是为什么铁矿石谈判中新日铁总是与淡水河谷率先达成涨价协议。

在三井物产的官方网站上，我们可以看到如此清晰的叙述：“从 20 世纪 60 年代开始，三井物产株式会社就积极地参与投资开发铁矿石资源，长期以来稳定地供应铁矿石。2003 年收购了世界最大铁矿石生产销售商 Vale（旧称 CVRD 淡水河谷）公司的母公司 Valepar 公司 15% 的股份，并且还持续地扩大了与力拓公司和必和必拓公司之间共同合作的铁矿石事业。基于三井物产拥有权益比例的铁矿石控股产量已跃居世界第四位，年开采权益已超过4000万吨。”

三井物产入股巴西淡水河谷

对于有长远理想的中国钢铁行业来说，我们有必要系统地梳理三井物产与淡水河谷、力拓、必和必拓的联合关系。

先说淡水河谷。三井物产与巴西淡水河谷真正走向联合，是从2001年三井物产帮助淡水河谷成功并购巴西资源公司CMM公司开始的。三井物产本就拥有CMM公司40%的股份，后又从CMM创始人的孙子Frering兄弟手中买进60%具有表决权的股份，彻底并购了CMM。之后，三井物产将一半的CMM股份卖给淡水河谷，帮助后者成功控制了CMM公司。

此后，三井物产继续深化与淡水河谷的合作，双方于2002年4月签署了战略联盟协议，正式将合作关系扩展到铁矿石业务之外，包括三井物产向淡水河谷出售采掘机械、提供运输铁矿石的铁路车厢，以及建立沿海集装箱运输和物流合资企业等。合作中，三井物产还对淡水河谷给予金融援助，在日常工作中，双方还有着非常密切的人员交流，例如三井物产派人出任淡水河谷的客户经理，双方还建立了情报互换机制。

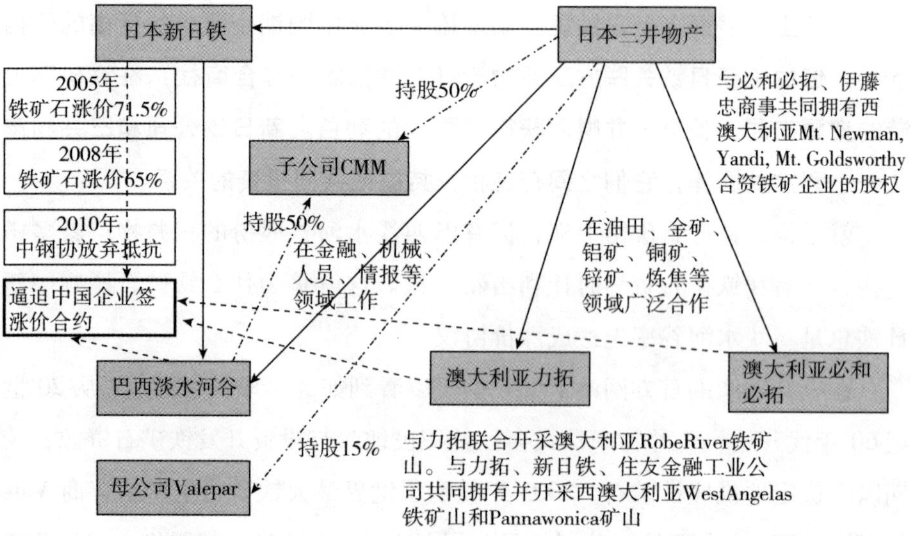

事实上，早在2003年9月，三井物产就出资8.30亿美元收购了Valepar公司1960.7万股的普通股，而Valepar公司是巴西淡水河谷的控股公司。此次收购的股份相当于淡水河谷5.05%的总股份和淡水河谷公司7.84%的普通股。由此，Valepar的股份构成是：Littel（四家巴西养老基金）持股58.0%、Bradespar（巴西发展银行的投资公司）持股17.4%、三井物产持股15.0%。然而，前两位股东是巴西当地金融机构，没有商业经验，并非实际经营者，而三井物产则派遣业务主管进入了淡水河谷的行政委员会，成为事实上的公司经营决策者。

澳洲到处闪现日本财团身影

事实上，三井物产在澳大利亚投资经营铁矿山已经有很多年，与力拓公司关系密切。三井物产已经部分拥有力拓的一项核心资产，即位于澳大利亚Robe River的铁矿石业务。1965年，三井物产投资Robe River铁矿山。1967年，继续投资澳大利亚的Newman铁矿山。目前，位于西澳大利亚的West Angelas铁矿山和Pannawonica矿山由力拓公司、三井物产、新日铁、住友金属工业公司共同拥有和开采。

三井物产与澳大利亚必和必拓公司的关系也非同一般。三井物产在西澳大利亚经营三座铁矿合资企业Mt. Newman、Yandi和Mt. Goldsworthy，必和必拓、伊藤忠商事和三井物产在这些合资企业的股权分别为85%、8%和7%。三井物产还连续出台增资计划，以提高共同经营的西澳大利亚铁矿合资企业的年产能。

此外，三井物产与必和必拓在澳大利亚以外也有联盟关系。早在2006年11月，必和必拓就向三井物产出售了其在西南非洲纳米比亚油气田15%的利益，此宗交易标志着日本公司首次获得纳米比亚的勘测许可。

除了三井物产以外，尤其值得一提的是，日本另外两家财团——住友财团和三菱财团，也和力拓、必和必拓有密切的合作关系。

比如，力拓拥有澳大利亚新南威尔士州的Northparkes铜金银矿80%股权，其合资方住友商事拥有6.7%，住友金属矿山公司拥有13.3%。另外，力拓加铝与住友商事合资拥有新西兰Boyne岛铝冶炼厂，其中力拓加铝拥有该厂79%的股份，其余21%股份由日本住友商事持有。

三菱财团的综合商社三菱商事则与必和必拓共同在澳大利亚经营全球最大的炼焦煤供应商必和必拓三菱联合公司（BMA），双方各持有50%股份。三菱商事与必和必拓在铝和铜项目上也展开密切合作，三菱商事持有莫桑比克Mozal铝冶炼厂10%股份，必和必拓持有47%股份。三菱商事持有智利Escondida铜矿少量股份，必和必拓持有57.5%股份。三菱商事持有秘鲁Antamina铜锌矿10%股份，必和必拓持有33.75%股份。说明一下，三井财团与住友财团的金融系统合并成了三井住友金融集团，两家是亲兄弟关系。

以上我们系统梳理了日本财团与三大铁矿石供应商千丝万缕的合作关系。而随着中国资本在该领域的深入，我们也更多看到日本财团和铁矿石供应商联合的身影。

相比于日本财团在铁矿石资源长端的深入布局，可以想见，中国要走的路还很长。

原文发表于《第一财经日报》2009年7月20日，作者：白益民

第二节
透视三井财团商业模式

不可忽视的日本财团

大家会熟悉丰田、东芝、松下、三洋这样的企业。但大家可能忽略了：丰田和东芝是属于三井财团的。

美国企业采用资本比例决定企业归属，而日本财团更多地是通过相互持股、经理会、共同投资、内部贸易、情报交流、干部互派等多种方式，建立起成员企业之间的依存和共生关系。

其中的经理会，是财团内各个成员企业总经理定期聚会交换信息（情

报）和交谊的场所，同时也是公司领导统一决策和协调财团战略发展的“作战联席会议”。

日本财团正是以经理会和互相持股为基础，建立了企业间的横向联合体，财团的向心力也随着成员企业间的合作和资源整合，而得到不断加强。

以三井为代表的日本财团，围绕“全套完整产业链”而构造组织结构，以主办银行、综合商社和制造企业“三位一体”的方式在全球争夺原料、技术和市场。这种财团体制充满着家庭文化和商帮文化的浓厚色彩。

事实上，三井财团就是一个新型的家族企业，但它不再依靠自然人的血缘关系界定家族成员，而是以企业法人之间的资本关系，形成新型的命运共同体。

在这个新型、现代化的家族式财团中，主办银行（金融集团）扮演父亲角色，是经济来源；而综合商社则扮演母亲角色，负责生育儿女（众多制造业），为其外出求学与发展谋划（获得情报），甚至为其选择对象和操办婚嫁（创办合资企业）。

而三井财团正是通过三井物产这个综合商社，维持着整个家庭的和谐与发展。它并不直接拥有生产设备，整个企业活动所依赖的资本就是“人”。

比起纵向组织来，它更加重视横向组织的力量，消除官僚主义，使公司成为能动的、充满活力的、以人为中心的经营组织，“人的三井”由此得名。

三井物产作为三井财团的核心公司，被称为产业组织者，它有两个关键职能：第一是通过各种各样精心设计的服务，促进客户的国际贸易活动；第二是全球性地调动信息、人力、财力等资源，和客户共同努力，从而创建新的业务、新的公司，并进入新的产业。

接下来我们看看，三井财团如何以铁矿石为源头、以物流为纽带，整合钢铁产业链。

与铁矿石企业全面合作，占据上游制高点

日本资源贫乏，几乎全部靠进口。为确保资源、能源安全地按期到

货，战后不久，三井物产即开始将大量的资本、技术和设备，投入到中东、印尼、澳大利亚、拉美和中国等地，大规模开采资源、能源，不仅确保了国内供应，还有余力出口创汇。

淡水河谷 CVRD 是全球第一大铁矿石生产和出口商，三井物产至今已拥有其 18% 的股份，并派遣业务主管进入其行政委员会，成为事实上的公司经营决策者。

除了直接投资，三井物产又动员它在全球各地的矿山机械、交通、物流等各方面的资源，将合作扩展到铁矿石以外的业务。包括向淡水河谷出售采掘机械，提供运输铁矿石的铁路车厢，建立物流合资企业。

此外还积极给予金融援助，扩大其业务范围。2001 年，三井物产彻底并购凯米矿业公司 CMM，并冲破欧盟的反垄断调查，将部分股权卖给淡水河谷，联手获得垄断优势。这标志着二者真正走向联合。

在合作过程中，三井物产还派人出任淡水河谷的客户经理，率领三井物产的客户管理团队常驻巴西，现场推进各项业务。在日常工作中，双方不仅定期培训对方雇员，而且还建立了情报互换机制。

通过直接投资、业务往来，以及多行业的全方位合作，三井财团和淡水河谷之间建立了紧密的纽带。

三井物产和三井财团的其他成员企业，与另两大矿业巨头必和必拓、力拓的关系也非同一般，有多个合作开发的矿山项目。三井物产也是印度最大私营铁矿石企业塞沙 Sesa Goa 的最大股东，拥有其 51% 的股份。而在海运环节，有着三井财团血统的商船三井，作为全球最大的矿石运输企业，对中国和全球的海运市场了如指掌，有能力对海运价格施加影响。

随着国内钢铁企业产能剧增，中国对海外铁矿石的海运需求也高速增长。2005 年，中国钢铁企业进口铁矿石 2.75 亿吨，占全球海运铁矿石贸易总量的 43%。

于是，铁矿石连续三年涨价还未落幕，2007 年海运价格开始翻番，再次让中国钢铁企业陷入夹缝之中。

而此时的日本钢铁企业却很平静，它们多数与船运公司签订了长期协议，能拿到更便宜的海运价格。而且，日本钢铁行业和海运行业的重要企

业，甚至造船企业，都是交叉持股的利益共同体，即使涨价，也是钱从左手转移到右手，对整体利益没多大影响。

另外，日本有很完善的海运市场和中介服务体系，能通过对运输价格的期货买卖，锁定涨价风险，甚至操纵特定领域的运价。

可是中国的钢铁企业，大多受制于人。比如，商船三井和宝钢的铁矿石长期运输合约，持续时间大多超过 20 年。和一个外国船运公司签订如此长期的运输协议，在世界航运市场上也是非常罕见的。

三井物产对此表示："我们与宝钢的合作关系，就建立在我们长期稳定地为宝钢提供铁矿石原料上；而宝钢则把它们产品销售，委托给三井。"

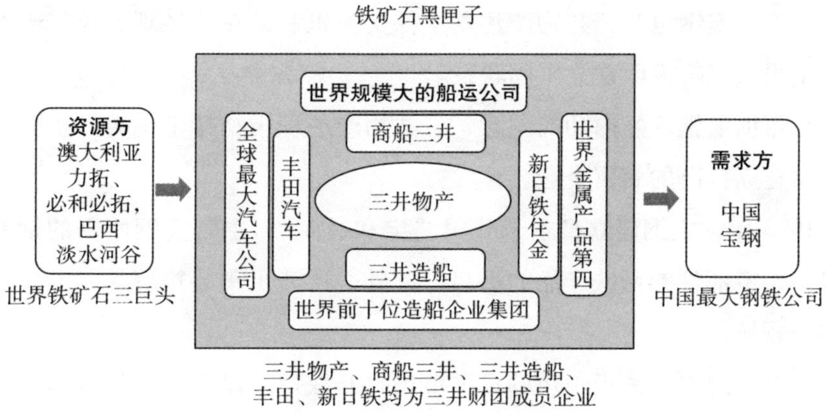

事实上，三井物产拥有很多铁矿石开采权益。再借助于分布于世界各地的三井贸易公司，以及相关联公司，已然构建了一个钢铁原材料的全球交易网络。

三井物产直接获利于这一网络，其 2007 年报披露，通过铁矿石生产获得的利润为 16.5 亿美元，提供中介服务和价差获得的利润为 2.5 亿美元。于是，铁矿石和海运费价格大涨，日本作为世界钢铁生产大国始终胸有成竹。

日本的经验告诉我们，掌握主导权比争取定价权更重要，没有"产业主导权"，根本谈不上"定价权"。

将宝钢纳入三井体系，布局中国市场

三井财团的成员企业，如三井物产、新日铁等的利益点，恰恰就在于在“帮助”中国钢铁企业发展的同时，获得了对中国钢铁产业链的控制能力。

宝钢几乎全部的生产设备和技术都来自新日铁。然而，某些“意料之外”的麻烦，也为日后的困境埋下了伏笔。这些设备无法消化中国低品位的铁矿石，只能进口高品位的铁矿石。为此，宝钢的建设计划，也包括了可停泊十万吨以上矿砂船的港口和配套设施。三井财团的关联企业，同样成为这些项目的受益者。

此外，宝钢也与三井物产建立干部交流机制，在总经理会议、干部互派、情报共享等方面建立牢固联系。

在帮助宝钢练好内功的同时，三井物产还积极扶持宝钢对外扩张，帮助宝钢建立自己的商贸企业。

1993 年，宝钢建立日本子公司“宝和通商”，主营宝钢所需的钢铁生产设备、零部件和钢铁产品的出口。此外，还涉足集装箱贸易、港口投资等多个领域。

当然，想要在铁板一块的日本市场打开缺口，没有三井等日本大财团的默许，根本是不可能的。

之后，三井物产又进军中国钢铁物流市场。2002 年，宝钢和三井物产合资成立“宝井钢材加工配送有限公司”，分别占有 65% 和 35% 的股份，主要从事金属材料的加工、配送及管理服务。

三井物产对此表示：“通过与宝钢的合作，三井得以逐步建立覆盖全中国的钢铁加工物流网络，包括将中国国内的钢铁服务中心，都纳入到我们高效的系统。”

自此，三井财团告别单纯的成套设备和技术供应者角色，开始以宝钢打头阵，以新日铁为主力，通过建立合资企业的方式，全方位地渗透中国钢铁业。

在三井财团主导的利益共同体中，宝钢和三井物产合资的“宝井系”（宝钢和三井物产建立的一系列合资公司）所扮演的角色，是不可忽视的。

而在宝井系兼并其他钢材加工企业的过程中，三井物产总是不离左右，在广州宝井、福州宝井、杭州宝井和无锡宝井中，三井物产都拥有平均30%的股份。

而且，雄厚的资金技术实力，丰田等关联企业对钢铁产品的需求，都使得三井物产得以有效掌控宝井系。

宝钢只是日本财团全球产业在中国利益链的一个分子。通过与宝钢的合作，新日铁为其他日本企业构建了一个利润通道，从丰田等汽车企业，到三井物产这样的综合商社，都成为最大的得利方。

经过三井物产的梳理，中国钢铁产业链有了很大的变化，不仅更加集中，而且各环节企业间的联系协作日益紧密。但是，从一开始三井物产就不准备将产业链的控制权真正交给中国企业。在生产技术和设备、钢材物流、客户管理、原料贸易和物流等方面，三井物产都不遗余力地确保自身的优势。

另外值得一提的是，三井物产没忘记提携其他日本中小企业，共同在中国钢铁行业进行扩张。

三井如是说

近年来，三井物产的经营重点呈现出加强“两端业务”的特色。就钢铁产业而言，在争夺全球的铁矿石资源的同时，掌控全球钢铁产品的物流体系，进而控制商机和国内外钢铁制造业的命脉。

三井物产如今的核心功能，定位在强化信息、服务等非价格竞争力。一方面，它运用IT技术构筑电子商务平台，形成遍布全球的原材料采购及商品销售体系，并提供与之配套的物流、金融、保险以及法律服务；另一方面，强化广域信息的收集分析功能，在日常商业经营活动中加以充分利用。

三井物产钢铁/金属原材料本部首席运营官饭岛彰己说：“作为一个中介，三井既知道供应方的条件，又知道需求方的需要。三井的目标就是成为全球资源发展的贸易中介。”

原文发表于《创富志》2010年11月号，作者：白益民

第三节

日本钢铁业如何走出去

分享巴西铁矿资源

只是出去买铁矿吗？中国钢铁业应该如何走出去？

和中国钢铁业类似，日本钢铁业也没有足够的本国铁矿石资源支撑。**很多中方观察人士认为，与中国钢企一样，日本也属于铁矿石进口方，在利益上具有共同性，但为什么近几年的铁矿石谈判日本频频“放黑枪”，主动挑起比中国同行预期更高的价格呢？**

巴西和澳大利亚是全球最重要的两个铁矿石资源地。梳理日本钢铁业在巴西市场的布局，我们可以得出以上问题的答案。日本钢铁业走出去的“巴西样本”，也值得中国同业系统性思考。这是一个全产业链的故事。

2006 年 12 月 18 日，作为三井财团的重要关联企业，新日铁和巴西矿业巨头淡水河谷公司联合表示，双方已签署战略协议，将进一步推进铁矿石和煤炭项目的合作，并且双方还有意加强在巴西联合矿业公司（MBR 公司）和 Nibrasco 公司的合作。

此时，新日铁在隶属于淡水河谷的 Nibrasco 公司中占有 25.4% 的股份。Nibrasco 公司 2005 年球团矿产量 860 万吨。**事实上，Nibrasco 公司本身即是由淡水河谷和六家日本公司成立，日方的持股比例为 49%，这六家日本钢铁公司是新日铁、JFE 制钢、住友金属、神户钢铁、Nisshin 钢铁和双日（商社）。**

其实早在 1971 年，三井财团的综合商社三井物产就开始了对巴西联合矿业公司（MBR 公司）的投资。时至 1997 年，三井物产拥有巴西资源公司 CMM 公司 40% 的股权，而 CMM 公司拥有 MBR 公司 84.8% 的股份。2001 年 12 月，三井物产与淡水河谷合作完成了针对 CMM 的股权交易。此后，三井物产继续扩大和深化与淡水河谷的合作，扩展到铁矿石业务之外如金融援助、技术提供等领域，双方还不定期培训对方雇员，并建立了情报互换机制。

2003 年 9 月，三井物产出资 8.30 亿美元收购了 Valepar 公司 1960.7 万股的普通股，Valepar 公司是淡水河谷的控股公司。此次收购的股份相当于淡水河谷总股份的 5.05% 或普通股的 7.84%。由此，三井物产成为 Valepar 公司第三大股东，并直接参与淡水河谷的经营和投资。

青年参考
ELITE REFERENCE
专家："日本不是资源匮乏国，中国才是！"
中国竟买了日本铁矿石？
日本放纵热比娅造谣的

日本已在全球拥有了大量资源，而中国企业海外资源开发滞后，“中国反而成了缺资源的国家”

巴西共有 22 处铁矿矿藏，仅 CMM 公司和淡水河谷公司就拥有其中 18 家的开采权，也就是说，三井通过参股巴西两个最大的铁矿企业——CMM 公司和淡水河谷公司，接近垄断了巴西的铁矿石资源。

2008 年 6 月 13 日，由于淡水河谷准备进行最多 150 亿美元（约 1.6 万亿日元）规模的公募增资，三井物产宣布向其追加出资约 750 亿日元，以保证三井的持股比例不变。

入主巴西钢铁生产企业

在占领铁矿石这个钢铁产业链上游的制高点之后，三井财团通过其重要的关联企业新日铁的技术和经营管理优势，开始进入并占领巴西当地钢铁生产和市场。其实早在 50 年前，日本财团就对巴西钢铁产业链开始了从上游采矿业、中游钢铁生产到下游铁矿物流全方位的布局。

新日铁旗下的巴西米纳斯吉拉斯钢铁公司（巴西 Usiminas）是巴西国内最大的钢铁联合企业。巴西 Usiminas 由包括新日铁、淡水河谷、工业巨头 Votorantim Participacoes 和建筑公司 Camargo Correa 组成的股东集团控股，年产能 950 万吨，目前占巴西钢铁产量的 28%。

1956 年 4 月，巴西政府曾向日本政府提出希望协助建设一家钢铁厂的申请。1957 年 6 月，双方签订了有关建设日巴合资钢铁公司的协定。同年

12 月，新日铁出资额占 30. 1%，成立了日本 Usiminas 公司，并于 1958 年 1 月成立了巴西 Usiminas 公司（日本 Usiminas 出资 40%）。

除投资巴西 Usiminas 公司外，新日铁还积极地与巴西 Usiminas 公司进行各种合作。1999 年 6 月，新日铁和巴西 Usiminas 公司成立了汽车用镀锌钢板的合资公司“UNIGAL”。之后，随着以巴西、阿根廷为中心的南美汽车生产的急速扩大，南美的汽车用镀锌钢板的需求也在快速扩大。

2006 年 12 月，新日铁公司收购了日本 Usiminas 公司拥有的额外股份，将其在日本 Usiminas 公司的股权提升到 50. 9%，并进行子公司化。加上对巴西 Usiminas 公司直接入股 1. 7%，使新日铁成为对巴西 Usiminas 公司持股 21. 6% 的头号股东。而这一系列的运作，提升了新日铁在巴西 Usiminas 公司中的直接和间接控制权，使投票权提升至 12. 7%。

2009 年 1 月 29 日，新日铁宣布从淡水河谷公司购买巴西 Usiminas 公司约 5. 9% 的股权，加上直接入股，新日铁由此持股比例升至 29. 2%。

建设新日铁的钢铁厂

随着新兴市场国家对钢材的需求不断高涨，新日铁还在巴西这一具有地缘优势的地方建设了钢铁厂。

2008 年 3 月，新日铁集团在巴西新建大型钢厂的计划基本敲定，新日铁与巴西 Usiminas 公司合资，其中新日铁出资比例过半，掌握主导权。新钢厂初期投资近 3000 亿日元，建设一座大型高炉，年产 300 万吨，预计 2011 年建成投产。到 2015 年前后，该公司计划增加一座高炉，产能扩大至 600 万吨/年，总投资估计在 5000 亿至 6000 亿日元之间。届时，该钢厂将具有与日本国内钢厂相当的生产规模，产量将达到日本粗钢产量的 5%，或者巴西粗钢产量的二成左右。

对于新日铁来说，这项投资计划也是其自 1971 年日本本土钢厂投产、近 40 年来新建的第一家拥有高炉的大型钢厂。一直以来，为了防止核心技术流失，规避大规模海外投资的风险，日本钢铁企业在海外的业务多以后期工程为主，没有在海外投资建设拥有高炉的大型钢厂。

尽管 2009 年的钢铁市场低迷导致收益形势严峻，但新日铁公司认为

“未来巴西的市场将会扩大”。**未来新日铁从品质管理以及提高生产效率方面着手协助巴西 Usiminas 公司建造高炉以及增产，使其成为新日铁集团的海外核心生产基地。**

有报道称，世界最大钢铁企业安赛乐—米塔尔正在加强对具有成长潜力的市场的攻势，为了与之抗衡，新日铁也正在谋求建立一个全球生产体制。

掌握巴西钢铁产业链

通过成为巴西 Usiminas 公司的头号股东以及新建钢铁厂，新日铁逐步实现了对巴西钢铁产业链的整合。

2008 年 2 月，新日铁持股的巴西 Usiminas 公司出资 9.25 亿美元，收购了巴西 Minas Gerais 州的 J Mendes 矿以及两座未开发的矿山。**这三座矿山位于米纳斯吉拉斯州著名的“钢铁四角洲”（Global Mineracao），该地区是全球最高质量铁矿石产区之一。**其中，J Mendes 矿每年生产 600 万吨铁矿石，到 2010 年提高到 1000 万吨，最终目标使产量扩大至 2900 万吨。

2009 年 4 月，巴西 Usiminas 公司在巴西东北部伯南布哥州 Suape 城的扁平材服务中心投入运营，这将有助于其开拓巴西东北部地区市场，该地区目前的市场状况是进口钢材占主导地位。

另外，巴西还有两家大型扁平材生产商 CSN 公司和 ArcelorMittalTubar 公司。其中，CSN 公司于 2008 年 12 月向东亚钢铁联盟出售了其旗下的巴西国民矿业公司（Namisa）的 40% 股份，交易总额达 30.8 亿美元。**东亚钢铁联盟包括日本伊藤忠商事、新日铁、JFE 钢铁、住友金属工业、神户制钢、日新制钢及韩国浦项制铁。**巴西国民矿业公司位于巴西东南部的米纳斯吉拉斯州，预计 2010 年铁矿石产量将达 1800 万吨，2013 年将达到 3800 万吨。

物流领域也是钢铁产业链的重要组成部分。2009 年 6 月，新日铁持股的巴西 Usiminas 公司宣布 2010 年在里约热内卢 Itaguaí 港口进行扩建，按计划新设施将用于集团的矿石运输，初期的年发货能力为 2500 万吨，预计 2013 ~ 2014 年正式启用。与此同时，新日铁决定增持巴西 Usiminas 公司的

1%普通股，相当于公司全部股份的0.5%。

日本百年耕耘

对巴西钢铁产业链的全方位整合，日本企业是如何做到的呢？其实，我们能看到钢铁业之外的日本很多大手笔。

2008年5月14日，日本政府下属金融机构日本国际合作银行与巴西淡水河谷公司签署协议，为淡水河谷提供最高30亿美元贷款，为淡水河谷旗下矿产开发项目融资。另一个政府下属机构日本出口投资保险公司当天也与淡水河谷签署协议，提供最高20亿美元保险金，为与淡水河谷矿产项目相关的日本银行贷款以及日本企业投资担保。有日本政府背景的日本国家石油天然气和金属公司当天也与淡水河谷签署协议，建立非洲天然资源勘探战略合作伙伴关系。

如此大手笔更彰显了日本对矿产资源的用心。日本政府和财团企业与淡水河谷加强合作关系，显然将有助于日本对矿产资源的控制，也有助于在全球价格大幅上涨的时候获得铁矿石和其他矿物原料。

至今，日本财团对巴西钢铁业的影响力已经很大，而日本在巴西的影响力可追溯到100年前。

1908年，一艘载着781个日本人的客船——“笠户丸”号从神户出发前往巴西圣保罗州圣多斯港，这是去巴西的首批日本移民

作为南美大国，巴西有着数百万平方公里的国土，但是人口却十分稀少。劳动力明显不足使得许多地方都无人开发，巴西政府只能望着沃土兴叹。在这种情况下，巴西政府开始全球寻求劳动力，并将眼光投向东亚，投向了日本。日本明治维新后，工业化的结果使得一大批农民失去土地，成为无业游民。当时日本政府正为此大伤脑筋，对于巴西政府提议移民，自然一拍即合。从1908年日本向巴西进行有组织的移民开始，现生活在巴西的日裔已有100多万人。

时至今日，日本仍是巴西在亚太地区国家关系的重点，是巴西在亚洲的最大贸易对象。日本在巴西直接投资占全部外国投资的9.7%，仅次于美国和德国。在1979—1985年间，巴西日裔的上木诚昭还曾出任巴西采矿和能源部长，并兼巴西石油公司总裁。

原文发表于《第一财经日报》2009年8月10日，作者：白益民

第四节 潜伏在巴西之后的日本钢铁业

2009年7月30日，淡水河谷邀请著名球星罗纳尔多作为形象代言人的广告登上北京公交车身。作为全球铁矿石三大巨头之一的淡水河谷，在其竞争对手力拓陷入“间谍门”以后，会否发起新攻势争取在华的最大利益，成了各方关注的焦点。

实际上，淡水河谷已经进入中国市场15年，1994年在上海设了办事处。2009年第二季度，淡水河谷销往中国的铁矿石达到了创纪录的近3600万吨，占其出口总量的66.2%。中国成为其海外第一大铁矿石出口市场。

正当人们期待中国钢铁企业走出去、到巴西这样的资源型国家立足时，巴西的淡水河谷公司早已经潜入中国。而这背后，时常闪现着日本财团的身影。无论是以三井，还是以日本伊藤忠、三菱等其他财团为主角，我们都能发现日本钢铁业在“脚踩巴西、中国两只船”。

众多合资企业

如前所述，日本在巴西铁矿石资源、钢铁冶炼、钢铁物流等众多市场上都进行了布局，而且还建立了金融、人员、情报等多层次的合作机制。

三井物产是淡水河谷第三大股东。由于前两大股东都是投资类机构，不具备实际的商业运营经验和能力，三井物产派遣业务主管进入巴西淡水

河谷的行政委员会，成为事实上的公司经营决策者。

在中国，三井物产在与淡水河谷强化同盟关系之前，就已经和宝钢建立了紧密的合作关系。

2002 年 7 月，宝钢与三井物产签订一项综合合作协议，双方以钢铁制品、半成品、钢铁原料、冶金设备、船舶运输及有关项目为主题，定期进行交流；在金融、信息、物流、中长期投融资及企业资本运作等领域进行技术交流与合作；努力开发可行性较大的项目。根据这项协议，上海宝钢国际经济贸易有限公司和三井物产合资成立上海宝井钢材加工配送有限公司，成为中国最大的钢材加工配送企业。

其实，早在 1992 年，宝钢就与三井物产签署了综合合作协议，建立了定期干部交流机制。此后，三井物产携手新日铁与宝钢建立了众多合资企业。

2003 年 3 月，宝钢开始尝试产业链整合，与河南永煤集团正式签署了合资设立河南省正龙煤业有限公司和上海宝晟能源有限公司的两项协议，开创了国内煤钢企业联手经营煤矿的先河，永煤集团投资 65%，宝钢国际投资 35%。

三井物产在 2003 年 9 月成为淡水河谷大股东之后，淡水河谷在中国市场的活动一下子活跃起来。同年 9 月 22 日，淡水河谷、河南永煤集团和上海宝钢集团三方签署了《合作备忘录》；第二年的 5 月 24 日签署《投资合作协议》。2004 年 11 月 3 日，三方就永煤集团控股的子公司——河南龙宇能源股份有限公司（下称“龙宇能源”）增资扩股并变更为中国第一家中外合资煤炭股份公司等事项达成一致，用于收购和开发新的煤炭项目。**扩股后，永煤集团在龙宇能源所占股份由 70% 变为 45%，巴西淡水河谷为 25%，上海宝钢为 12.95%，其余股份为其他由长期客户升任为合伙人的小股东持有。**

原龙宇能源成立于 2003 年 8 月，是永煤集团联合武钢、沙钢、马钢、煤炭科学研究总院、中国矿业大学等 9 家单位，将集团下属 4 个企业进行股份制改造组建的一家公司。此次合作，在正式合同文本之外，还达成了其他一些排他性协议，比如巴西淡水河谷公司进入中国煤炭行业，合作伙伴只能是永煤；永煤开发的煤炭项目，巴西淡水河谷公司愿意进入就可以进入等。

在煤炭方面，2005年9月下旬，三井物产宣布参与临近黑龙江省的俄罗斯远东萨哈（亚库特）共和国境内的煤炭开采。与此同时，三井物产放弃从黑龙江直接获取煤炭资源的想法，而将其视为未来煤炭初级加工产品的供应基地。2006年9月29日，三井物产与黑龙江黑化集团公司签订了清洁发展机制意向性合作协议。以此，三井物产与黑化集团建立了战略协作关系。

布局煤炭业

三井物产持股的巴西淡水河谷还与日本伊藤忠商事（综合商社）联合在中国布局煤炭业。2004年，日本伊藤忠商事（综合商社）出资600万美元购得黑龙江省龙煤矿业的新股，但最终没能成为后者的战略投资者。2006年12月18日，淡水河谷宣布，与兖矿集团以及日本伊藤忠商事，合资建立山东兖矿国际焦化有限公司（下称“兖矿焦化”），三方出资比例为25%、70%、5%，并已于本月16日投产。

兖矿焦化是中国目前最大的焦化企业，该项目全部投产后，具有年产200万吨焦炭、30万吨化工产品的生产能力。淡水河谷为该项目投资了2660万美元，也将获得与其所占股份相同比例的焦炭产量的承购权，以及兖矿焦化在巴西国内的独家经销权。

事实上，向中国运送铁矿石的巴西货船（主要是日本公司的船）将再也不会空空如也地驶回巴西了。它们将载着中国的焦炭返航。中国是世界上最大的焦炭生产国和出口国，钢铁生产商则是焦炭的主要用户。该项目使淡水河谷每年可稳定获得50万吨的焦炭，是对其铁矿石、球铁矿、锰矿石以及铁合金组成的产品链的有益补充，对其抵御上游原料市场价格波动具有积极意义。

对于该次合作，淡水河谷焦炭业务相关负责人表示：“我们视此次合作为更好地了解中国钢铁业以及熟悉中国本地经营环境的契机。在巴西淡水河谷公司看来，此次项目对于我们在中国的经营战略非常重要。”该人士表示，淡水河谷希望在中国全方位地发展业务，不仅仅限于出售铁矿石，还希望主动地参与到中国钢铁行业所面临的生机勃勃的环境中去，包括出售铁矿石、矿石开采、球团生产、港口业务以及航运。此时，淡水河谷已在中国签下总价值不低于50亿美元的协议。

2006年10月，淡水河谷签署了一项在中国建设一个新的球团矿厂的合作协议，通过下属巴西联合矿业公司持有合资公司珠海YPM公司25%的股份，投资总额达400万美元。此前，淡水河谷还和宝钢、济钢共同签署协议，计划在日照建设年产量1000万吨的球团厂，淡水河谷以矿石原料供应入股。由此，淡水河谷向中国钢铁产业链纵深发展。

物流领域

在钢铁及上下游产业的物流领域，更能看到三井物产在中国、巴西产业的联合布局。实际上，由于巴西到亚洲的航运线路比澳大利亚长3倍，淡水河谷一直受困于有限的铁矿石及其他一般货物的运输能力。淡水河谷在想办法弥补自己在同澳矿竞争中的劣势时，一个重要思路就放到了如何减少物流成本上。

2008年8月，淡水河谷与中国造船企业熔盛重工签署合同，建造12艘40万吨级巨型矿石运输船。整个订单将在2012年完成，交易金额为16亿美元，创下了世界造船史上单笔订单金额最大、吨位最大的两个纪录。

早在2000年到2003年，三井物产项目本部就曾协助淡水河谷总共筹集到3.5亿美元，推动巴西国内铁路网络的建设。

同时，与三井物产同属三井财团的商船三井公司，则和中国钢铁业，尤其是宝钢公司，建立了长期稳定的合作。2004年4月，商船三井与宝钢签订了承运巴西进口矿石20年的长期运输协议，每年为宝钢承运巴西进口矿约130万吨。2007年1月，商船三井与宝钢再次达成一项长期承运合约，为宝钢订造第5艘超大型矿砂运输船，预计2009年交付。届时，商船三井将为宝钢每年承运1000万吨的铁矿石。

2008年5月，巴西淡水河谷还和三菱财团的日本邮船公司签署长达20年（2011—2030年）的长期运输协议，专门承运出口中国的矿石，并通过此法向银行融资订造大型矿石船，来扩大船舶运力。协议规定，从2011年

2014 年 4 月 19 日发生的上海海事法院扣押日本商船事件，其中主角就是商船三井专为宝钢运输铁矿石的 23 万载重吨矿砂船

起的 20 年间，每年将 130 万吨铁矿石从巴西运往中国。运输中使用的轮船，是由中远川崎建造的 30 万吨矿石专用船。

日本邮船预测，至 2015 年，中国的铁矿石进口量将达 15.61 亿吨，与卖方供给商签订长期合同，有利于确保重要航线的市场份额占有率。对海运企业来说，为确保国际竞争力，与国际资源企业合作共同开拓对中国航线已成为必然选择。

我们系统梳理了日本钢铁业在巴西铁矿石资源的布局，在巴西整个钢铁产业的布局，在中国钢铁产业的布局，在钢铁物流领域的布局，在中国焦炭领域的布局等。而每一个领域的布局、合作，都不只是金融和投资，还是包括信息情报、人员等多角度的合作。

原文发表于：《第一财经日报》 2009 年 8 月 17 日

第五节 澳洲铁矿石争夺：日本财团的身影

物流层面的主导权同样重要

2009 年 8 月 17 日，中钢协公布了 2009 年度中国进口铁矿石价格谈判结果，与澳大利亚第三大矿石企业 FMG 公司达成协议：确定此次铁矿石下降幅度为 35%。这与今年 5 月 26 日力拓与日本新日铁公司达成的下降 33% 相差不多。

但在笔者看来，**中钢协与FMG公司达成的协议更多的是具有象征意义，可操作性方面较差。因为，FMG公司开采的铁矿石，必须通过必和必拓和力拓的铁路系统和港口设施才能运输出去。**

在澳大利亚著名铁矿石产区——皮尔巴拉地区，FMG公司拥有总面积5.2万平方公里的采矿领地，毗邻澳大利亚铁矿石巨头力拓和必和必拓的矿区。

自1960年以来，必和必拓和力拓两大铁矿集团就在铁路和港口实施垄断，造成皮尔巴拉地区庞大的铁矿资源无法充分开发。时至2008年4月27日，FMG公司才获得澳大利亚公平竞争委员会初步裁决，有权进入必和必拓铁路线，为中国钢企提供铁矿石运输。但是无论如何，FMG公司的铁矿石物流都会受到必和必拓与力拓的限制。

如此看来，中钢协高调宣布与FMG公司的合作，可能将更加刺激必和必拓和力拓采取措施“围堵”FMG公司的出海通道。

如此，**中国湖南的华菱钢铁公司在今年2月获得了FMG公司16.48%的股份，成为第二大股东，似乎也不能说这就是中国获取海外铁矿石资源的一次完美胜利。因为，掌握铁矿石在物流层面的主导权也同样重要。**

此时，日本三菱财团已经在与中国公司的竞争中获胜，其持股50%的公司拿到了位于澳大利亚中西部的Oakajee港口和铁路项目的开发权。而且，日本财团与澳大利亚铁矿石巨头们的密切合作也形成对中国公司的“围堵”之势。

日本三菱财团在与中国公司的竞争中获得的Oakajee港口项目是澳大利亚近年推出的最大规模基础设施建设，其设计是为了打开澳大利亚第二个主要铁矿石产区

日本夺得主导权

澳大利亚中西部地区的铁矿储量超过86亿吨，但资源开发一直因为基础设施不完善而受到制约。为了改变现状，西澳大利亚州政府计划修建吞吐量超过1亿吨的Oakajee深水港，以及贯穿西澳中西部矿区南北、连接Oakajee港口和中西部矿区，共计约700公里的两条铁路。项目预计总投资35亿美元，是澳大利亚近年来推出的最大规模的基础设施建设项目。

基础设施对西澳地区矿产开发至关重要，而该地区的铁路和港口建设就是能源输出的咽喉，对基础设施控制权决定着输出瓶颈。**即使无法完全控制澳大利亚的资源公司，通过参股矿区的基础设施建设，也可以达到控制产业主导权的目的。**

中国公司也并非不想参与，中国铁路物资总公司、中钢集团等五家央企控制的澳大利亚Yilgarn基础设施公司，参与了竞标，但最后都败给了日本三菱商事（三菱财团的综合商社）。

2008年7月末，在争夺西澳大利亚州价值15亿澳元的Oakajee港口项目中，中国公司控制的澳大利亚Yilgarn基础设施公司，败给了日本三菱商事持股50%的Oakajee港口和铁路公司（OPR）。这一项目最终由默奇森公司（Murchison）和三菱商事各自拥有50%股权的OPR公司中标，负责整个项目的开发。

早在2007年6月18日，日本三菱商事就决定与默奇森公司在西澳共同开展有史以来最大规模的铁矿石开发项目，各自控股50%的合资公司于当年9月成立，双方出资逾30亿澳元开发铁矿、建设铁路和海港。

默奇森公司在西澳中西部地区，是当地新兴的铁矿生产商。默奇森主要拥有50% Crosslands资源有限公司股权，后者是JackHill铁矿项目拥有者，JackHill于2006年投产，年产量将近100万吨，其远景规划是将产能扩大到每年2500万吨。2008年年初，日本三菱商事已和默奇森公司签订协议，约定将收购其50%的铁矿石资产，包括默奇森公司西澳大利亚州的主体项目JackHills铁矿。两家公司还将联合收购该区域内其他铁矿石开发项目。

在成功获得物流、资源层面的主导权之后，三菱商事开始寻找“打工者”。2009年7月26日，OPR公司在中国进行了关于Oakajee项目的推介，并参加了西澳大利亚州州长科林·巴奈特以及多家中国公司举行的联合会议。9月，西澳大利亚州政府和OPR公司还将联合为意欲参与Oakajee项目的中国企业举办西澳贸易及投资考察团。

日本和澳大利亚已经完成磨合

前文阐述了日本在巴西钢铁上下游和物流的布局，在澳大利亚钢铁业，日本财团同样实现了这一点。

实际上，早在1960年，澳大利亚铁矿石出口正式启动时，第一船货就供给了日本。从1965年开始，日本介入澳大利亚铁矿业的步伐进入快车道，一直到1974年，十年中每年都保持数倍增幅。在此期间，日本的投资策略很简单，就是“悄悄地进村，开枪地不要”。

多年来，到澳大利亚谈判的日本企业就是三井物产、三菱商事、伊藤忠商事等几家综合商社，它们甚至还可以联合起来，买下资产后再悄悄分配。日本企业的成功在于三井物产等综合商社扮演产业组织者的角色，对日系企业的协调性很强，主动、有序地融入澳大利亚。

目前，全球铁矿石的开采主要分布在澳大利亚、巴西以及印度等国家。在澳大利亚24个主要铁矿中，日本企业重点投资8家、参股16家。

事实上，三井物产在澳大利亚投资经营铁矿山已经有很多年，与“两拓”关系密切。三井物产已经部分拥有力拓的一项核心资产，即位于澳大利亚罗布河的铁矿石业务。三井物产还与必和必拓共同合资经营西澳大利亚州的3座铁矿企业。它们在澳大利亚之外也有联盟关系。

日本的综合商社并不追求控股，持股一般在10%以下，主要不为分享股东红利而是把资金重点投入到物流设施上，进而控制和分享这一部分的权益。而且，通过承揽基础设施的建设，综合商社可以带动财团的制造企业获得大笔订单。

2009年6月，西澳大利亚州政府发展部投资服务局资深经理比尔·普莱斯顿对中国媒体表示：“澳大利亚和日本已经完成磨合，目前是一种唇齿相依的关系，我们合作中的不确定性很小，都知道下一步将会发生什么。但我们和中国，还在学习期。”其实，仔细看看日本综合商社与力拓、必和必拓这两家澳大利亚铁矿石巨头的关系就知道他说的是事实了。

怎样走出去？在澳大利亚铁矿石资源市场，日本的做法值得深思。

日本布局澳洲煤矿资源 演绎钢煤携手

根据海关总署数据，2009 年上半年中国进口煤炭 4826.9 万吨，同比增长 130%；出口 1167.5 万吨，下降 54.2%。半年间，中国煤炭净进口量达到 3360 万吨。以“富煤”著称的中国也缺煤吗？

值得留意的是，早在 2005 年 3 月 16 日，在国内还在谈论铁矿石价格飞涨 71.5% 的时候，**负责宝钢项目的中国问题专家、日本新日铁海外事业企划部部长入山幸接受中国媒体采访时即指出：“原煤问题、用水问题是中国钢铁业更严峻的资源瓶颈，中国迟早会成为原煤的纯进口国。”**

而更值得关注的是，日本在煤炭领域的布局已经积极深入。2005 年之前，在煤炭资源丰富的澳大利亚，三井物产在 11 家、伊藤忠商事在 6 家煤矿公司平均参股 20%，三菱商事在 15 家煤矿公司平均参股 35%，住友商事在 3 家煤矿公司平均参股 8%。日本通过这种方式共锁定了每年 4200 万吨煤炭的供应。

澳大利亚目前是全世界最大的煤炭出口国，动力煤排列第一，焦煤排列第二。在澳大利亚，主要煤炭供应者近年来都在努力扩大现有矿和新增冶金煤（焦煤）生产能力。特别是澳大利亚最大的冶金煤生产者必和必拓公司。

三菱参股的澳大利亚 BMA 公司，是必和必拓的煤炭合资事业体

必和必拓计划把自属矿的年生产能力从 2004 年的 5800 万吨扩大到 2010 年的 1 亿吨，其中与日本财团的

合资公司担当重要角色，包括必和必拓—三菱联合公司（BMA，必和必拓和三菱分别占50%股份），以及必和必拓—三井联合公司（BMC，必和必拓占80%、三井物产占20%）等。

时至2008年7月，BMA收购了澳大利亚资源企业新希望公司在昆士兰州一处矿区的权益。因此，三菱商事相当于投资1260亿日元（约12亿美元）获得了澳大利亚一矿区的50%原料煤权益。据悉，这个矿区的原料煤储量约6.9亿吨，相当于日本10年的消费量。

实际上，近年来，日本各大财团的综合商社都加快了在澳大利亚的投资布局，参与开发澳煤炭资源，以应对全球对冶金用煤（焦煤）和动力用煤的需求增长，特别是瞄准了中国等亚洲国家的潜在需求。

英美煤炭公司是澳大利亚仅次于必和必拓的第二大冶金煤炭生产者，不断努力增加产量。2004年12月，三井物产和英美煤炭公司澳大利亚子公司共同投资6亿美元，扩建澳大利亚昆士兰州中部的穆拉（Moura）露天矿，同时再投资新建两个煤矿，合称道森矿业，英美煤炭公司占51%的股份，三井占49%。穆拉（Moura）煤矿扩建后，动力煤和冶金煤（焦煤）的总产量将从现在的700万吨增加到1270万吨。

三井物产与澳大利亚铁矿石巨头力拓公司在煤炭领域的合作也在前进。2007年12月17日，力拓公司动用7.93亿美元投资澳大利亚红隼（Kestrel）煤矿项目，持有80%的股权，三井物产旗下的三井红隼煤炭投资公司持有其余20%的股份。此煤矿每年生产大约在570万吨左右，直到2031年为止。

与此同时，三菱商事则与必和必拓共同出资，在昆士兰州开发6座煤矿，2004年共生产煤炭4800万吨，煤炭业务已经成为三菱商事的一大收益源。而后，2005年6月，新日铁出资从美国金属及煤炭国际公司（AM-CI）手中收购了澳大利亚两座冶金煤矿5%的股份。

另外，**日本双日株式会社（三和财团的综合商社）也加入到购买澳大利亚煤矿资源的行动中来。**2007年7月3日，双日株式会社表示向菲利克斯资源公司（Felix）购买10%的煤矿股权，投资140亿日元开发储量在6亿吨以上的Moolarben煤矿。煤矿将于2009年投产，于2011年起进入满负荷生产阶段。在双日获得的产量中，每年将有 300 万吨以上销往日本，200 万吨销往中国、印度等亚洲各国。

三菱商事认为，今后世界钢铁产量依然会维持在高水平，用于钢铁生产的冶金煤需求也将继续增加，因此公司决定投巨资开采冶金煤，这也是三菱商事历史上在原料煤生产领域投入的最大一笔资金。预计该矿年产量为 800 万吨，这将使占全球原料煤总产量约两成的 BBA 公司的产量增加 10% 以上，并有望最早在 2013 年开始出矿并向日本等国家和地区出口。

通过一定投资拥有项目上游部分股权，参与项目的上游开发和管理，进而占有项目资源的优先购买权，保证生产企业大量资源的安全供应，这种方式由于被日本的财团企业广为采用而被称为“日本模式”。日本在钢铁煤炭领域的携手，再次演绎了这种“日本模式”。

为实现钢铁产业与煤炭产业的充分协作，2008 年 2 月，新日铁与住友商事（住友财团的综合商社）分别出资约 6300 万美元，共同收购了三井矿山公司 4000 万股优先股，使各自的持股均提升至 21.7%。在 2009 年 4 月把优先股转为普通股后，成为三井矿山最大股东。在全球对钢铁需求上升的情况下，此举是为了保证新日铁主焦炭的稳定供应，供其制钢之用。三井矿山公司创立于 1893 年，是三井物产从政府手中廉价收买三池煤矿后，向产业部门扩张而形成的公司。

钢铁行业的上游不只是铁矿石，中国目前在瞩目布局铁矿石上游资源的同时，也应该同样瞩目钢铁行业另外的上游——煤炭和水资源，2009 年上半年煤炭资源的净进口即昭示了这个问题的迫切性。

文/白益民　发表于：《第一财经日报》　2009 年 8 月 24 日

第六节

日本财团“玩转”印度塔塔

在印度复制中国模式

在亚洲，中国一直是日本投资最重要的目的地，但从2006年开始，日本逐渐减少了对中国的投资，投资进入了负增长的时代。

日本对中国投资的减少实质上是战场的转移。日本“财界总理”、时任经团联会长奥田硕，早在2006年率代表团访问印度时就讲道：“对日本来说，印度是世界上留下的最后一个巨大市场。”时至2008年，日本对印度的直接投资额约为5400亿日元，而2005年约300亿日元。

日本公司对亚洲经济体投资的周期约为20年。实际上，从开始投资到产业成熟再到投资转移，这一发展阶段约为20年。20世纪60年代至80年代是日本对亚洲四小龙投资的20年；20世纪80年代末到21世纪初的20年是对中国内地的投资时期，中国许多产业在20世纪末、21世纪初发展为成熟产业；而未来20年，印度很可能成为日本投资的主要目的地。

日本在印度的布局和在中国的布局如出一辙，都是通过与当地最大型企业合资合作，进行资本、产业、信息、流通等方面的嫁接，最终控制整个产业链。

目前三井物产除了对印度钢铁公司进行了入股及铁矿山的投资外，还处于潜伏阶段，打头阵的仍是新日铁。

以技术输出开拓市场

新日铁作为三井财团的重要关系企业，于1996年开始与塔塔钢铁公司进行技术合作。当时，新日铁负责为塔塔钢铁公司筹建的新冷轧工厂进行基本计划的决策，双方于1998年缔结了有关新工厂早期施工的合作合同，技术合作自此展开。

新日铁对塔塔公司的技术输出是一种战略考虑，派专家为塔塔员工进行经验、技术分享及培训，以进行全方位接触和了解。在技术合作的同时，新日铁终于参与进了对印度钢铁公司的钢板供货市场。

一般企业“专注”于追求自己企业利润的最大化，而实际上压缩了别人企业的利润。日本财团所谓“团”就体现在一个整体，协同作战。新日铁在与塔塔钢铁公司合作过程中，也将日本新能源产业发展机构（NEDO）带到了印度。

2006 年，塔塔与 NEDO 签订了改善环境管理的协议，签订协议后塔塔各钢厂将采用干熄焦技术，而这个改善环境管理的协议价值 3900 万美元。日本新能源产业发展机构将向塔塔提供日本生产的相关设备，塔塔将安装设备并向其他钢厂推广此项技术。这是塔塔继 2001 年后第二次接受日本新能源产业发展机构提供的日本技术。

需要特别注意的是，在日本全球的环保项目中，多是日本政府（或者通过 NEDO）委托相关企业开展具体项目合作。NEDO 与塔塔两次项目合作的委托企业就是新日铁。

与钢铁产业关联最密切的就是汽车产业。如同在中国一样，日本财团通过产业链延伸大举进入印度汽车产业。

2010 年 11 月，神户制钢（隶属于三和财团）与印度国营钢铁公司 SAIL 签订一揽子合作备忘录

2007 年 3 月，新日铁和塔塔进行了在印度合资建立汽车薄钢板制造工厂的谈判。该合作使新日铁成为首家进入印度市场的日本钢铁制造商。同年 11 月，双方就合资正式达成协议，合资工厂将利用新日铁公司的钢铁技术，投资 500 亿日元，生产在汽车车身等领域广泛使用的冷轧钢板。印度计划在 2010 年时生产客车 300 万辆，该合资公司 100 万吨的产量将有能力为印度的目标产量提供 50% 所需汽车薄板。

此时，三井住友财团旗下的住友金属工业公司（下称“住友金属”）

在印度也渗透很久，而新日铁和住友金属在2006年已经合并部分钢材部门。与此同时，丸红商事（富士财团的综合商社）的汽车部门也参与了塔塔的汽车业务开发。2007年1月，住友金属与塔塔收购的英荷克鲁斯（Corus）集团签订了技术联盟协议。

掌控物流供应链

塔塔拥有自己的海外铁矿石资源，并希望通过与日本物流企业的合作能够达到控制物流成本的目的，这也成为日本财团实施对印度进行钢铁产业统合的良机。

2006年12月26日，日本最大船运公司之一的日本邮船（三菱财团的海运物流企业）与塔塔合资成立了一家航运公司，名为“塔塔日邮”（TataNYK），双方各占50%股份，该公司将为塔塔承运铁矿石、焦炭以及钢铁等货物。

2008年8月，塔塔日邮与日本邮船签订两艘17万载重散货船的租用合同，租期20年，主要为塔塔承运煤炭，由此，塔塔日邮经营着6艘干散货船，2008年货物承运量近500万吨。而到2010年，塔塔日邮经营的干散货船队计划达到20艘，为塔塔承运的货量争取增至2000万吨。

在与塔塔集团合作的同时，日本邮船也逐步开始在印度布局。2008年12月11日，日本邮船和挪威华伦威尔森物流（WWL）一起，与印度蒙德拉港（Mundra Port）签订备忘录，投资该港口的汽车运输码头，开辟由该港输至欧洲的汽车运输航线，2009年1月起该码头年运量达20万辆。

随后，2009年5月26日，日本邮船（印度）公司与印度集装箱公司签署备忘录，意向成立一家各持股50%的合资企业，拟通过铁路从事印度国内的汽车运输业务，此前日本邮船在印度的汽车运输业务主要靠卡车完成。

无论在哪一个国家，无论涉足哪一个产业，日本财团几乎都遵循着这样一套“行动逻辑”——以金融资本、商业资本和产业资本结合的高效形式渗透到产业的上下游链条中。

原文发表于《第一财经日报》2009年10月12日，作者：白益民

第六章　日本政界财团魅影

从参拜靖国神社到篡改历史教科书，从插足南海争端到挑起钓鱼岛冲突，近年来，中日关系已降至冰点。日本政坛的日益右倾化与右翼的推动关系甚密，而右翼如此大的活动能量，自然离不开巨额的资金支持。从明治时期至今一个多世纪以来，财团一直是右翼的坚实后盾。

日本现任首相安倍晋三也一直与日本财界保持着密切的关系。从幼儿园到大学，安倍晋三就一直在与三菱财团关系密切的成蹊学园接受教育。其兄安倍宽信则在成蹊学园毕业数年后成为三菱商事中国分社社长；其弟岸信夫，曾在住友商事就职，2000 年当选参议员。

日本首相在竞选时均要争取经团联（相当于日本的国资委）的支持，直接左右着日本的经济政策和发展方向，担当了“准政府”的角色，而经团联会长也被称为“财界首相”。在日本，国会只是装饰品，实际的权力掌握于企业界的经团联。经团联对此也不讳言：“我们是政府。”

作者题注：

掌握中国产业命脉的国资委（国有资产管理委员会），在国民经济中如何体现和发挥其核心地位与主导作用，经团联与日本政府政商一体的暧昧关系值得参考。国资委应积极主动地规划和推动“混合所有制改革”，实现国民一体的新公有制形式，最终成为“国民资产管理委员会”。

本章提要

石原慎太郎毕业于日本一桥大学，而一桥大学正有“财界领袖的摇篮”之称，毕业学生人才辈出，尤其是其培养出的工商金融界学生，多数都会成为日本各大财团的领袖级人物。石原与日本财界关系非同一般。

鸠山由纪夫上台之后，启用了主张“亲美入亚”的寺岛实郎作为其外交智库。寺岛实郎毕业于早稻田大学，此后一直在日本三井财团的综合商社三井物产工作。曾担任三井物产华盛顿事务所所长驻美多年。

“松下派”政治家属于民主党内偏右的势力，他们血气方刚且自视甚高，身上“脱亚入欧”的遗传因子和“抗亚入美”的情感随处可见。“松下派”无一例外地视“日美同盟”为外交基石，对亚洲则普遍持轻视的姿态。

由于PHP研究所与松下政经塾的特殊关系，PHP研究所与日本政界关系十分紧密。长期以来，PHP研究所在日本的政策研究领域占据着举足轻重的地位，他所撰写的研究报告，一直是包括日本政府在内的相关部门进行战略制定和政策选择的重要参考。

1989年，石原与日本三井财团旗下企业索尼创始人盛田昭夫合著了《日本可以说“不”》一书；1998年，又与三井战略研究所研究员市川周共同出版了《对美宣战：说不的日本经济，从美国金融奴隶的身份中解放出来》一书。

三井战研所研究员市川周的《战胜中国》一书由住友财团的日本PHP研究所出版，而现任PHP研究所代表专务董事、政策智库PHP总研研究主干的永久寿夫则与日本首相野田佳彦关系极为密切，是野田佳彦智库的负责人和核心人物。

第一节
日本的“商人幕府”

隐藏在背后的另一个集团

在日本，大政方针更多地是由财界主导、政界参与制定的。

2007年，日本首相福田访华，中国媒体高呼“春天来了”，日本媒体也罕见地没有出现令人尴尬的“杂音”。有专家说，中日关系已经进入10年以来最好的时期。**但中国人很少注意到的是，主导日本与周边国家经济关系乃至政治关系的，往往并不是那些政界人物，而是隐藏在他们背后的另一个集团。**

维护大企业、大财团的利益，是财界团体的基本任务之一。财界直接操作制定决定日本经济秩序的政策，以实现建立新秩序的目的。日本的政财两界关系正如永野所言，财界成为事实上主导日本社会经济的“商人幕府”。

从晚清黄遵宪书写《日本国志》开始，中日两国的信息不对称一直延续到今天。在日本，有关中国的报道和研究汗牛充栋，众多的流派针对中国进行细致的调查研究；在中国，大量日本企业在提供资金，支持商业调研项目。然而，中国大众对日本的了解，却惊人地局限于靖国神社、东海油田等吸引眼球的“大事件”。

三井物产战略研究所研究员市川周著《战胜中国——日本应充当战斗的东亚家长》，早在1997年就已出版

1997年，前三井物产战略研究所研究员市川周出版了《战胜中国》一书，鼓吹日本对中国要有“竞争对手意识”，并提出了“三区域”理论。他认为，对于日中竞争来说，亚洲可以分为三个区域：韩国、中国台湾是第一区域；中国大陆是第二区域；南亚、中亚和蒙古等是第三区域。日本要采取“确保第一区域”，影响第三区域，以包围第二区域的战略。这个贸易经济研究所的前身，正是三井物产的情报调

研部门。

与市川相呼应，2005 年 2 月，三井物产战略研究所所长寺岛实郎在北京大学发表演讲，题目是“2005 年的世界潮流及日本走向何方”。他明确地提出，日本应该转变以往“脱亚入欧”的战略，转而向“亲美入亚”努力。他还认为“日美关系的核心问题是中国问题”，并由此提出“对华四原则”。

市川和寺岛同属三井物产，发表的言论也一脉相承，更重要的是二者都“算准”了中日关系的走势。这是巧合吗？

财界四团体的一元化

在日本，经济团体联合会（简称：经团联）、日本商工会议所（简称：日商）、经济同友会（简称：同友会）和日本经营者团体联盟（简称：日经联）是日本战后统合财界力量的四大团体，在社会经济中占据着关键地位。

1966 年 3 月，部分有实力的财界人士组成“产业问题研究会”。**产研聚拢了来自日本财界四大团体的首脑人物，因而获得了“财界总司令部”或“财界政策委员会”的核心地位。与以往的财界团体相比，统合了各方力量的产研，是一个少而精且具有高度执行力的集团，其成立的目的就是加强产业界对经济社会的影响**。由此，日本财界进入了“一元化时代”。

产研发起者木川田一隆对产研的定位有细致的陈述，他说：“产业界的协调并非否定竞争，而是尊重秩序。大企业和政府的关系要尽可能避免寻求行政指导，主要的是事前为解决问题而沟通思想。”可以用一个词来概括他的表述，这就是“秩序”。财界首脑代表了日本大企业和大财团的利益，他们对未来经济发展的规划，需要通过产研这样的强势机构来贯彻。

主宰经济秩序

在产研建立不久的 1966 年 4 月，木川田就任首相咨询机关经济审议会会长。产研另一骨干守笃也获得这个审议会的企划专门委员会委员长的地位，负责制订《经济社会发展计划（1967—1971年度）》。财界直接操作制定决定日本经济秩序的政策，以实现建立新秩序的目的。

在这方面，新日铁诞生的例子最为典型。1968年4月17日，日本《每日新闻》披露八幡和富士两家钢铁企业计划合并的消息，引起日本国内各界的广泛关注。然而，这一计划遭到了直属内阁总理的反垄断机构“公正交易委员会”的强烈反对。委员会认为两家企业合并会阻碍行业竞争。

代表产研的中山委员会（以中山素平为委员长，有“财界调查机关”之称）发表《我国产业的改组》，提出应对钢铁、汽车、合成纤维、石油化学、工作母机等战略工业，进行大胆合并，同时声称为了与国际大企业竞争，日本应该容忍寡头垄断。这一大企业理论在产研内部得到了大力支持，产研会员中有很多都来自垄断财团企业，如藤野忠次郎（三菱商事）、水上达三（三井物产）、土光敏夫（石川岛播磨、东芝）、河野文彦（三菱重工）等。

以中山为委员长的产研钢铁问题专门委员会，在八幡和富士合并计划公开后不久表示，“即使八幡与富士合并了，也不会发生竞争过小的弊害”，清楚地表明其支持的立场。

由此，产研代表的财界与公正交易委员会代表的政界围绕该合并案进行了激烈的争论。最终，财界以对部分产品暂缓垄断性重组为代价，换取了政界对合并案整体的接受。

维护大企业利益

维护大企业、大财团的利益，是财界团体的基本任务之一。在这方面，典型的例子是1970年底工人运动春季斗争开始前用实力扼杀所谓“大川报告”的事情。

20世纪60年代末，日本工资上升率达到了从来没有过的高度，其中1970年更是达到了18.1%的历史高度。对于一心想限制工资上升的大企业经营者来说，“不景气”和“物价上涨”是可以为大家利用的素材，他们打算强调物价上升和增加工资的恶性循环，以牵制春季斗争带来的工资大

“春斗”是日本工会每年春季组织的为提高工人工资而进行的斗争。这表面上看起来是双方的斗争，实际上已成为一种劳资双方协调工资关系的固定渠道

幅增长。

1970年12月，一桥大学教授大川一司在经济团体记者会上发表《关于经济增长与物价、工资的基本分析》的报告，否定了财界鼓吹的“工资与物价的恶性循环”理论，并且不赞成限制工资的国民所得政策。大川此举大大触怒了各位财界首脑，于是这一耗时两年完成的研究报告，在财界的压力下一夜之间就被束之高阁。

如果说“大川报告”事件表现了财界对舆论影响，“第三次降低公定利率”则反映了财界以实力推动政界行动的例子。

1960年代，关于是否进行日本战后第三次公定利率的调整，从大藏省到日本银行、经济企划厅，一致认为没有降低的必要，调整措施也被搁置。但是，当时的日本财界第一人物、新日铁董事长永野重雄坚持降低公定利率。于是，永野参与的产研开始对政界施加强大的压力。当时被视为自民党下届总裁当然候补的福田赳夫，出于对自身政治生命的考虑，向产研代表的财界妥协，通过了降低利率的决定。

1971年5月7日，日本银行临时政策委员会决定降低公定利率的商业期票贴现。

商人幕府

日本财界的领袖级人物永野重雄曾对财界人士下过一个定义：“自己不能搞政治就派代理人去搞。有这种力量的就是财界人。”在政治家看来，这话未免太傲慢，但实际上这个定义尤具真实性，是不能否认的。日本的政财两界关系正如永野所言，财界成为事实上主导日本社会经济的“商人幕府”。

佐藤荣作在当选为自民党总裁前，产研首脑们表达了大力支持，产研的永野表示："在此激烈动荡的时期，首相如没有统率力量是很不好的。佐藤先生有着实际成绩，这一点可以放心。"这话传到政界以后，领会这个意图的自民党副总裁川岛正次郎立即着手调整党内意见，迅速巩固佐藤的地位。与此相比，1955 年鸠山政权的倒台，则是由于时任经团联会长的石坂等财界主流的极力反对。

在扶持代理人之外，财界的实力派人物还往往亲自上阵。以产研为例，20 世纪 70 年代的 24 名成员，无一例外都进入政府决策机构或咨询机构中任职。与以往的旧财阀和旧财界团体相比，产研一改"远距离操纵"的方式，转为直接上阵操作政策的制定和修改。因此，组织化的产研与其说是影响政界政策，不如说它们已经和政界一体化了。

原文发表于《中国经济评论》2008 年 2 月 20 日，作者：张凌，指导：白益民

第二节

日本政界不可忽视的财团力量

东海：中日第一次亲密接触

2008 年奥运会举办之前，有一件关乎中日政治经济关系发展的大事悄然发生。这一年 6 月 18 日，中日双方同时公布了《中日关于东海共同开发的谅解》（下称"东海协议"），此份协议文件标志着中日双方在东海资源共同开发上达成了共识，将共同开发东海资源。

作为合作第一步，中日双方协商划出了一块面积 2600 平方公里的"共同开发区"，此区域横跨日方主张的所谓"中间线"，具体地点在"中间线"的北端。除此以外，双方对日本法人参加中国已开发的春晓油气田也达成谅解，双方以合作大局为重，协议共同开发。

在此之前，中日两国在东海问题上一直存在较大争议，尤其是小泉纯

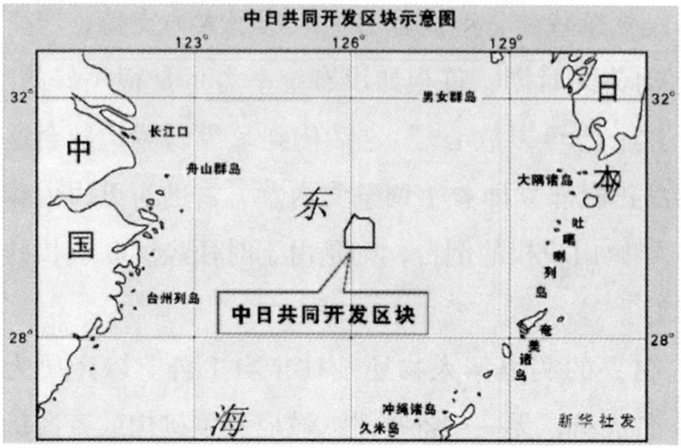

2008 年 6 月 18 日签署的《中日关于东海共同开发的谅解》中提到的双方共同开发区块的示意图

一郎当政时期，其在靖国神社、钓鱼岛等问题上的一意孤行，一度造成中日关系陷入冰点。2004 年 6 月 23 日，以时任日本经济产业大臣的中川昭一为首的部分日本官员，乘直升机飞抵东海上空，“视察”中国“天外天”、“平湖”和“春晓”等油田，导致中日东海问题全面升级。

前中国社科院日本研究所副所长冯昭奎曾说，如果不是之前小泉纯一郎、中川昭一等强硬派人物的顽固坚持，东海协议早完成了，不会拖到奥运开幕之前。

小泉下台后，中日《东海协议》迅速推进。2006 年 11 月，接替小泉纯一郎成为日本首相的安倍晋三在接受美国媒体采访时表示，希望中日双方现在能进行合作，在东海有争议的地区附近着手实施天然气开采计划。

最终，2007 年 9 月上台的日本首相福田康夫在与中国进行多轮谈判之后，完成了中日《东海协议》的签订。

一直以来，关于《东海协议》中涉及的“春晓”油气田，中国政府曾多次重申拒绝与日本合作开发。东海协议的意义在于，中日双方避免了海域归属和中间线问题，形成“搁置争议、共同开发”的具体化成果。

石原慎太郎背后的财团力量

也就在 2008 这一年，中日合作如火如荼进行之时，石原慎太郎出席北京奥运会。石原慎太郎正是日本“购岛”的最早提出者，他从 1999 年当选日本东京都知事（东京市长）一直连任至今，在中国可谓“臭名昭著”，身上贴着“右翼分子”、“反华分子”、“极端民族主义者”等标签。

出席中国奥运会体现出了石原慎太郎对华态度的转变。2008 年 1 月，石原为北京奥运会加油打气，在都议会上称“祝愿东京友好城市——北京举办一届成功的奥运会”。

而且在北京奥运会上，石原还对中国奥运志愿者夸奖有嘉：“我切身感受了13亿人口大国的壮观场面。我感受最深的还是参加志愿者服务的大学生。他们非常亲切，彬彬有礼。一打听才知道他们还要为残奥会无偿服务。中国的新一代年轻人显然对国家和社会的前途抱有期待，这一点与日本的大学生完全不同。”

石原慎太郎毕业于日本一桥大学，而一桥大学正有“财界领袖的摇篮”之称，毕业学生人才辈出，尤其是其培养出的工商金融界学生，多数都会成为日本各大财团的领袖级人物。

石原与日本财界关系非同一般。事实上，石原虽身为政界人士，但其背后也有着能够促进中日经济合作的日本大财团关系。

《日本可以说“不”》出版于1989年，作者是日本索尼公司创始人盛田昭夫和右翼政客石原慎太郎

1989年，石原与日本三井财团旗下企业索尼创始人盛田昭夫合著了《日本可以说“不”》一书；1998年9月，石原又与日本三井财团的综合商社三井物产旗下三井战略研究所研究员市川周共同出版了《对美宣战：说“不”的日本经济，从美国金融奴隶的身份中解放出来》一书，以日本经济战略为题，矛头直指美国霸权，此书在日本国内引起了一定影响。

日本的“脱美入亚”梦

2008年《东海协议》为中日经济合作奠定了基础，2009年鸠山由纪夫的上台则为两国在国际战略上的合作创造了绝无仅有的机会，鸠山政府上台便举起“脱美入亚”的政治理念向中国频频挥手。

2009年9月16日，鸠山由纪夫作为日本民主党党首当选为日本首相，成功终结了日本自民党长期的执政地位。刚刚上任不久的鸠山在9月21日于纽约参加联合国峰会时，会见中国国家主席胡锦涛时便抛出了对重组中日美关系的一记重磅炸弹——“东亚共同体”构想。

同年11月15日，鸠山在新加坡国际研究院（RSIS）发表《亚洲的新承诺——实现东亚共同体的构想》演讲时详细阐述了其“东亚共同体”观点：

“简而言之，我的东亚共同体构想就是根据‘开放的区域合作’的原则，通过推进相关国家间的各领域的合作，在这一地区建立多重的机能性的共同体之网。在合作的过程中，我们要共同制定规则，相互配合，集中大家的智能，共同地遵守规则。这样，我们就不仅能够得到现实的利益，而且还能够培养相互信赖的感情。”

事实上，鸠山由纪夫一直十分重视与中国的关系，早在1996年日本民主党成立，鸠山便率领第一个访华团来到中国。1999年，鸠山出任民主党党首后，访问的第一个国家还是中国。2000年，鸠山访问中国还在中国人民大学发表演讲，题为《以日中建立共通议程的时代为目标——建立“同心同德”的日中关系》。

2009年12月10日，鸠山内阁支持者民主党干事长小泽一郎携140名之多的国会议员访问中国，显示出了民主党对中国的亲近的政治姿态。日本《产经新闻》评价此次访华说：“仿佛是邻国的家臣们去参拜中国的皇帝一样，弥漫着朝贡的气息。”

鸠山由纪夫的家族也与中国有着颇深渊源，这可以追溯到鸠山由纪夫的曾祖父鸠山和夫。1886年8月中国北洋舰队访问日本时与日本警民发生冲突，日本则派出鸠山和夫与中国交涉，事后清政府还颁发给了鸠山和夫一枚二等龙宝勋章。

后来鸠山和夫担任早稻田大学校长期间，成立“清国留学生部”，大量接受中国留学生。鸠山由纪夫的父亲鸠山威一郎也曾经多次访华，积极支持中日友好并作了大量工作，曾经具体负责与中国就缔结《中日和平友好条约》的谈判工作。

与对中关系形成鲜明对比的是鸠山政府对美的强硬态度。和中国关系的亲近和与对美国关系的疏远让美国很不舒服，美国开始担心日本偏向中国的态度不利于日美同盟稳固性。

实际上，鸠山所在的日本民主党在取得政权之前，就一贯主张“对等的美日关系”和“没有基地的美日同盟”。在美国驻日基地转移问题上，民主党公布了“归还普天间美军基地”的具体政策，即停止使用军用机场，将美军海军陆战队基地迁往冲绳县之外的地点。

2009年8月10日，鸠山由纪夫在日本《VOICE》杂志发表了《我的政治哲学》一文，公开批评美国式利伯维尔场原理主义，提出“自力和共生”的“友爱”理念和“东亚共同体”构想。他在文中说道：“金融危机使许多人意识到，美国单边主义时代可能正走向没落，美元持续作为全球主要货币的地位也令人生疑。”

鸠山由纪夫上台之后，更是启用了对美“排斥”且主张“东亚共同体”的寺岛实郎作为其外交智库，寺岛实郎的思想对鸠山由纪夫影响颇大。

左图为三井物产战略研究所会长、日本综研会长寺岛实郎，右图为原日本首相鸠山由纪夫，其“大中华圈”的执政理念即为寺岛实郎的战略理念

寺岛实郎毕业于早稻田大学，此后一直在日本三井财团的综合商社三井物产工作，曾担任三井物产华盛顿事务所所长驻美多年，发表过很多国际关系、对美政策的著作，主张美日同盟是冷战时期产物，不能固定化；中国和东亚发展是一个历史性变革；“亲美入亚”是日本的战略选择。

对于鸠山政府接近中国而疏远美国的做法，美国人十分慌张。2009年10月，美国国防部长盖茨访日，向日本方面表达了对日本企图改变美日同盟现状的不安，他警告日本新政府称，如果日本违反与美国的军事同盟关系，接近正崛起的中国，将面临严重后果。10月22日，《华盛顿邮报》引用美国官员的话称，现在最难办的不是中国，而是日本。美国人的愤怒也恰恰表现出了他们对中日关系拉近的不安。

中日关系，渐行渐远

金融危机爆发后，中国没有对美国“落井下石”。倡导“东亚共同体”、“平等的美日关系”的鸠山由纪夫则在美国的影响下彻底下台。同时，中日关系也因鸠山政府的下台而再次陷入停滞不前状态。

美国当然不会容忍鸠山政府对美国强硬、亲近中国的举动，于是利用鸠山由纪夫对国民的诺言击垮了鸠山。鸠山由纪夫上台后便致力于推动关于美国驻日本冲绳普天间基地的迁移，其间提出了诸如“德之岛方案”、“边野古周边方案”、“胜连半岛案”、“嘉手纳机场合并案”等多项迁移方案，日本方面甚至对每个方案都在技术细节上进行了研究考证，而且既要得到当地住民的同意，也要得到美国的同意。但美国多以“无稽之谈”否定方案。

在美国眼里，日本一向属于“顺从者”，而鸠山对美军基地迁移的强硬态度却是美国始料不及的，2009 年 10 月 22 日美国《华盛顿邮报》引用美国驻日本大使肯特·考尔德的话说，“在过去 30 年中，我从未听过或见过日本人对美国外交官如此强硬，甚至私下里频繁的顶嘴。以前如果美国提出一项协议，日本通常的回应就是‘很好’，但现在一切都变了”。

因此，美国对鸠山提议的军事基地迁移一事置若罔闻，导致了鸠山政府言行不一，同时引起了日本民众对鸠山政府的不信任。日本民众普遍认为，鸠山由纪夫对于冲绳普天间美国基地“至少迁移到冲绳县外”的言论已经成为鸠山民主党的“公约”，但鸠山政府在与美国过招的确遇到了极大障碍，没能履行“没有基地的美日同盟”，甚至连迁移出冲绳县都做不到，这对鸠山在民间的形象产生了极大的负面影响。

到了 2010 年 6 月底，无奈之下的鸠山由纪夫只好回归到 2006 年自民党时期与美国签订的日美协议上来，与美国达成协议，按照自民党时代的“合意”，普天间机场将被迁移到边野古地区和周边水域，但还是没有移出冲绳地区。这一举动彻底激怒了日本官民，还导致了与民主党联合执政的社民党的脱离。

2010 年 6 月 2 日，在民主党参众两院议员全体会议上，鸠山以美军基地迁移所引起的政局混乱引咎辞职，一直支持鸠山内阁的民主党干事长小泽一郎也辞去了职务。在长达20分钟的辞职讲话中，小泽一郎唉声叹气地表示："我想跟大家分享一段回忆，有一天我待在酒店房间里，突然一只小鸟飞到面前，这是一种在我家乡经常见到的鸟，看到它，我仿佛觉得它是来告诉我，该是回家的时候了。"

鸠山由纪夫的下台，意味着中日两国真正形成合作发展关系的希望已经渺茫。小泉政府时代，因靖国神社参拜等事件，中日政治关系一度陷入冰点。安倍晋三上台后，不再参拜靖国神社，中日关系不断改善。到了鸠山由纪夫，其"东亚共同体"的政治理念，为中日合作提供了一次绝无仅有的机会，但随着鸠山的下台，此种机会悄然错过。

鸠山由纪夫的继任者菅直人上台后，再次沿用了美日同盟外交策略，鸠山所谓"东亚共同体"也随之无人问津。而且，与长期执政的自民党不同，民主党内有着鸠山由纪夫、小泽一郎等与中国有历史渊源的人物，这些人物的下台，导致真正与中国沟通的日本掌权者变得极少。

原文发表于《环球财经》2012年第9期，作者：白益民

第三节 安倍晋三背后的财团魅影

2012年12月26日，日本国会众参两院举行首相指名选举，执政党自民党总裁安倍晋三当选日本第96任首相。

对于中国人来讲，最关心的莫过于日本新政权上台将如何处理剑拔弩张的钓鱼岛局势以及因此而受到严重打击的中日经济关系。人们也许还在等待，安倍晋三能像2006年那样，刚上台便奔赴中国，展开"破冰之旅"。当时，安倍与中方一起让小泉纯一郎时代降至冰点的中日关系逐步修好。中日最终在2008年达成了两国间的第四份联合公报。

不过，时过境迁，经过鸠山政权垮台的启示，安倍晋三也不可能再重

走老路。安倍晋三在第二次成为日本首相的当天就表示，钓鱼岛问题没有谈判余地。与首次当选时不同的是，安倍这次将首访定在美国，并表示将与美国讨论“跨太平洋战略经济伙伴关系协定”（TPP），而这与日本财界的诉求不谋而合。事实上，安倍晋三此次当选离不开财界的支持。

安倍与财界

安倍晋三一直与日本财界保持着密切的关系，日本经济团体联合会（经团联）前任会长御手洗富士夫是安倍晋三的忘年之交。安倍晋三首次担任首相之时，还在2007年3月8日，在首相官邸与丰田汽车会长张富士夫、松下电器会长中村邦夫、三菱重工社长佃和夫等13位大企业家就就业问题交换意见。

日本经团联是由日本六大财团下属的及其他一千多家公司共同组成的经济机构，被称为“日本经济内阁”，直接左右着日本的经济政策和发展方向，担当了“准政府”的角色。而经团联会长也被称为“财界总理”，经团联时任会长米仓弘昌正是住友化学前社长。

自鸠山由纪夫开始，民主党成为日本的执政党，然而日本财界却偏爱自民党。2007年，自民党从经团联这里获得的政治捐款为29.1亿日元，同年民主党虽然也从经团联获得了一些捐款，但仅有8000万日元。

经团联总部负责分配政治捐款的高管表示，对于自民党的各种政策，各大企业会员企业大都给了A级评价，但它们给民主党的评价，通常为B和C。政治捐款是根据企业评价的结果，然后进行分配的，给自民党的政治捐款是给民主党的36倍，可见经团联基本上不看好民主党的经济政策。

2012年10月9日刚刚成为新一任自民党总裁的安倍晋三与日本经团联会长米仓弘昌举行了会谈。为接下来将进行的众议院选举寻求支持

2012年9月26日，安倍晋三当选自民党新总裁当天就得到了财界的支持。米仓弘昌评价安倍晋三是“精通政策和具有丰富经验和实力的领导者”。日本商工会议所称，对安倍今后的决断力和行动力表示期待。经济同友会的代表长谷川闲史也表示，希望安倍晋三能够就改善与周边国家的关系发挥作用。

当选自民党总裁之后，安倍晋三的首相争夺攻势愈加迅猛。10月9日上午，安倍晋三在东京同米仓弘昌等人举行政策恳谈会。在日本共同社看来，经团联在同新改组的野田政府接触前，先和自民党新任高层会面，这一行为实属罕见，双方的“接近”可被视作在为众议院选举后的政权更迭作准备。

“三菱系”大学

出身政治世家的安倍晋三，在日本有“纯种政治家”之称，他的外公是前首相岸信介，父亲安倍晋太郎是日本前外务大臣。而“含着金匙出生”的优越环境给安倍提供了很多机会。从幼儿园到大学，安倍晋三就一直在与三菱财团关系密切的成蹊学园接受教育。

日本首相安倍晋三亲自试驾三菱汽车后自掏腰包买了一辆 MITSUBISHI iMIEV 当作私人座驾

而安倍晋三也不忘为三菱汽车做广告。2007年6月1日，为了向国际显示日本支持环保的决心，时任首相的安倍晋三和经济产业部长甘利明在首相府园地内试驾6辆环保车，安倍晋三试驾的车正是三菱汽车。安倍说：“我有信心，日本拥有世界上最顶尖的科技来保护环境。”

1977年，安倍晋三从成蹊大学法学部政治学专业毕业，随后像众多政界名流子弟一样，前往欧美留学。从1982年11月起，他被安倍晋太郎外

相叫去当政治秘书，学习从政。其兄安倍宽信则在成蹊学园毕业数年后成为日本第一大综合商社三菱商事中国分社社长，其弟从小送给岸信介的儿子岸信和（安倍晋三的大舅）家当养子，改名为岸信夫，曾在住友商事就职，2000 年当选参议员。

安倍晋三和他哥哥为什么选择了成蹊学园？按照安倍晋三的说法，那是由于外祖父、即日本前首相岸信介的极力推荐。而岸信介之所以推荐成蹊学园，是因为岸信介从成蹊学园看到了当年吉田松阴开办松下村塾的精神。

吉田松阴是出生于长州藩的日本幕府时代末期的思想家和教育家，因为计划暗杀幕府的老中（即大臣）而被捕，以后被押解到江户（即东京）斩首，时年 29 岁。吉田松阴死后被誉为明治维新的精神领袖，岸信介的曾外祖父佐藤信宽就曾经跟着吉田松阴学习军事。

二战前，成蹊大学与三菱财阀的联系十分紧密，学校运营费用的大部分依靠三菱的捐赠。另外，1917 年开设的成蹊实业专科学校应三菱合资公司（三菱财阀）的要求，以为实业界（特别是三菱）培养中坚人才为目的。战后随着财阀解体，联系虽有所减弱，但直至现在，自理事长以下，理事中仍有很多三菱集团各公司高层，三菱集团对该大学的经营影响很深。

自 2007 年 4 月起，成蹊学园引入“成蹊学园三菱留学生奖学金”，发放对象是利用成蹊大学、成蹊高中的留学制度到海外留学的学生中，成绩优秀、留学好成果可期的派遣留学生。

右翼的幕后金主

日本政坛的日益右倾化与右翼的推动关系甚密，而右翼如此大的活动能量，自然离不开巨额的资金支持。从明治时期至今一个多世纪以来，财团一直是右翼的坚实后盾。而三菱财团则是其中翘楚。

财团的前身是政商（特权商人），存在于 19 世纪 70 年代至 20 世纪初。明治维新时期，日本为赶超各先进国，对私人资本予以积极扶持，三井、三菱等昔日地方商人就是借助政府给予的特权，以及委托的任务而迅速积累起巨额资本。以三菱为例，1874 年日本入侵我国台湾地区，三菱以政府委托经营的13 艘大船，担负了日军的后勤运输。战争结束后，政府将这 13 艘船无偿转让给三菱作为奖赏。此后三菱一跃成为日本举足轻重的政商。

20 世纪初期，政商资本逐步控制了金融、工业等领域，发展成为垄断性更高的财阀。30 年代中期开始，财阀追随军部法西斯势力，确立了军阀财阀的联合体制。二者相互利用，财阀为军部发动战争提供物质支柱，军部则通过有利于财阀的军事运算体制而使财阀找到致富手段。三菱重工通过为军部服务迅速发展，资本从 1937 年的 1.2 亿日元暴涨到 1945 年的 10 亿日元。

日本右翼的活动资金，如黑龙会、玄洋社、大日本赤诚会等，均主要来自三井、三菱、住友等大财阀。除此之外，财阀作为军工产业的巨头，是日本战争机器的重要支柱。它们在二战期间建造了堪称当时世界顶级水准的“大和号”和“武藏号”战舰以及“赤诚号”等数十艘航空母舰。单是三菱重工一家公司，在战时就建造了 140 艘舰艇和 1.7 万余架飞机。这一时期，财阀不但是日本右翼的“财神爷”，还是它们的帮凶。

早在岸信介政权时期，由其扶持成立的“新日本协议会”就是一个集自民党、财界、右翼于一身的组织。三菱电机负责人高杉晋人负责筹集该组织的活动资金，据说他每年可从三菱财团等财界那里筹资几亿日元。

防卫厅外围组织“乡友联”是一个军人右翼组织，经常搞日本重新武装的宣传活动。它从三菱重工等军工产业那里得到了大笔捐款，物质基础雄厚。

20 世纪 90 年代曾多次染指我钓鱼岛的右翼团体“日本青年社”，也得到日本财团的暗中支持。据称，如果成功登上钓鱼岛，每人可获奖励数千万日元。

2005 年 4 月，由日本“新历史教科书编纂会”编写、扶桑社出版的《新历史教科书》第二次被日本文部科学省审定通过。《新历史教科书》把在中国东北和朝鲜土地上进行的甲午战争与日俄战争，都写成是“确立日本安全保障”的“正当的战争”，把对中国东北的侵略、在中国华北地区的扩大战争、对全中国的进攻，都描述为建立“大东亚共荣圈”的解放亚洲的战争。

三菱重工董事长相川贤太郎则是赞助新历史教科书编纂会的头号人物。根据中国抗日战争纪念馆从日本获得的一份内部资料，2002 年赞助日本新教科书编纂会的赞助者中，三菱重工也赫然在列。中国抗日战争纪念馆研究部李宗远主任在接受《国际先驱导报》采访时曾表示，这份资料来源于日本右翼团体自行印发的宣传册，真实性不容怀疑。

“新历史教科书编纂会”成立于 1997 年 1 月 30 日，其势力的迅速壮大，很大程度上就是背靠日本大财团。

原文发表于《第一财经日报》2012 年 12 月 28 日，作者：白益民

第四节

日本政商双簧戏

谈判桌上的博弈

2004 年 5 月 27 日，曾任日本防卫厅防卫研究所第三研究室室长的杏林大学教授平松茂雄和日本《东京新闻》记者乘坐飞机，对中国东海天然气开采设施的建设情况进行了“调查”。

随后，此二人连续刊登《中国在日中边界海域建设天然气开采设施》等报道和述评，称“中国正在开采的春晓油气田群距离日本主张的中间线只有 5 公里，与 1998 年建成投产的平湖油气田相比，向日本方向推进了 65 公里”，并惊呼“中国的油气田会像吸管一样，把原属日本的油气资源吸走挖空”。

一时之间，日本主要媒体都把关注焦点放在东海，且均指责中国企图独占东海海底资源，要求政府采取断然措施，捍卫日本权益。

此时，“吸管效应”、“春晓”工程进展的迅速和日本媒体的指责令日

本政府备感压力，遂加大了同中方政府的交涉力度，态度也越发地强硬起来。同年9月，英美石油公司突然退出春晓油气田的开发，让东海油气田变成彻底的中日之间的对决，中日形势一度急转直下。

时至今日，日本对东海的觊觎从未停止过，不管是给东海油气田起日本名还是涉及气田与中国的政治谈判都彰显了其不轨野心。

鉴于中国是日本产品巨大的输出市场，以经济团体联合会为首的日本财界并不希望东海划界及钓鱼岛问题影响中日之间的经贸关系，为此，在最关键的时刻，素有“财界总理”之称的经团联时任会长奥田硕敦促日本政界与中国展开共同开发东海的谈判。

在经过11轮的谈判之后，中日政府终于达成了共同开发东海的共识，三菱财团的新日本石油也跃跃欲试地准备参与进东海的合作开发。

日本经济产业大臣中川昭一提出“吸管效应”，指责中国在“东海中间线”西侧开采石油会抢夺走东侧日本区块的石油

2004年6月9日，在菲律宾首都马尼拉召开的“东盟10＋3”能源部长会议上，日本经济产业大臣中川昭一用吸管吸杯中果汁的方式，向时任中国国家发改委副主任张国宝发难，提出所谓的“吸管效应”，并要求中方向日本提供相关的采掘数据。中川昭一还表示，如果中国继续漠视日本的要求，日本就可能派遣调查船到上述海域调查和开采天然气。

同月21日，在青岛举行的第三届亚洲合作对话会议上，时任中国外交部长李肇星向日本外务大臣川口顺子提出了“搁置争议、共同开发”的建议。然而，川口顺子认为中方在东海地区勘探石油有超越中线的嫌疑，可能“侵害”了日本的海底资源权益，因此拒绝了中国的提议，并要求中国提供“春晓油气田”等中国在东海海域专属经济区内开发的一系列海底油气田的详细资料。

为防止事态进一步升级，2004年10月25日，以时任中国外交部亚洲司司长崔天凯为团长，国家发改委能源局、国家海洋局等部门官员参与组成的中方代表团，与以日本外务省亚洲大洋洲局局长薮中三十二为团长、经济产业省资源能源厅、海上保安厅等部门官员组成的日方代表团，在北京举行第一轮东海问题磋商。在10个小时的会谈中，双方简述了各自在东海划界问题上的立场和关切，但没有达成共识。

巨头合并 密谋先行

作为反制中美4家公司联合开发东海春晓气田的行动，2004年2月3日，代表日本财界意志的“经团联”率先主导成立了日本大陆架调查株式会社，注册资本1亿日元，石油资源开发株式会社（石油公团旗下）和新日铁株式会社（属三井财团）各持有30%的股份，鹿岛建设和大成建设（属富士财团）各持有15%，五洋建设持有10%，石油资源开发的顾问铃木启之出任社长。

2004年7月14日，日本经济产业大臣中川昭一在东京召开紧急记者会，宣布给予帝国石油株式会社实施中日两国间有争议海域东海海底资源探查试采权，并同时将三个已正式投产的中国油气田“春晓”、“断桥”、“天外天”另命日名为“白桦”、“木南”、“桔梗”油气田。

与日本政府表态截然不同的是，日本媒体和石油公司的反应则较为冷静。日本《读卖新闻》在中川昭一批准帝国石油的钻探申请之后报道称：“由于预计真正开始勘探的时候，中国肯定会找日本的麻烦，日本政府寻找勘探时机时也会相当慎重。”

帝国石油株式会社东京总部发言人宿太凯吉，在接受媒体采访时表示：“即使被授予开采权，也不意味着就能立即开采。因为我们不能在有争议的地区有任何行动。我们还在等待争议消除。”他还表示：“我们相信只有两国关系和平，这个区域成为非争议区才能够开采。”事实上，帝国石油此前就主动寻求与中海油在东海合作，并在1993年参与了中海油的东海招标，获得了两个区块的石油合同。

在日本经济产业省的推动下，为了能在国际石油资本竞争中更加具有竞争力，2005年11月5日，帝国石油和日本国际石油开发株式会社在东京宣布，两家公司将于2006年4月共同设立控股公司，进行统一经营，并将于2008年实施完全合并，完成经营资源和资本的全面整合，以增强在国际石油开发领域的竞争力。

国际石油开发株式会社作为日本政府的国策企业，由石油公团旗下的石油资源开发株式会社在1966年设立，是日本国内最大的石油资源开发企业，后来经整合由日本经济产业省实际控股。而帝国石油是当时日本第三大石油资源开发企业，两家公司合并之后每天可生产50万桶石油，约相当于日本每日进口原油的10%。

对于此次合并事宜，东京的分析家认为，两家公司合并将大大提升在东海海域试开采石油天然气的能力和可能性。与此同时，《日本经济新闻》也称，此次合并将会进一步加剧东海的资源争夺冲突。

政商联手 唱双簧戏

日本单方面主张的中日东海“中间线”附近是中日两国的争议地区，所以，获得日本政府批准开发该地区的帝国石油和石油资源开发并不敢轻举妄动，而是在等待中日之间的谈判结果。

不过，时任日本首相的小泉纯一郎一再坚持参拜供奉二战甲级战犯的靖国神社，导致中日政治关系恶化，经济关系也受到影响，于是日本商界领袖决定访问中国。2005年9月30日，包括日本经济团体联合会会长奥田硕、新日本制铁社长三村明夫、住友商事会长宫原贤次等在内的日本企业游说团秘密访京，和中国国家主席胡锦涛举行了约一小时的会谈。此前4天，中国国务院总理温家宝在北京接见了奥田硕等人。

日本经团联是由日本六大财团下属的及其他一千多家公司共同组成的经济机构，被称为“日本经济内阁”，直接左右着日本的经济政策和发展方向，担当了“准政府”的角色，而经团联会长也被称为“财界总理”。因此，经团联会长的对华态度可以看作是中日经济关系的风向标。

事实上，奥田硕对小泉损害中日关系的行为也多次进行反对。2005年5月23日，奥田硕就小泉参拜靖国神社问题公开指出：“个人的判断不同于立足在国家利益上的判断，请（小泉）务必正确调整两者之间的关系，慎重处理参拜问题。”

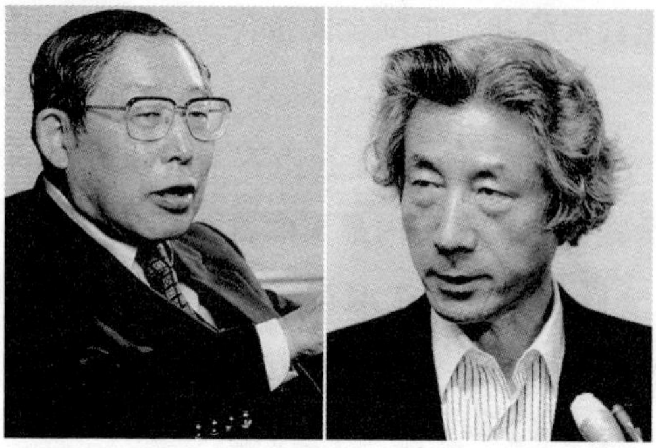

奥田硕（左）以“经团联”会长身份代表日本商界，指责小泉纯一郎（右）参拜靖国神社将极大损害日中两国友好关系

“财界总理”奥田硕的表态，小泉纯一郎必然要郑重考虑，因为小泉第一次当选为首相正是因奥田硕的公开支持才得以实现。在大选的前三天，经团联会长奥田硕（丰田集团的社长）出面呼吁各界支持小泉。凭借“经团联”在日本企业界的地位，毫无疑问，奥田硕的呼吁代表了日本企业界在大选中的主流倾向。

经过中日两国经济、政治上的积极互动，以及从2004年10月25日开始的11次中日东海谈判之后，最终，2008年6月18日，中日两国政府宣布，双方针对东海油气田问题正式就共同开发达成共识。具体内容为：①两国将共同开发横跨日方主张的专属经济区（EEZ）边界线“日中中间线”的龙井油气田外围海域；②日方将向中方已着手开发的春晓油气田出资；③对于其他油气田外围海域，双方将继续协商，暂时搁置边界划分问题等。

中日两国政府达成“共同开发东海油气田的共识”之后，三菱财团的新日本石油很快行动起来。2008年6月21日，《日本经济新闻》报道称，新日本石油和帝国石油正在考量中国东海的勘探计划。帝国石油可能投资春晓油田的开发，新日本石油则希望加入中日两国协议，合作参与其他的东海油田的开发计划。

三菱财团的新日本石油与中国的合作可追溯到2002年5月，新日本石油（当时是日石三菱）与中石油旗下的中国联合石油公司（简称：中联油）签订了一项为期一年的C级燃料油供货协议。从当年6月开始，新日本石油每天向中联油提供4500桶燃料油，这些燃料油主要用于电厂发电。这项与中联油公司签订的协议，是日本石油公司与中国签订的第一个长期燃料油合同。

2004年7月，新日本石油与中联油再度联手，签订了《石油产品委托精炼合同》，从中东购买原油，运到新日石的6个炼油厂，加工成石油产品后，再由中石油用船运回中国销售。

此外，三菱财团的新日本石油在中国也有自己的投资企业。早在1995年11月，中石化、新日本石油、明和产业株式会社就各投资50%、40%和10%成立了天津日石润滑油脂有限公司。2005年5月25日，新日本石油与明和产业株式会社各投资90%和10%成立了新日石（广州）润滑油有限公司。2006年初，新日本石油在中石油下属的北京加油站中推广汽车维护服务。

与新日本石油同属三菱财团的三菱商事（综合商社），也积极展开对中联油的公关活动。

三菱商事于2012年5月16日公布，其将与中石油、荷兰皇家壳牌集团以及韩国KOGAS公司共同开展在加拿大西海岸的液化天然气（LNG）开发项目，总产量将达1200万吨，总投资额将超过1万亿日元（约合人民币778亿元）。其中，荷兰皇家壳牌集团拥有该项目40%的权益，三菱商事、中石油及韩国KOGAS公司都分别拥有该项目20%的权益。

原文发表于《环球财经》2013年第2期，作者：白益民

第五节

财界助力 日本谋划战胜中国

谋划“战胜中国”

在2011年3月大地震的阵痛之后，日本产业经历了1年多的从本土和中国向东南亚地区转移的过程，随着日本和东盟的经济联系加速紧密，一个联合对抗中国的利益共同体正在形成。

日本当前的国家政治目的，与三井物产战略研究所研究员市川周在1997年出版的《战胜中国》一书的内容颇为相似。在这本书中市川周鼓吹日本对中国要有“竞争对手意识”，并要求充当“战斗的亚洲家长”，海洋

国家日本要与大陆国家中国对抗。市川周提出要利用“非华人对华人感到的压力”，广泛团结非华人国家对抗中国大陆。

事实上，2012 年掀起购买钓鱼岛风波的石原慎太郎与市川周同出一脉，都是来自号称日本商界摇篮的“一桥大学”。石原慎太郎毕业于 1956 年，市川周毕业于 1975 年，随后进入当时日本最大的综合商社三井物产工作。此二人都是所谓的“民族主义者”，对日本的未来感到担忧。

1995 年 2 月，市川周与其在三井物产的同事铃木壮志找到石原慎太郎共同讨论日本的国家战略问题，随后此二人创立了一桥综合研究所为日本经济发展建言献策，铃木壮志担任研究所的首席运营官，市川周任常务理事。1998 年 9 月，石原慎太郎与市川周、铃木壮志共同出版《日本经济可以说“不”——从美国金融奴隶解放出来》一书。

在东南亚地区，曾经出现过另一个提倡构筑东亚经济体的国度，那就是马哈蒂尔执政时期的马来西亚。马哈蒂尔在位期间提出向日本学习的口号，大量吸引日资进驻马来西亚，使马来西亚的经济得到了突飞猛进的发展。1990 年马哈蒂尔首次提出建立东亚经济集团，1995 年，马哈蒂尔与石原慎太郎合著《亚洲可以说不》（英文名：The Voice Of Asia）一书，主张建立东亚新的秩序。

然而，构建东亚经济集团的想法却引起了美国的警惕和不满。美前国务卿贝克不仅多次指责马哈蒂尔的构想，警告日本不要离开美国的主导权、单独追求东亚的利益，还直接写信给日本外务省，要求日本不要参加东亚经济协议体。

1994 年在东盟和日本通产省的合作会议上，泰国副总理素帕猜建议 1995 年召开东盟和中日韩经济部长级会议，因日本考虑到美国因素，此事无果而终。

移师东南亚

2011 年 8 月 30 日，野田佳彦上台。这位号称“民主党小泉”的极右派人物延续了小泉的政治路线，将中日紧密的经济来往置之不顾，将重点放在重返东南亚上。

野田佳彦上任之时，正值中国与菲律宾、越南等南海周边国家就主权问题激烈争辩之际。

2011年9月27日，野田佳彦在东京与菲律宾总统阿基诺三世进行了会谈，重申他们在南海拥有“重大利益”，会后两国发表一份联合声明，同意“增加两国海洋安全部门的合作与协调”，以此应对中国不断增长的军事实力及在本地区“日益强硬的领土主张”。除此之外，阿基诺三世还获得日本方面14亿美元新的投资承诺，涉及能源、制造业和服务行业。

2011年10月11日至15日，野田佳彦新任命的外相玄叶光一郎分别访问新加坡、马来西亚及印度尼西亚等东南亚三国，其目的昭然若揭，无非是想加强日本在南海海域的影响力以及加强日本和东盟各国间的经济交往。

玄叶光一郎返回日本3天以后，在印尼巴厘岛召开的日本和东盟10国首脑会议上，为了加快东盟经济共同体的联结，野田佳彦承诺将向东盟提供2万亿日元（约合人民币1650亿元）的基建项目援助。有备而来的野田佳彦还具体列出33项援建项目以表示诚意。

此外，会议上还通过了日本和东盟各国的共同宣言《巴厘岛宣言》。《巴厘岛宣言》将代替2003年《东京宣言》成为日本和东盟关系的新指针，日本将从经济和安保两方面支援东盟，加强日本对东盟地区的影响力，从而带动经济增长。

日前，日本再次打出“金元外交”这张屡试不爽的王牌，试图再次进入14年前被索罗斯狙击而撤出的东南亚战场。

进入2012年，日本和东盟的经济合作迎来了新的发展。3月4日至10日，有着日本“财界首相”之称的日本经济团体联合会会长米仓弘昌率领东芝会长（相当于董事长）西田厚聪、日立会长长川村隆等16家知名企业的高层组团访问越南、马来西亚和菲律宾三国。与各国首脑举行会谈，确认推动区域经济一体化的必要性，并探讨基建出口的可能性。

4月21日，在第四届日本与湄公河流域国家首脑会议后，野田佳彦宣布日本将把湄公河流域柬埔寨、越南、泰国、缅甸、老挝5国作为重点援助地区，今后3年向该区域提供6000亿日元（约合74亿美元）的政府开发援助。5 月 16 日，日本富士财团的综合商社丸红宣布，将与菲律宾 DMCI 控股公司共同投资 10 亿美元，扩建菲律宾首都马尼拉的铁路系统。

国际制造业投资在中国和东南亚的此消彼长，在日本企业的对外投资中表现得最明显。日本大型服装厂商加速将生产重心从中国转移到东南亚、日本风险投资企业加快向东南亚国家进军、日本海运巨头商船三井（属三井财团）增加日本 - 东南亚航线运力，种种迹象已经表明日本产业大规模转向东南亚的意图。

日本不久前的一项调查显示，东盟已经成为日本企业建立海外生产基地的首选，泰国则成为日本汽车企业在全球最重要的生产地。日本汽车制造商对泰国汽车行业投资已经占到这一行业获取总投资的 70% ~80% 。

野田的财界智囊团

市川周的《战胜中国》一书由住友财团的日本 PHP 研究所出版，而时任 PHP 研究所代表专务董事、政策智库 PHP 总研研究主干的永久寿夫则与日本首相野田佳彦关系极为密切，是野田佳彦智库的负责人和核心人物。

野田多次公开表示松下政经塾、PHP 研究所的创始人松下幸之助和原首相大平正芳是自己的政治导师。因此野田上台之后，以松下的“PHP（Prosperity = 繁荣 · Happiness = 幸福 · Peace = 和平）”构想为设计理念，效仿大平时期的九个政策研究会，成立了包括繁荣、幸福、和平、睿智 4 个分会的“创新分科会”作为自己的智库，其任务是从哲学、战略及政策层面来为日本寻求新的发展路径。永久寿夫担任分科会事务局长，是在“创新分科会”起着统括作用的中心人物。

PHP 研究所和松下政经塾均由日本“经营之神”松下幸之助创办，松下政经塾是日本政治家的摇篮，PHP 研究所则被视为松下集团的宣传机构，也是“松下主义”的鼓吹者。“松下派”政治家属于民主党内偏右的势力，他们反对自民党的世袭恶习，但在政治理念上和自民党几乎一致，甚至有过之而无不及。

日本前首相野田佳彦毕业于同 PHP 一系的松下政经塾。因此，野田的智囊库顺理成章地选择了 PHP 研究所。图中左数第四位即在松下政经塾时的野田

他们血气方刚且自视甚高，身上“脱亚入欧”的遗传因子和“抗亚入美”的情感随处可见。“松下派”无一例外地视“日美同盟”为外交基石，对亚洲则普遍持轻视的姿态。

日本时任首相野田佳彦和他任命的外务相玄叶光一郎均来自松下政经塾。在防务、外交方面，野田也秉承了“松下政经塾”的强硬风格，主张对华强硬，主张参拜靖国神社，是民主党内鹰派人物的著名代表。

他在领土问题上对华态度强硬，曾就中国保钓人员登上钓鱼岛的事件，向日本国会提出动议，要求确认钓鱼岛为“日本固有领土”。如今的野田更是做出了“购买”钓鱼岛的激起众怒的行为。

由于 PHP 研究所与松下政经塾的特殊关系，PHP 研究所与日本政界关系十分紧密。长期以来，PHP 研究所在日本的政策研究领域占据着举足轻重的地位，他所撰写的研究报告，一直是包括日本政府在内的相关部门进行战略制定和政策选择的重要参考。

2012 年 7 月 6 日，野田的“创新分科会”各分会分别向日本政府提出了政策建言，“报告”中重点指出在 21 世纪前半期日本将面临美国和中国两强并立的局面，在强化与传统盟国合作的基础上，应积极扩充自身的防卫力量。

“报告”尽管认为中日之间应增信释疑和开展合作，但仍沿用日本国内的“战略派”所惯用的两手做法，既享受中国发展所带来的“红利”，又将中国视为价值观上的异端，以军力扩张、“战略意图”不透明作为在安全上对中国予以“警惕”的理由。

PHP 研究所曾在 2008 年 6 月 24 日历时两年完成了《日本对华综合战

略最终报告》，内容涉及范围远到2020年的对华战略，近到如何解读现在的日中关系。报告中预测，中国将在2020年前后成为能与美国相抗衡的大国，并假设中国可能出现5种情况，即成为“成熟的大国”、“霸权的大国”、“未成熟的大国”、“不安定的大国”以及“秩序崩溃的大国”，报告认为其中对日本最为有利的是中国成为“成熟的大国”。这份报告后来成为福田康夫内阁的外交政策学习会上讨论的话题之一。

PHP研究所还在事关中国领土问题的东海问题上积极发表煽风点火的言论。在2010年9月中日钓鱼岛撞船事件中，PHP研究所中国政治与国防政策研究员前田宏子根据媒体报道内容分析，日本采取的强硬措施是因为中国渔船撞击巡逻舰，行为十分恶劣，同时或许还有深层因素。

除此之外，PHP研究所还在台湾问题上插了一脚。台独份子李登辉早在1999年5月19日出版的《台湾的主张》一书中提出了分裂中国的“七块论”，而该书正是由PHP研究所社长江口克彦代为其捉刀。他们始终认为统一的中国将是对日本的威胁，公开鼓吹肢解、分裂中国。继而李登辉又抛出臭名昭著的“两国论”，日本的《东京时报》明确指出该思想来源于日本。

不表态的“财界首相”

住友财团的PHP研究所通过扮演政府智库的角色影响着日本政府的决策，而另外一位出自住友财团的人物则控制着日本经济的命脉。此人便是住友化学株式会社会长米仓弘昌，他还担任日本经济团体联合会会长、石油化学工业协会会长。

日本经团联是由日本六大财团下属的及其他一千多家公司共同组成的经济机构，被称为“日本经济内阁”，直接左右着日本的经济政策和发展方向，担当了“准政府”的角色，而经团联会长也被称为“财界首相”。在日本，国会只是装饰品，实际的权利掌握于企业界的经团联。经团联对此也不讳言：“我们是政府。”

由于深知经团联在日本社会中的地位，野田佳彦在上任的前一天，2011年9月1日，以首相当选后的礼节性拜访为由造访日本经团联会馆，会见了经团联会长米仓弘昌，野田佳彦表示希望以经团联为中心，重新确立政府主导的“新成长战略实现会议”方针，期待获得经济界的支持。

首相在当选后礼节性拜访经济团体，这还属于第一次。随后的记者见面会中，米仓弘昌也表示：“尽可能地通过一个良好的方式（对新首相）提供支持。”此后野田佳彦开始积极构筑与菲律宾、越南在南海问题上与中国对抗的阵势，迎合米仓弘昌的号召，推动日本加入 TPP（泛太平洋战略经济伙伴关系协定）。

时至今日，野田佳彦已经将南海的“战火”引入东海，严重损害了中日经济关系，然而，作为“财界首相”的经团联会长米仓弘昌却迟迟未表态。要知道，在小泉时代中日关系因东海问题及小泉参拜靖国神社出现紧张之时，时任经团联会长奥田硕曾在 2005 年 5 月公开批判小泉纯一郎：“个人的判断不同于立足在国家利益上的判断，请（小泉）务必正确调整两者之间的关系，慎重处理参拜问题。”

在日本政界已经被右翼绑架的情况下，日本财界把视线转移至东南亚无疑是出于政治目的。但对日本经济界而言，中国市场的魅力仍很大。如造成“政冷经亦冷”局面，究竟谁才是真正的损失承担者？显然，日本政经两界应该回归理性，冷静地深思。

原文发表于《环球财经》2012 年第 9 期，作者：白益民

第六节
日本尽是“爱国贼”

无论美国的经济崛起多么的不可思议，与流星疾雨般突如其来的日本现代化相比，其发展似乎仍是步履缓慢和华而不实的。日本近代的两次崛起都仅用了不到三十年。无论在社会领域还是在经济领域，这一现代化进程速度之快、成效之显著均可谓史无前例，它所创下的纪录迄今无可匹敌。

在这种高效的背后，我们可以看到民族精神的巨大推动力，正如著名政治学家和社会学教授格林菲尔德教授所说，“现代经济的持续增长特性并非是自我维持的，它需要民族主义的激励和支撑”。

在日本人看来，经济竞争是另一种形式的战争，是实现民族目标的仅次于战争的最佳手段。敌人就是西方，民族精神是一种战斗精神，从本质上就是对抗西方。同时它又不是一概排斥西方模式的通常意义上的反西方精神。有必要把对西方的对抗和对西方“文明”的钦佩结合起来。在日本经济发展的历程中，充满民族主义思想的企业家多不胜数，选取其中代表人物足以说明经济领域真正的爱国者必须是民族的，必须是充满竞争意识的企业家。

涩泽荣一：开“侍魂商才”之先河

《论语与算盘》是日本商业之父涩泽荣一（1840—1931）商业智慧与处世哲学的集大成，日本历任日本首相必读

在日本，涩泽荣一（1840—1931）的名声极大，从后人赞美他的头衔就可以看出这一点。这些头衔有“日本实业之父”“近代日本资本主义之父”“日本产业经济的最高指导者”“儒家资本主义的代表”，等等。谈到日本明治时期的工业化，不可不提到涩泽荣一。他一生的业绩宏伟非凡，仅仅参与创办的企业，就多达五百余家。这些企业遍布银行、保险、矿山、铁路、机械、印刷、纺织、酿酒、化工等日本当时最重要的产业部门，可以说当时社会各方面的创立者或者指导者几乎全部都是涩泽荣一。

涩泽荣一出生于一个经商世家，他的父亲农商兼营，诗书俱通，用中国的传统观念来说，“耕读传家”和“商贾致富”占全了。涩泽荣一很早就开始学习儒学兼练习剑道和书法，并拜颇具志士风格的尾高新五郎为师。少年时期的良好教育及武士精神的熏陶，使儒学的基本思想和武士道渗入了涩泽荣一的血脉。这种在启蒙阶段的似懂非懂状态下学到的知识，对人一生的影响是显而易见的。

涩泽荣一少年学壮而行，经历了从“倒幕攘夷”志士到幕府家臣的转变，受幕府派遣到欧洲学习游历，又“以夷为师”。明治维新以后，新政府器重涩泽荣一在财政方面的卓越才能，任命他为大藏省租税官，兼任制度改革小组主任（类似于中国发改委主任），参与了新政府的货币制度改革、废藩置县、发行公债、殖产兴业等几乎所有重大政策的酝酿和制定。

明治七年，时任大藏少辅（财政部副部长）的涩泽荣一毅然弃官从商，当时日本官尊民卑思想仍然根深蒂固。涩泽荣一却说：“若人才皆集中于官界，而平庸之辈散于民间的话，何能指望一国之健全、进步与发展？我的辞职就是为了使民间企业里大批涌现出德品方正、知行合一的工商业者……”此后，日本越来越多的人才致力于产业报国，各个行业的知名企业家层出不穷，后来活跃在世界经济舞台上的百年企业也在那个激情燃烧的岁月不断创立。

在实业思想上，**涩泽荣一**把来自中国的儒家精神与日本武士精神合为一体，奠定了日本经营思想的基础。他不仅是日本人所公认的近代产业先驱，而且是近代日本工商业的精神领袖。涩泽荣一在《论语与算盘》中将“侍魂商才”确定为日本商人的理想人格，涩泽荣一从工商业者应该具备的人格和品德的高度来认识经商之道即儒家的“内圣外王”，又打上了鲜明的日本“武士道”烙印，以充分唤起工商业者的高度职业使命感。时至今日，日本财团企业还保持着这种武士儒商的传统。

涩泽荣一以后的日本企业家，不是每一个都给生意赋予如此高尚的品质并研习《论语》的，然而他们无一例外地赞同已经完全现代化了的武士伦理——“侍魂商才”。

日本毛纺织业的先驱井上声在谈到他创办企业的理由时就说，是为了“让祖国与欧洲和美国并驾齐驱”。1908 年，日本实业家铃木动三郎也承认在创办和努力经营企业的过程民族主义情感所起到的激励作用，他说：“一旦我的事业得以开始，最终受益的将是国家和民族。”

按照涩泽荣一的观点，国民“富”而后国家能“富”，国家“富”而后能“强”，国家能“强”而后能“独立”和有“尊严”。因此，“商场”即“战场”，“企业家”即“将领”，“工人”即“士兵”，“经济战争”是

全体国民的“对外战争”，要“内和而外战”。竞争与合作一直是日本财团企业之间的主旋律。

跟涩泽荣一同时代，日本最著名的思想家及教育家、庆应义塾大学的创立者福泽谕吉关于“商业是战争的最佳代替物”的观点被当时实业界称为“这个时代最响亮的声音”。

1880年第一期《东海新经济评论》的社论就代表了日本人对“经济战争”的看法，也是对福泽谕吉“经济战争”理论的最好注脚。社论认为：“我们当今把外国人基本上看作是平等的人类，我们试图用经济与他们战斗——战争的手段是贸易。”如今，日本万元大钞上的头像正是福泽谕吉，足见此人在日本人心中的地位及其理论对当代日本的影响。

濑岛龙三：脱下军装换西装

二战以后近一千万日本军人解甲归田，他们中的大部分都进入企业，成为企业中的骨干力量。旧日本军队中忠君爱国的思想并未因为美国人的改造而消退，这群脱下军装换上西装的商人很快就把日本的产品卖到了当年枪炮也没够得着的地方。在战后军人出身的企业家中，濑岛龙三无疑是其中的佼佼者和传奇人物。

1932年，濑岛龙三在陆军士官学校以第二名的成绩毕业，并获天皇御赐的银表；1938年12月，他以第一名的成绩从陆军大学校毕业，获天皇赏赐军刀；之后，他由于参与制定和执行了很多重大战役计划而被称作“昭和三参谋”之一。

1946年9月17日，远东国际军事法庭传讯关东军大本营参谋濑岛龙三出庭作证

年轻时的峥嵘岁月随着日本的战败成了过眼云烟，而濑岛龙三战后的经历简直就称得上“神奇”两字，单单看他在被苏联人关押于西伯利亚11年以后进了伊藤忠商事的经历就是一

个奇迹。

1958 年 1 月濑岛进入伊藤忠商事时只是四等社员，这是女高中毕业生的待遇。而两年后的 1960 年 7 月，他被晋升为航空机部部长，同年 10 月成为业务本部部长，1962 年 5 月成为取缔役（董事），1963 年荣升常务董事，1968 年成为专务董事，1972 年当上副社长，1978 年成为董事长。

这种经历除非在中小型家族公司几乎是不可能的——尤其在日本这种企业风气基本上是论资排辈的情况下，但濑岛龙三却做到了。濑岛龙三晋升如此之快的奥秘是他为伊藤忠商事这个主要贩卖纤维制品的中型商社的转型掘来了第一桶金；并且指挥伊藤忠商事脱胎换骨，成功转型。

综合商社是日本特有的一种企业形态，一直在成长最快的领域展开事业，在贸易方面支撑了日本经济的高速成长；而多元化经营及通过贸易带动投资，让综合商社跨越商业资本、产业资本和金融资本，成为产业组织者和日本财团的最核心企业。20 世纪 90 年代包括伊藤忠商事在内的综合商社一直占据着世界 500 强前 10 名的位置，后因业务重组、拆分及旗下公司的独立核算，排名迅速下降。

濑岛龙三把任大本营参谋本部作战科长和关东军参谋的经验用于伊藤忠商社的组织中，在综合商社引入了参谋组织。在综合商社中业务本部并不从事具体业务，而是像总参谋部一样制定战略计划和应对战略层面上的公司转型。濑岛龙三手下的直属员工都称以濑岛龙三为核心的管理层是“濑岛机关”，这个称呼带有典型的日本帝国陆军参谋本部组织的色彩。

濑岛龙三准确预见 1967 年的中东战争将在 6 天内结束，并提前判断 1973 年将发生石油危机，从而给公司带来了巨大的石油行市差价，他在自己任专务和副社长时负责伊藤忠商社内的参谋组织，收集并活用各种情报，获得了“战无不胜的情报人员”（CIO）这一称号。

濑岛龙三一直站在财经界总参谋长的角度思索着国家的经济战略。1973 年韩国政府邀请他为韩国经济发展献策，濑岛龙三向他在日本陆军士官学校的后辈朴正熙总统提供的对策是设立综合商社，因为韩国没有资源，必须靠出口才能发展经济。1975 年，韩国一号综合商社——三星物产成立，之后三星、LG 等财团又模仿伊藤忠商社的业务部门改组“秘书室”，使之成为企业的“总参谋部”。韩国财团对日本财团的学习和模仿最终在21世纪初上演了青出于蓝而胜于蓝的一幕。

濑岛龙三在1981年退任伊藤忠顾问后，又出任了日本政府从事行政改革的“临时行政编查会”委员，到了中曾根内阁时代，濑岛成了中曾根的智囊。为政府提供参考意见，成了退休后的濑岛的重要工作。中曾根以后的各界内阁，也均重用了濑岛。成功预测海湾战争的爆发时间，又为濑岛龙三的经历增添了一份传奇色彩。

濑岛龙三在2007年9月4日走完了他95年的人生旅途。战前为日本大本营参谋；战后则为伊藤忠商事从普通贸易公司发展成日本五大综合商社发挥了巨大的作用；个人退休后依旧对日本政经界有着很大的影响，直接参与了日本主要改革的策划与推进。从一个职业军人，到从商，再到成为影响日本政治的重要人物，濑岛龙三在日本从军国主义向经济大国的转变过程中发挥了很大的作用，是日本转变的一个侧影。

军人出身的华为总裁任正非常讲：“在战场上，军人的使命是捍卫国家主权的尊严；在市场上，企业家的使命则是捍卫企业的市场地位。”军人出身的企业家具有强烈的民族主义与理想主义色彩，这使他们的事业充满了激情和使命感，避免限于锱铢利害之中，企业经营更有长远性。

企业领导人的坚强意志是企业得以生存的基础，懂组织、善激励是企业短期成功的保证，富于果敢和魄力的风险偏好是企业高速成长的关键，具有强烈的社会责任感和民族主义情怀是企业基业长青的前提。

御手洗富士夫：新时期的“和魂洋才”

“和魂洋才”是日本明治维新中的一个重要思想，由思想家福泽谕吉提出。顾名思义，“和魂”指大和民族的精神，而“洋才”便是指西洋的科技。“和魂洋才”的精神，鼓励日本国民学习西方文化，同时也要求国民保留日本传统文化。日本的经济团体和行业协会的起源是涩泽荣一创立的“择善会”和“东京商法会议所”，如今日本最重要的经济团体是由日本最大的1500家企业组成的经济团体联合会（经团联），其会长被称作日本财界“总理”，对日本的经济、政治、外交等有着举足轻重的影响力。

2006 年 5 月 24 日，佳能公司董事会主席御手洗富士夫出任经团联会长，在佳能美国公司工作 23 年的御手洗富士夫被称作日本最熟悉美国、最了解国际经营手法的一位企业家。而要成为经团联的会长，必须得代表整个日本企业界的利益，全盘西化的人物显然不可能担任这样的角色。御手洗富士夫是“和魂洋才”式的人，外部拥有西洋的技巧而内心仍然秉承着传统的日本商业价值观念。

1997 年，御手洗富士夫晋升为 CEO。他的上台标志着佳能正式进入转型期。上任之初，御手洗富士夫借鉴美国控制成本、现金流至上的经验，在许多制造领域大刀阔斧地削减成本。他果断地关闭了个人 PC、液晶显示器和电子打字机等一系列亏损的业务部门，拍卖了相应的资产，把佳能十多个产品线缩减到打印机、复印机、照相机与光学仪器等四个，从而避免了近 3 亿美元的巨额亏损。

另一方面御手洗富士夫并未通盘接受硅谷文化，他拒绝指派外部董事，理由是他们对公司贡献太小，但他授权审计人员严格监督主管；另外他采取记点调薪的方法，鼓励员工打拼业绩，坚定地保持了终身雇佣制。佳能的变化是日本企业这 10 年努力过程的一个缩影，从中也可以看到日本企业今后的发展方向。御手洗在终身雇佣制上的态度，让佳能公司在业绩上取得了成功。现在日本众多的企业不得不重新开始审视终身雇佣制。

一个制造企业，需要不断地开发新产品，而一种技术的培育、一个新产品的开发，总要花上十年八年时间，回收生产销售成本也要几年，这个链条很长很长，不用终身雇佣制的话，工程师的工作、生活将很不稳定，没法把精力全部投入研究开发中去。**终身雇佣制的最大好处就是能把教育成果积累下来。日本企业不像美国企业那样靠不断地变换员工来强化组织，而是通过对员工的彻底教育来强化组织。**

佳能会长御手洗富士夫与伊藤忠商事会长丹羽宇一郎于 2008 年合著出版了《经营者的思考》

御手洗认为企业的生产内容需要不断调整，因为生产内容的调整而让一部分职工失去工作是很不应该的。佳能的做法是，不断开拓新的生产领域，通过对职工的技术培训，让他们进入新的工作岗位继续工作下去。企业有责任做到在不裁员的前提下，实现生产内容的转换。

成为日本经团联会长后御手洗富士夫依然是老骥伏枥、志在千里。他认为日本“失去的 10 年”已经过去，要积极面对发展中国家的挑战。御手洗富士夫在上任之初便撰文指出：“日本还不能为眼前的业绩沾沾自喜，没有资源的日本要想保持繁荣，不仅要在经济和社会的结构上，还要在包括国民意识在内的层次上，进行更大的变革。因此，我才提出了‘革新日本’的口号，描绘了一个转守为攻的改革计划。”

御手洗富士夫呼吁日本人应该确立“自立信念”，给强者创造机遇，使其能够依靠自己的才能和努力获得发展，同时，使失败者获得东山再起的机会，并保护弱者。这种效率与公平兼顾的方式正是美国经验和日本模式的结合，同时，作为日本转型时期的企业家和工商业领袖，御手洗富士夫也继承了松下信之助、盛田昭夫等老一辈日本企业家以产业报国为己任的进取精神。

结束语：有什么样的企业家，就有什么样的企业

1964 年东京奥运会距日本二战投降仅仅 28 年，奥运会使索尼、松下等一批日本典型的民族品牌为世界所熟知，从而开始了日本大批民族品牌以岛国为根据地走向世界的新起点。

从日本企业取名就可以看到日本民族的凝聚力：1946 年索尼成立，立志要在经济领域把日本的太阳旗插遍全世界，SONY 即 SUNNY 的谐音，代表太阳军旗；

松下 Panasonic 最早在日本的英文叫 National，品牌含义非常明确，就是民族牌、国家牌，在日本人的心中，松下是他们的民族英雄；

NEC，是 Nippon Electronic Company 的缩写，即日本电器公司；

尼桑 NISSAN，它的意思是日本生产；

尼康 NIKON，日本光学的缩写；

NHK，日本广播公司；

立邦漆，它的英文名称 Nippon paint，就是日本漆；

三洋 Sanyo，寓意立志在经济领域做出好的产品、占领三大洋——大西洋、印度洋、太平洋；

JVC，Japan Victory Company，即日本胜利公司；

富士通 FUJITSU，是日本民族的标志；

日立 HITACHI，即日本站立起来；

CANON 佳能，是将加农炮 CANNON 去掉了一个 N，意谓立志要成为经济领域的加农炮；

……

这些品牌都充分体现出越是民族的越是世界的。

日本经济就是在这样一批令日本人骄傲的民族企业的带动下，以日本文化为凝聚力，团结一大批优秀技术人才和管理人才，以本土市场为根据地，相互支持、相互鼓励，然后走向国际，以创新和高质量的产品，来树立日本产品的高品质形象，在全世界群策群力，最终实现民族经济的腾飞。

在一个国家经济突飞猛进、冉冉上升的过程，也必然会有一股巨大的精神力量在起着激励和支撑作用，这种精神其实就是民族主义，离开民族主义，我们根本无法解释日本经济梦幻般的崛起过程。

因为在当代社会，只有民族主义，才能既为政府和精英人士努力提高民族威望和国家经济实力提供持续的精神激励，又唤起社会大众对经济问题、国家权力问题、民族优势问题的极大关注，激发人民对国家前途命运的担忧。只有在民族主义的激励下，国家内部各个阶层的人士才能上下凝成一股绳，为一个伟大的、振奋人心的目标而持续不断地努力，从而共同将国家经济带入快速发展的轨道中去，实现经济强国的梦想。

在中国，曾几何时，高喊“爱国”本是令人激情澎湃、引以为豪，催人上进的口号；而时下，高喊“爱国”者却被形容成出于某些特殊目的或是因青春期躁动而对社会产生的不满。充满民族主义精神的爱国行为成了某些伪自由主义文人攻击他人的大棒，词义也发生了巨大的转变，从“爱国者”变成了“爱国贼”。爱国是一种道义行为，如果爱国可以谋利，那贼可就多了。

纵观日本崛起的历史，曾经烧了英国大使馆的伊藤博文是“爱国贼”，涩泽荣一、福泽谕吉是“爱国贼”，当代的濑岛龙三、松下信之助、盛田昭夫同样也是“爱国贼”，最后发现日本尽是“爱国贼”，但正是“爱国贼”，让日本走向富强。

原文发表于《环球财经》2009年5月，作者：白益民、袁璐

第七章　日美模式如何抉择

20 世纪 90 年代，在“走出去”战略下，中国学习日韩模式，做大做强中国企业曾成为一种主流趋势，其间出现了研究综合商社的高潮。然而 1997 年亚洲金融危机和日本经济的持续低迷，使日韩企业模式遭到质疑，综合商社概念被中国学者贬低和抛弃。

近三十年的改革开放，中国主要是在学习美国。用新自由主义的经济理论来构建中国的改革路径，这一选择让中国的经济总量跃居世界前列。但同时，也带来一系列发展问题，如经济结构不合理、外贸依存度太大、社会贫富分化、持续增长存在严重隐患等。

日本是以产业为主体，美国是以金融为主体。美国通过金融、通过宏观经济统治世界；日本通过微观经济、通过产业统治世界。两者之间形成一个日美经济的统一体，在宏观和微观领域里以一种产融结合的方式来统治世界经济，也包括对中国经济的渗透与操控。

作者题注：

中国是否可以结合日美两种经济模式，实现经济领域的“一国两制”？即以日本的产业模式为体、以美国的金融模式为用，形成独立自主的产融结合的经济体系，创造阴阳相生、矛盾统合的“中国模式”。

本章提要

当我们在正面战场（宏观经济）上防御美国的金融资本（对冲基金）时，却忽略了日本的商业军团（综合商社）正在悄悄地潜入我们的后方基地（微观经济）。

日本是我们老师，我们是日本的祖师，意思是说，我们现在向日本学习，其实要知道日本很多核心的东西，如文化价值观理念和一些模式都源自中国，而我们却把它弄丢了。我们学习日本，实际上是把我们老祖宗的东西从日本拿回来。

实际上对于创新应该有两种模式的概念：一种是像日本那样在技术上日益积累、升级和综合集成化；另一种就是美国式的、通过股市进行融资，将一种发明变成产品甚至衍生成产业，这种创新来自大学的实验室。

总体上看，与美国模式正相反，日本经济模式是非“金融化”、非“股票化”的典范。日本儒家文化中的一个重要遗产是“生产至上”，即“造物文化”远远优越于“挣钱文化”；“生产”比“挣钱”更具有价值。

日本很多技术升级、产业升级，其实都是这些中心企业来做，它们与大财团进行了合理的分工与协作。大企业做综合化，中小企业做专业化，大企业更多的是提供一种服务，中小企业则专注于制造。

员工序列制、终身雇佣制、企业内工制，是日本制造业崛起的三大神器，这些，我们都不具备。所以我国中小企业技术升级难，症结在于人才积淀与培养，如何形成企业凝聚力、组织力的问题。

中国的当务之急是暂时放弃周期较长的大学科技园，转而将重点放在全力推进周期较短的创业板模式的发展上。

第一节

中国要警惕日本财团

在实践中研究日本财团

1991 年，23 岁的我进入北京市第一轻工业总公司工作。1993 年 12 月底，经过北京市外企服务公司的推荐和一次简单面试，我误打误撞地进入了日本三井物产株式会社北京事务所的粮油食品部。

当时我还不知道这是一家什么样的公司，面试我的部门总经理内田龙太郎告诉我："三井物产是日本最好的商学院，你是来学习的，需要做好长期在这里工作的准备。"1994 年，美国《财富》杂志评选 1993 年度世界 500 强企业，三井物产名列第一。此时，我才意识到我进入的这家公司在日本乃至世界经济中的重要地位。

1996 年 4 月，我被派往三井物产东京总部研修和工作。学习中我发现，三井物产每年的贸易量非常大，但其来自贸易的净利润率却只有 3‰，近 90% 的净利润来自资源、原料投资收益。不过，尽管贸易利润很低，却可以产生巨大的现金流，因此银行愿意以低利息为三井提供资金。同时，在贸易过程中，三井也可以找到其他的投资项目。

具体来说，三井物产为多家企业提供原材料并帮助其销售成品，因此掌握了大量企业的采购与销售数据，这正是其做投资所需要的重要资料。在与企业的长期交往中，三井可以掌握该企业的人员素质、企业文化等。一旦发现某企业值得投资，三井会立即与其洽谈参股合作、参与经营，并继续提供原料、协助销售，从而获得投资和贸易的双重长期收益。

这些业务知识让我受益匪浅，三井物产总部的核心运作机制以及日本职员的精神风貌也让我深受触动。耳濡目染中，我自己就变成商人了，关心的是市场，接受的是商人的理念和做事方式，这跟很多学者的出发点不同。他们大多是从美国回来的，接受的是西方经济学理论。这也是我后来做产业研究和别人不同的地方。

20 世纪 90 年代，在"走出去"战略影响下，学习日韩模式曾经成为一种主流趋势，但 1997 年的亚洲金融危机使日本经济受到一定程度的打击，国内很多经济学家也认为，日本的商业模式已经过时，而美国“金融和产业一定要分离”的西方经济学模式成为中国学习的榜样。

但中国政府忽视了一点，与金融分离的产业是有风险的，而中国经济需要以产业为根基。中国并没有美国的产业基础，却要硬生生地把产业和金融分离开。而且，在中国的大学教育中，从理论、案例到教材全部是以美国模式为主的西方经济学，几乎无人关注日本模式。2005 年，我辞去在三井物产的工作，专门研究日本经济模式，希望中国能“师夷长技以自强”。

“警惕日本哭穷”

日本“失去的 10 年”是经济学领域经常谈论的一个话题，指 1985 年至 1995 年间日元升值，导致财富向美国转移、日本本土经济萧条的 10 年。日本经济模式之所以被很多经济学家忽视，就是因为“失去的 10 年”之后 GDP 增长不尽如人意。

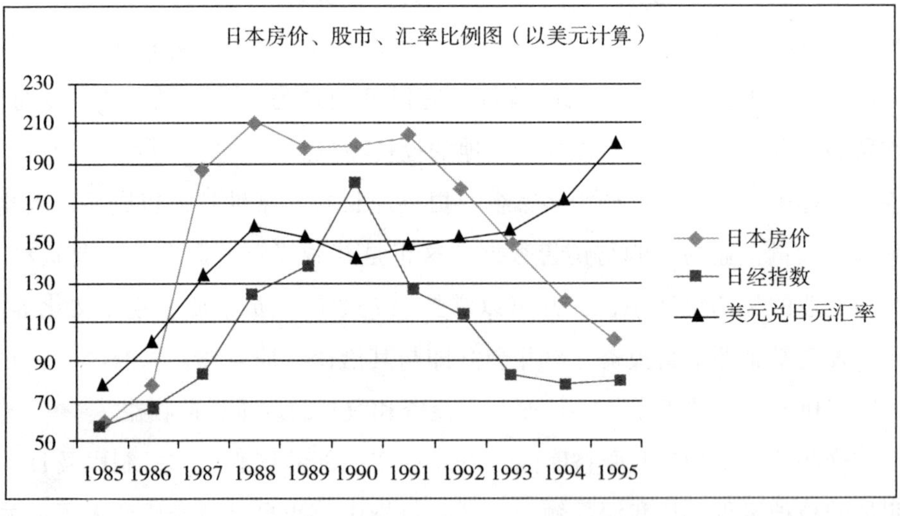

然而，在我看来，当时日本房价跌了一半、股市跌了一半多，但是日元升值了一倍多。如果用美元计算，房价和股市都没跌。日元升值促使产业升级，把那些不赚钱或者低附加值的产业外移，集中精力做高精尖的东西。

因此，日本在海外赚取的利润远远高于在本土的损失。1997 **年亚洲金融危机之后，日本的全球性产业布局从未停歇，这个布局的大后方就是东亚地区。这实际上还是当年“大东亚共荣圈”的战略思路，只不过当时用的是刺刀，如今用的是综合商社的组织能力。**综合商社在贸易、投资、金融、人才、情报和物流等领域发挥着综合机能的特殊作用，实质上成为财团内部乃至日本社会的总参谋部。

近年来，日本经济看似不景气，GDP 增长水平不高，在很大程度上是因为日本已借助综合商社，把产业转移到了海外。

日本现在有六大财团：三井、三菱、住友、三和、富士和第一劝银，它们就像一个大家庭，主办银行是家庭中的父亲，为产业服务的综合商社则相当于母亲。主办银行和综合商社共同将金融机构和中小企业捆绑在大企业的战车上，从而易于赢得国际竞争。

比如三井财团，扮演父亲角色的是三井银行（现三井住友银行）及其他一些金融公司，扮演母亲角色的是三井物产这样的综合商社。在两大机构下面，就是包括丰田、东芝在内的多个世界一流企业。得益于这种发展模式，日本的经济实力远远比我们想象中要强大，我们不要听信日本哭穷。

最近的新闻也似乎验证了这一点：受钓鱼岛事件影响，2012 年 10 月份丰田汽车在中国的销量同比下降 44%，然而，2012 年前三季度其全球销量达到 740 万辆，超过美国通用，稳居世界销量第一的宝座。

日本财团扩张时，通常是以极低的股权进入一个国家的产业市场，并将自己的技术、金融、贸易快速输入，使自己成为该产业背后的真正掌控者。以石油为例，沙特是中东产油大国，目前已经发展成世界第一大石化产业国，从过去一个只会出口石油的国家一跃成为拥有顶尖石化技术的国家。

然而，很多人都没有注意到，沙特的石化技术、石化发电厂、海水淡化设备等产业配套设施都不是自主开发的，以三井、三菱为首的日本综合商社才是该国石化产业的真正掌控者，即商权掌握者。这是日本财团的可怕之处。

美日模式，中国选谁

对处于转型期的中国经济而言，是要继续学习美国的股权模式，还是借鉴日本财团的商权模式？

我将二者进行了对比：日本取得了堪比美国的经济成就，其经济结构却与美国大不相同。美国的立国之本是金融，华尔街左右着经济，所以，美国企业是典型的股权模式，习惯于以盈利来决定是否要收购某家公司，往往忽视其社会价值、产业价值和生存能力等，这种战略缺乏对整个产业链条的观察与考量。

而日本的立国之本是产业，财团发挥核心作用。每个财团都掌控着数十家企业，实行立体作战：金融是空军，商业是海军，产业是陆军，金融和商业为产业发展护航。这也决定了日本企业海外投资战略的最大特点是普遍以商权为中心，即更看重所投资企业的商业价值，以及该企业在产业链中所发挥的作用，其目的是让产业资本、金融资本和商业资本有机结合，从而达到企业利益最大化。

因此，当金融危机爆发时，日本选择保护产业而牺牲金融，这与美国的做法大相径庭。

目前，中国公司的海外发展战略思维更接近美国企业，我认为，这种模式使中国公司在进军海外时容易急功近利，而缺乏精密布局，导致一些国内企业在海外并购时落入了股权陷阱。而以商权为中心的日本企业，更愿意通过先合资，再稀释股份的方式，慢慢蚕食。

不过，日本的财团体系也只能在某些方面给予中国参考，而不能成为盲目模仿的对象。中国目前还很难建立起一家综合商社公司。征战商场时，中国企业必须掌控产业主导权，就是说，中国公司也必须有一个强大的产业组织者，不仅立足于资本运作，更重视产业链条的整合与搭建，以此在世界各地寻找商机，占据资源。

关键是不要失去自我

财团这种组织形态其实与我们中国曾经广泛存在的集体所有制企业颇为类似。回顾历史我们会发现，商权模式发源于中国的浙江台州一带，其核心其实是中国文化。自古以来，由于封建王朝重农抑商，所以商权模式更注重长期战略，商业心境也更稳重，不因短期的经济波动而轻易改变商业战略，从而避免因环境的浮躁而使企业毁于朝夕。

在很长一段时间内，能够在市场竞争中壮大起来的都是这种集体所有制企业。现在，三井有 26 家核心企业集团，其中很多都进入了世界 500 强的榜单。中国有的科技企业实行的也是这种集体所有制模式。30 多年的经济改革过后，中国的国有经济和私有经济都取得了长足的进步，唯一受到打压的却是本应发挥重要作用的集体经济。因此，中国应该认真研究国情，发展集体经济，而非对美国模式一味推崇以致经济发展偏离了方向。

最后强调，中国企业家应该认识到：不能将商权和股权两极化，要保留东方商业文明的底蕴，不可盲目崇拜外来商业文明而失去自我，一定要融合并灵活运用。面对日本综合商社这类产业大鳄，中国必须沉下心来打造自己的产业技术、贸易网络和金融力量，才能真正保持独立。只有运营自如，才能在世界上获得更多的商权并规避各国民族主义情绪，成为一个能够输出资本的真正的经济大国。

原文发表于《环球人物》2012 年第 30 期，记者：白菊梅，采访对象：白益民

第二节
日本既是对手也是榜样

日本是不能忽视的对手

1997 年金融危机过后，中国社会普遍存在着一种轻视日本的情况。我们谈的都是日本的经济泡沫教训，“失去的十年”云云；随着中国 GDP 超过日本，跃居全球第二，这种“小瞧”之势，有增无减。

事实上，这种“小瞧”让我们在经济活动中吃了很多亏。为什么这么说呢，因为轻视，所以放松了警惕，没有把日本当作竞争对手，在合资、合作、引进日本技术、投资等经济活动中，很多中国企业和相关部门有一种“给我们送钱和创造就业”的暗自得意，而忽略了每一单个日本企业背

后如同军团一样推进的财团力量，以及它们细密的布局、对中国市场的蚕食与合围。

2011 年中国 GDP 超越日本，英国《金融时报》新闻配图，指出中国是高污染、高能耗、低附加值的粗犷式发展

这些日本财团仿佛“无影脚”，看不到，摸不着，隐藏在一家家如东芝、索尼、丰田等企业后面，但是，杀伤力极强。如果我们没有这种警惕意识，那么面对日企的“进军”，我们的经济体系缺乏应有的防御抵抗功能，拱手将市场及利益让手于人。

在过去的十多年中，我们只看到了日本国内的 GDP 在下降，却忽视了日本海外的扩张，而且其产业外移是有条件、有选择性地向海外转移低附加值、高能耗的产业。结果变成它把身上的“肥膘”贴在了我们的身上，我们显得胖了，日本瘦了。我们的 GDP 在涨，但这种“肥膘”也在损伤着我国的经济躯体，我们现在出现的产业结构问题——高污染、高能耗、低附加值，等等，就是这种“肥膘”带来的负面影响。

我们不能够单纯以 GDP 来衡量一个国家的经济实力，在日本的海外扩张中，除了庞大的资源积累外，日本的技术、产业链都站在了世界的尖端——这才是日本在整个世界经济结构中，所占据的重要位置。

日本是不可不学的榜样

因为历史恩怨，加之过去几十年里，日本的首相不断地参拜靖国神社，还有钓鱼岛问题、慰安妇问题、二战劳工问题、化学武器等一系列问题，中国媒体对日本的报道，无论从政治，还是从经济、文化等各个方面，都潜藏着一种厌恶与仇视的情绪，所以本能地不愿意去向日本学习，但无论是前面谈到的忽视，还是这里谈到的仇视，反过来也造成了对我们自己的伤害。

这十几年来，我们其实鲜有对日本的研究。一些官方机构和大学的研究项目经费来源是日本财团，这也就变成了我们很多研究实际上是在为日本服务，而不是为我们的社会、经济、军事、政治服务。

其实在改革开放初期，20 世纪 80 年代，当时我们有很多力量在研究日本，那一时期出了很多成果，如书籍、论文，还有各种报道、交流。但是，1997 年亚洲金融风暴后，这一切突然被中断，而“美国模式”开始被众多国人膜拜。我们的大学教科书、经济报道，都“唯美国马首是瞻”。

但是，2008 年金融海啸，让我们认识到美国虚拟经济、金融治国模式的巨大危害，尤其是美国向其他国家转嫁危害的能力，更让人忌惮。在这种情况下，如果我们继续以“美国模式”和思维来解决国内经济问题，只会使情况变得更加复杂。在我们的实体经济、产业经济实力没有达到能够去玩金融、玩虚拟经济、玩杠杆这些空中楼阁的时候，我们在产业经济方面，更应该向日本学习。

中国所面临的人口问题、环境问题、资源问题、技术问题、经济结构问题、产业升级问题之种种，在日本发展和强大的过程中，均已提供相当多的经验和教训。所以说日本产业经济、产业模式是我们学习的榜样，那么其财团体制核心——综合商社，是我们应着力研究的。

日本是老师，中国是祖师

我曾提出过这样的口号：日本是我们老师，我们是日本的祖师。意思是说，我们现在向日本学习，其实要知道日本很多核心的东西，如文化价值观理念和一些模式，都源自中国，而我们却把它弄丢了。我们学习日本，实际上是把我们老祖宗的东西从日本拿回来。

传统汉文化的诸多根本，在经过蒙古帝国、满清帝国，经过“五四运动”，经过“文化大革命”后，逐渐变异或消失，但这些历史文化却在日本、韩国等近邻有所留存，这在他们的电视剧情节里都有展现。我们研究日本经济、日本企业，背后其实也是文化价值观的研究。

改革开放后，西学东渐，对我们当时经济、社会发展，也起到了很好的促进作用。但与此同时，我们不应丢弃我们的文化根本，这就如同中医和西医的关系。我们生病了，需要西医。为什么？因为他能救“急病”，效果立竿见影，但是现在我们知道了，西医的副作用也很大，对一些顽疾、长期性疾病，束手无策。其治疗中，可能还诱发病情的爆发。

当中国经济发展到现阶段，面临着可持续发展的问题，我们应考虑“中西医结合”的治疗手段。日本在“中西医结合”方面，恰恰做得非常出色。为什么我们不能学习呢？

研究日本财团正当时

以往对日本价值的忽视，造成我们不知道日本企业是如何行动、如何组织、如何布局的。前面说过，日本的企业像一个军团，企业与企业之间是有着相当高的关联度的。**由于我们不知道日本的企业是怎么行动的，当我们很多产业要向高端发展、要升级的时候，我们会发现，日本已经对我们进行了限制和控制，比如我们的彩电业、汽车制造业，等等。而日本财团通过完整的产业链形式，牢牢地把握着我们升级的“上游”，我们没有理由不去好好研究。**

此外，在企业管理方面，日本财团都是大型企业、超级型企业，而中国现在的大型企业在日本财团面前，从规模、全球化、利润率、技术开发能力、产值等各个方面看，其实都只能算中小企业。

最大的问题是什么？我们往往只看到了日本企业的内部管理，如精细化管理等，其实都是一个现场管理，但日本企业真正的管理核心，不是在内部管理方面，而是其外系统的管理。

所谓外系统就是企业财团的管理，比如丰田，丰田不只是一个丰田汽车，更是一个丰田财团，财团里涵盖十几家大型企业，围绕丰田汽车的很多零部件厂都是“世界五百强”，如丰田自动织机、丰田通商、爱信精机、日本电装等。正是这样一个庞大的财团系统，支撑起其旗下每一家企业杰出的竞争力。这样的财团管理体系，更是值得中国企业去研究的。

中国的差距是组织力和凝聚力

谈到中小企业，日本也有大批中小企业，正是因为有这些大财团作为平台，日本的中小企业才能够长盛不衰，不断技术升级。

日本很多技术升级、产业升级，其实都是这些中心企业来做，它们与大财团进行了合理的分工与协作，建立起一套经济方面的秩序，使其发挥作用。

中国与日本的差距，在于中国的企业无序竞争，中小企业和大企业的定位都不明确。到底是中小企业做专业化还是大企业做专业化，实际上在日本的成功模式中可以找到答案：大企业做综合化，中小企业做专业化；大企业更多的是提供一种服务，中小企业则专注于制造。

日本的很多大企业实际上是在做怎样把中小企业捆绑在一条产业链上，而不是像中国的一些大企业的所谓大，只是在某一个产品上的产量大。

那么，我们所关心的中小企业内部管理问题，与日本中小企业相比，差距在哪儿?

关键在于人

日本企业多实行终身雇佣制，采取的是中国传统的师傅带徒弟的形式，人才市场不会泛滥流动，而是在内部有限地流动。这样有助于人才的积淀与培养，但中国的中小企业则缺乏这样的环境。

员工序列制、终身雇佣制、企业内工会，是日本制造业崛起的三大神器，这些，我们都不具备。所以我国中小企业技术升级难，症结在于人才积淀与培养，如何形成企业凝聚力、组织力的问题。

原文发表于《环球财经》2010年第11期，作者：白益民

第三节
日本核心竞争力到底在哪里

日本的经济是儒家资本主义

超越日本是国人发自心底的呐喊。那么，日本核心竞争力到底在哪里？在普通消费者看来，丰田汽车、东芝电器等耳熟能详的产品及其企业就是日本竞争力的象征。其实不然，真正主导日本经济的力量来自日本的六大财团。事实上，丰田和东芝公司就归属于六大财团其中之一的三井财团。

小型企业做品牌、中型企业做人才、大型企业做文化、巨型企业做哲学。有着“企业王国”之称的日本，以上四种企业都大量存在，但是真正能代表日本经济核心价值观的只有做哲学的巨型企业和企业集团，人们经常谈论的日本特有的企业制度，如“年工序列制”、“终生雇用制”等也都只存在于最优秀的巨型企业中。

在日本，综合商社和主办银行领导的六大财团是构筑日本社会秩序的重要基础，也是日本国民生活方式、组织方式以及儒家文化的集中体现。有西方学者称日本的经济是儒家资本主义。

对中国壮大但远没有成熟起来的广大民营企业来说，学习西方或是学习日本如果都仅仅是制度上的模仿和技术上的引进，那么中国的民营企业要成熟起来真正做强做大就会比较困难。

很多民营企业在完成原始积累后，企业家都在考虑公司的转型和长远战略，而并非只考虑眼前利益，但是大多数人都急功近利地想马上找到答案和解决问题的方法。其实这种想法是不现实的，相比学习先进的管理方法和引进先进的技术，对先进企业的学习和借鉴，如果上升到历史观、社会人文环境、哲学的高度也许更能找到合适的发展方向。

仿照日式财团的通用、三星

西方式的习惯性思维是解析式的，即等着别人把每一个环节都找出来、步骤都说明白，照着这个方向去走就行了。这个模式跟高考、考研那种解题比较类似，但对企业真正参与到现今日趋激烈而且变化莫测的国际国内竞争中可能帮助有限。这个也是作者白益民先生创作《三井帝国启示录》这本书时没有过多介绍日本先进的管理方法和技术理念，而更多地从历史、人文、社会甚至是哲学层面来介绍日本企业和日本经济发展的心路历程的原因。

《三井帝国启示录》以日本第一综合商社三井物产为背景，从社会、经济、政治、历史多方面入手，分析了三井财团的起源、创立、发展、强大的过程和内在的原因。本书虽然以三井为题目，但是内容不仅限于日本财团，同时也包含了世界著名企业通用电气和韩国三星集团。

三星集团的前身是做贸易起家的“三星商会”，其后发展壮大的学习对象即为日本财团商社

这两家企业虽然地域上与日本财团有所区别，但是二者综合商社的文化本质是相通的。通用电气虽然为美国企业，但是其形成过程、组织结构、企业文化、人事制度和管理哲学与日本三井财团有着很多相似的地方。美国通用电气公司与三井财团的东芝100年来有着密切的联系。

另外，韦尔奇经营思想形成的初期也与日本三井财团在石化和塑料业务往来有关。我们仔细观察通用电气的经营理念和行为方式，同样也能找到综合商社的影子，只不过它更多建立在美国文化基础上，并更偏重于金融和投资功能。

当中国人膜拜“丰田汽车”经营方式时，是否知道其真正的奥秘却集中于丰田集团的综合商社，即：丰田通商株式会社。要知道，没有日本人愿意提醒中国人去注意到他们的综合商社，因为那是日本大企业乃至日本社会的重要核心。

不幸的是，韩国人早已发现了这个秘密，并加以认真学习和仿效。韩国人在经济高速成长期效仿日本三井物产，建立了诸如“三星物产”为代表的一批综合商社，以此为核心组建的韩国财团企业成为令日本人头疼的竞争对手。拥有三星物产的韩国三星财团，以其三星电子公司努力超越日本三井财团的东芝电气公司的实例，讲述了“青出于蓝而胜于蓝”的生动故事。

日本有别于欧美的商人哲学

《三井帝国启示录》所描述的日本财团经济模式通常是以横向联合的方式由三个核心部分组成：主办银行、综合商社、大型制造企业。其中大型制造企业大都最终发展为以产业和行业分类的纵向垂直一体化的企业集团，围绕其四周的是一些为其服务和提供配件的中小企业。

以三井财团为例，樱花银行是其主办银行，三井物产是综合商社，而丰田汽车和东芝电器就是具有代表性的纵向发展的制造企业集团，通常称为企业系列。

另外，一些现代金融机构，如保险公司和证券公司也通常被划归某一财团，但它们的独立性更强，很难说它们是财团的核心成员，却又是作为财团核心的综合商社的主要股东。

《三井帝国启示录》强调了综合商社在日本财团经济的核心地位，综合商社不仅是贸易公司也是金融行业的重要组成部分。日本的综合商社素有“第二银行”之称，有的书刊则称之为“影子银行”或“幕后银行”，这说明了综合商社在日本金融界的地位。日本综合商社外部负债为自我资本的 30 倍，充分反映了借贷资金在综合商社金融功能中的地位。

商社的“商社金融”是指商社所发挥的金融功能，主要有融资、投资、租赁、国际性大宗借款的安排等。但这种商社金融又不是商业银行，它的资金来源不是直接吸收存款，它类似英国和西欧的商人银行，它的资金来源不是直接吸收存款，而主要是借自银行和其他金融机构（如信托投资公司、保险公司等）。商社金融的自有资本率是很低的。日本综合商社资产负债率都很高，主要靠借贷资金推动贸易规模的扩展。

企业的哲学是商人的哲学，商人和企业家的区别在于，商人重视从市场入手，充分考虑客户的需求，而企业家重视从产品入手，更多的关心品

质、性能、技术。这两种理念没有对错之分，其适用性也跟行业、市场环境和地域有关。

介绍日本商人哲学的原因在于，作者白益民先生发现在今天这个大环境下，日本的“南方模式”和美国的“北方模式”各有各的适用范围，我国企业学习的对象和方法不能偏执一端，而且应该更多地考虑本地区特别是本行业的具体情况，借鉴和创新并举。作者白益民先生创新性地提出了美国是“北方经济模式”而日本是“南方经济模式”的划分，对现在中国逐渐形成的苏商和浙商等商帮团体是很有参考意义的。

《三井帝国启示录》不是一部纯学术著作，就像三井物产一样，这本书也是书籍中的“综合商社”。全书50余万字，包含政治、经济、历史、文化多方面内容，各章节之间既相互独立又相互联系，以历史和现象作为切入点，突出商人哲学的重要性和历史意义。这部书强调的不是某些事件和案例的现象，而是强调这些现象所蕴含的本质。相信不同的读者群，都能在阅读中找到各自的收获。

白益民先生和他的同事们想做的是一系列研究日本经济和商人经济的书，而《三井帝国启示录》就是这部系列丛书的基础。推出这部书的目的在于为广大读者展示一种鲜为人知的经济模式，想通过自己的研究和实践把日本强大的内在原因展示给广大中国读者，希望对这种经济模式研究能对中国经济改革有借鉴作用。

本书的作者白益民先生是一位在日本最大的综合商社“三井物产”工作了12年的中国人，其行文风格体现了作者的实践和理论充分结合的特点，相比于其他偏重理论的经济管理类读物更具有现实意义。

原文发表于《董事会》2006年第12期，作者：袁璐、白益民

第四节 日本向左 拉美向右

日本：高 GNP 低基尼系数

除非国际汇率市场发生奇迹般的剧烈动荡，否则中国的 GDP 在 2009 年超过日本跃居全球第二，已无悬念。对于奉“发展才是硬道理”为圭臬的中国人来说，这无疑是给自己 60 周年大庆的最金光闪耀的一份礼物。

但是，欢庆之后，我们需要打开金光闪闪的外包装，理性辨析其中的成色。

日本之鉴：在经济高速发展时期，日本其实是拒绝外资但大量吸引外国订单，资金不足依靠银行的超额放贷解决。

GDP 不是 GNP（国民生产总值），GDP 意为“国内生产总值”，仅仅代表一国地面上发生的产值，但今天在中国领土上生产和创造财富的还有美国人、日本人、韩国人、德国人、英国人、法国人，等等。到底有多少是中国自己创造的呢？似乎不在中国的统计范围之内。

目前，中国的经济发展主要靠投资，其中很大一部分又是靠外资投资拉动。外资在中国制造了可观的 GDP，但利润却通过商品出口转到了外国，中国 GDP 越高，为国外输送的利益越多。诚然，在国际经济一体化进程中，在巨大的 GDP 蛋糕分切中，只要把蛋糕做大，中国总会落到一些好处。

同样是 GDP，在日本却有着与中国完全不同的内容。2008 年日本 GDP 为 4.844 万亿美元，排名世界第二，日本很多行业是外资针插不进，水泼不进的（不信的话，你在日本街头看能不能买到诺基亚手机）。同时日本的 GDP，几乎全是自己的（2007 年只有 3% 的外资 GDP），还有 3.5 万亿海外资产。而中国的 GDP 很大部分是别人的。

其实日本 GDP 像中国这样高速成长的时期也只是 1955 年到 1965 年这十年时间，到了 1968 年，日本 GDP 总量已经排到资本主义世界的第二位。

在经济高速发展时期，日本其实是拒绝外资但大量吸引外国订单，资金不足依靠银行的超额放贷解决。这个时期，日本财团也得到了重组，财团企业的交叉持股关系得到了确立，主银行的护航舰队体制也建立起来了。这些因素最终导致了20世纪70—80年代经济领域“日本第一”的局面。

当经济总量的蛋糕做大时，如果分配蛋糕严重不公，GDP越大，人们被剥夺的感觉越强，越发埋藏着社会危机。2007年中国基尼系数高达0.48，而日本却只有0.28。日本1960年人均国民生产总值仅395美元，1961年开始实行国民收入倍增计划，1987年人均达17142美元，工资水平一跃而超过美国。中国改革开放也30年了，生产了占美国30%的消费品，但工资水平仅为美国的4%。

巴西让人们记住的只有足球和桑巴舞

在经济发展模式的研究中，西方学者经常把拉美和东亚联系在一起进行比较。20世纪50—60年代，西方学者普遍不看好东亚，认为拉美具有很多东亚无可比拟的优势。但到了20世纪80年代中期，拉美的现代化进程明显地落后于东亚几个档次。

作者费尔南多·奥古斯都·阿德奥达托·韦洛索（巴西）。巴西中等收入陷阱的教训，可为中国克服发展瓶颈提供经验

在自然资源上，巴西与日本、韩国等东亚国家简直一个在天上一个在地下。巴西拥有无尽的自然资源：绵延的森林，丰富的铁矿和锰矿，水量世界第一的大河，850万平方公里的广袤国土，一亿八千万人口的巨大市场。曾几何时，从巴西速度到巴西现象，巴西的经济发展令世界瞩目。

2500亿美元的外债建设了巴西现代化的首都——巴西利亚以及连接全国的高速公路网，进口替代政策也使巴西一度成为“世界总装工厂”，人均GDP很快达到了4000美元，巴西人民开的是菲亚特，看的是Panasonic（松下），喝的是可口可乐，吃的是麦当劳。但在经历了20年高速成长之后，巴西却经历了更长时间的滞涨，拉美神话犹如昙花一现，这是为什么？

外资打造的GDP如空中楼阁，在人均GDP增长的同时，国家经济核心竞争力却并未形成。仅仅十年间，巴西的工业乃至流通命脉已完全由外资所控制。如果只能卖铁矿石和球星，让世界记住的只有桑巴舞、足球，巴西会成为真正的金砖国家吗？也许只能帮别人搬金砖吧！

根据他国经验，人均年收入达到1000美元后，国家发展趋势会分化为两类：一类如日本、韩国，继续向5000美元、10000美元发展；另一类，如拉美等国，达到1000美元就停滞不前。原因在于人均年收入达1000美元后，这些国家原来的比较优势降低了。

巴西乃至整个拉美的发展经验可以看出，通过引进外资虽然可以获得短时间的经济繁荣，但无限制、过度的开放给国家发展带来的危害却是根本的、长久的。在20世纪80—90年代，欧美国家把加工业纷纷转移到以巴西、阿根廷等为代表的拉美国家，最后拉丁美洲国家政府被欧美国家操纵，出现了增长不发展的怪现象。

中国的未来

从经济角度看，目前还没有任何一个工业国是在开放市场、允许外国资本和商品自由进入的政策下进入发达国家行列的。金融危机爆发后，发达国家对本国的大企业是不遗余力地扶持，从政策上进行保护，必要的时候则直接进行行政干预。连最鼓吹自由市场经济的美国也在推行贸易保护主义。

日本在经济高速发展的时期，日本的外资法开宗明义第一条就申明："本法的目的是，只准许有利于日本经济的自立和健全发展以及可改善国际收支的外国资本进行投资。"其中第一部分就是首套截止法（外国技术设备只准进口一套）。

支持日本经济发展的基石是由银行、制造业企业、综合商社构成的财团体制。大垄断企业之间通过相互持股、系列贷款、人事互派等纽带结成企业集团，以增强团体对外竞争能力。当时正值日本入关和举办奥运会，面对全球化和外资大量进入，财团机制是日本经济的一道堤坝，让日本的产业发展得以独立自主。

放宽对企业相互持股、系列贷款、人事互派等方面的限制，直接促进了日本企业集团的形成和发展，出现了三井、三菱、住友、芙蓉、三和、第一劝银等“六大企业集团”和日立、丰田、新日铁等若干“独立系企业集团”。

这些大集团横跨各产业，构成日本经济的基础，掌握着国家的经济命脉。此外主办银行的超额贷款、国债，国民收入倍增计划，终身雇用、年功系列工资制度，都在日本经济发展过程中发挥了重要作用。

笔者在《三井帝国在行动——揭开日本财团的中国布局》一书中写道，中国的现状有很多方面类似于20世纪50—60年代日本经济高速发展的时期。1955年日本加入关贸总协定，1964年举办奥运会，20年间平均增长率高于10%。当时的日本制造业属于产业链的低端，经济的快速发展得益于低廉的人力成本和贸易政策，等等。无论是日本重化工业的发展还是高新技术的发展，都得益于财团体制带来的产业上的独立自主。

日本企业以自身独特的发展模式完成了资本和技术的快速积累，在短短20年内就完成了追赶老牌西方国家的任务。因此，20世纪50—60年代日本的政策和发展历程，对我们认识当前经济形势和解决制约经济发展的诸多问题具有极其重要的参考价值。

原文发表于《环球财经》2009年第10期，作者：白益民

第五节 怎样学日本 怎样防日本

日本没受金融危机太大影响

几年前有报道说丰田汽车亏损几十亿美元，但这是它在几大美国汽车厂要倒闭而它自己已连续四年利润超100亿美元的基础上报出来的亏损。我们可以想想，美国汽车产业都出现亏损，那么谁是赢家？

美国现在要找本国汽车业危机的替罪羊。舆论一出来，丰田就宣布亏损。因为丰田是一个集团，有十几家关联企业，而且有四五家是世界500强。通过关联交易，进行利益转移是很容易的。20世纪八九十年代，日本汽车产业把美国打得不行，美国要求它做产业调整，日本很多地方不得不隐身，不去争产量第一，而把更多精力放在零部件、合资企业、关联企业上，把这些利润隐藏到那里去。

日本这一套经济体系，是一个财团的模式，是金融和商业、制造业的一种结合体。

南人学日 北人学美

在美国，这种模式只有一家，就是通用电气。美国股市一百多年来留下的制造业企业只有这一家。但是在日本，百年企业有上千家。这背后是一种经济体制，再往后就是文化，这套东西跟中国的晋商和徽商是联系在一起的，有我们老祖宗的身影在里面。

日本的明治维新，如果跟改革开放对比，还是有一些可比性的。明治维新的开始阶段，也是一个西化过程，可到了中期就出现了国学抬头，到后期主要就是日本国学的复兴了。

中江藤树（1608—1648），日本阳明学派创始人。日本明治维新志士基本均推崇阳明学。阳明学在当代日本企业家中也有众多拥趸。

明治维新的思想家，实际上是把王阳明那套东西拿去。王阳明是浙江人，浙江商人的经营模式是和韩日经营文化相通的。反过来，浙商对产业、金融和商业也是混合经营的。

现在面对一个根本问题，外国商业模式这个东西中国学得到吗？

我是这么看的，南方人和北方人的性格是有区别的，学得到学不到在于文化的土壤。南方跟日本有相通的文化，可以按照它的模式去发展，比如浙商有一段时间搞浙商银行，也是一种混合的业态。北方从文化基础来说，其实跟美国更相通。

日本是中国产业升级的真正阻力

传统的看法是，日本人执行力强，创新力低。但最近有一个报道，日本现在全球创新力排名第一。这个创新力的背后是什么？

最近十几年，日本在金融上弱势，那么它的资产都用在哪儿了？一个是资源；一个是知识产权。在美国申请专利最多的公司，排名前十位有六个是日本公司。这些钱都用在技术储备上了。包括现在赚钱赚得厉害的液晶产业，都是二三十年前的技术。

日本目前积累的技术足够它吃三十年了。中国的技术积累则严重不足，归根到底还是体制上的问题。日本能够把技术投入很快转变成商品，再从商品里面把钱赚回来，重新投入技术。这就是财团体制形成的东西，能够形成一个循环。

你看电视机、照相机都是美国人发明的，但是到要市场化或者产业升级的时候，美国人就发现竞争不过日本了。在财团里面，产业链各个地方都有关联企业，而且还有子公司、孙子公司遍布全球。

美国制造企业，比如摩托罗拉，十几年前刚有手机的时候，在天津一下投了十几亿弄了一个大厂子；日本企业则不同，开始肯定是分散的，投几百万美金，然后跟你搞一个小合资，等这个布局差不多了，中国市场起来了，再收购合资伙伴的股权。这个搞法，对中国的产业升级阻力特别大。

中国产业为什么始终升不了级，一个是自己有问题，一个是被日本通过布局给遏制住了，在这一点上日本比美国给我们的压力更重。

日本正在把产业进行第三次转移，第一次转移到东南亚，再转移给中国内地，现在正向印度转移。印度将来有可能在日本的扶持下跟中国竞争，因为中国的产业没法升级。印度缺资金，日本就像当初给东南亚一样给它日元贷款，拿到日元就得买它的设备，就把它的产业带上去了。

日本在这样做的时候，有一套思路和方式。我们可以回顾一下历史，了解过去它是怎么做的，就可以知道它将来要做什么。

日本在怎么做 日本将做什么

我们前一段时间大炼钢铁，需要大量的煤，煤挖多了就会过剩，必然会压制全球煤价，也将影响油价。在这个过程中，日本收购海外的煤炭资源加快了。中国还想着去收石油的时候，它们现在开始弄煤了。等中国开始经济复苏、煤价又上来的时候，你会发现日本人把煤卖给你。

有段时间我们媒体开始炒作“日本不行了”，都有种幸灾乐祸的感觉。包括说日企从中国撤资。其实不但没撤资，还在加紧投资。较新的例子，三井财团的一个制纸企业，在江苏投了20亿美元。日本造纸业不砍自己的森林，还到澳大利亚去种树，这些都是三井、丰田等财团干的，它们把钱都储备在这里。

日本的商社不是简单的贸易公司，实际上是产业投行。综合商社最大的持股方都是金融企业，用商社这个平台延伸到产业里头。最近十年更加明显了，因为商社通过贸易为其开拓渠道、获得资源的功能已经发展到一定阶段，很难有新的上升，就需要突出投行的作用。

比如中储粮在海外搞粮食保障，弄了半天，发现还得靠着日本财团的海外粮食渠道。美国有一个很大的粮食企业叫United Harvest，在西海岸，在美国是很有名，但是50%的股份是三井物产的。

20世纪80年代日本跟黑龙江某农场合作，丸红对农场说，给你多少机械设备，你每年要给我多少大豆。日本这些商社，就这样把很多关联企业都调动起来。不仅拿走了我们的大豆，其关联企业还要把设备卖给我们了。中国企业就做不到，卖设备的就是卖设备的，怎么能跟大豆联系到一起呢?

中国应该是一个传统的战略大国，但是现在不管是在文化战略上还是在产业战略上，简直打得一点章法都没有了。

原文发表于《环球财经》2009年第7期，作者：白益民

第六节

中国经济需要“一国两制”

产业集成式创新与金融刺激性创新

我们对于创新的概念一直都很模糊，一般人认为类似美国那样的发明创造才是创新。**但实际上对于创新应该有两种模式的概念：一种是像日本那样在技术上日益积累、升级和综合集成化；另一种就是美国式的、通过股市进行融资，将一种发明变成产品甚至衍生成产业，这种创新来自大学的实验室。**

日本与美国创新模式的不同首先源于经济模式的区别。

日本创新模式的主体是财团等大型综合性企业，它依靠技术合成，使产品不断复杂化、多样化并促使功能不断高级化，从而实现产业的升级。这种升级方式依靠的是世界各地大学的既有成果，并在此基础上迅速占领市场，建立产业链，等着坐收美国企业在利用新技术初步赚钱之后的渔利。

终身雇佣制与年功序列制、企业内工会被称作日本式经营的“三大神器”，其中终身雇佣制首先由松下幸之助提出

而由于文化、金融体制和经济模式等的不同，以金融为主的美国具有充分的股市兴奋点，从而增大了对发明性技术与资本进行结合的需要，这也是美国的硅谷能够产生并繁荣起来的有利土壤。而主要通过财团的产业市场来不断进行技术实践与积累的日本则没有这方面的需求，因此日本对美国大学产业模式的模仿最终并未取得成功。

另一方面，这种模式的形成还源于两国不同的人才流动机制。

美国的人才是流动的，技术就跟着人才一起流动，因此比较适合创新。而日本实行的是终身雇佣制，人才流动性不强，这就为技术的沉淀提供了良好的条件。

但是相对日本而言，由于美国的硅谷模式主要依靠的是发明创造环节，而忽略了产业化的重要性，这就导致经济环节中没有后续的产业作保证，因此大批外国人才选择离开美国回到自己的国家，导致美国人才与资本的脱节。美国的这种模式在以往一段时期内曾经发挥过非常大的作用，但是长此以往也导致美国的发明创造一旦跟不上，就会被日本、韩国这样的财团产业体系所消化，从而导致这种模式的衰落。

因此，中国在尚未搞清楚以上两种模式的情况下就一味模仿美国、对美国硅谷模式全盘吸收，这一做法显然是欠考虑的。

考虑到美国硅谷科技创新模式正面临的问题，中国如果想要学习美国的模式，首先要确保的就是人才与资本的有机结合。目前来看，中国似乎同时具备了学习美国和日本模式的条件，但到底能否成功还要看中国的具体国情。

由于中国目前有大量人才的回流，国内也有诸多的民间资本，因此就具备了模仿美国硅谷模式的条件。中国目前的大学创业园区、科技园区的模式就是仿照美国。但这种模式的生命力是有限的，因为在发明的竞争方面，中国无法与站在世界资本高位上的美国进行较量，吸引人才的资本不足，也就很难做到实际上的人才与资本的结合。

因此，如果从可持续发展的长远角度来看，中国的产业模式又必然要向韩国、日本的产业升级和集成模式看齐。但是在实际操作的过程中，由于中国没有日本那样的大型财团，单纯仅靠产业园和技术园的微薄力量也是无法与大学技术实现结合。

立足于产业的日式创新

在这种情况下，中国应该采取的做法是培育自己的产业体系。

日本模式的根基是隐含于装备制造业中的大量技术合成，而中国没有装备制造业的核心技术，依靠的是购买外国的成套设备，这就导致一方面中国的大多数产业落入外国资本之手，另一方面自身技术也得不到积累。

而中国目前正在实行的创业板模式还只是在小领域中获得优势，不像日本那样从产业链的角度进行集成，因此这是无法形成规模优势的，也就无法演变成全球化的竞争能力。所以，中国的当务之急是暂时放弃周期较长的大学科技园，转而将重点放在全力推进周期较短的创业板模式的发展上。

中国曾经从美国购进200架波音飞机，这200架飞机的购进可以解决输出国60万人口的高端技术工程就业；而美国的技术人员工资是中国的10倍，也就相当于中国失去了600万技术人口的工作岗位。而中国的石化、航空以及高铁技术的所有关键设备则更甚，基本全部从国外引进，这就使中国失去了进行技术创新和技术升级的土壤。此外，中国从美国大量购买波音飞机，客观上促进了美国装备制造业的发展，而处于和平时期的中国也应有战争意识，因为战争向来是技术升级的最大助手。

而在这种情况下，中国大学的技术园区和产业园区除了从政府和股市中圈钱之外基本上是没有丝毫用处的，近些年的中国在全球化与全球分工中越来越居于最底层，而忽略了中国独立自主的产业体系的建立。现在，国家在战略层面、政策层面和面对外国资本层面的讨论变得更加重要了。

日本最初利用筑波的方式学习美国，企图在产业等方面打败美国之后再从原点上打败美国。日本政府在最初建设筑波时花费了大量精力，也投入了大量的金钱，但是日本的财团可以通过很多途径得到自己需要的技术，因此筑波由于对财团没有实际的利益用途而导致最终也无法促使财团进入。

日本的企业财团实际上并不从事发明，而是将发明交给科技园，并利用与大学科技园的合作将对方的技术取走，然后再通过对这些技术情报的了解进行反控制，利用申请专利包围对方的方式使新技术的发明者无法在全球获得利润，美国为了寻求出路而不得不将大量的技术转让给日本。但在中国则不同，美国可以轻易地从中国市场攫取利润，也就没有向中国转让技术的必要。

后来由于缺乏资本，日本筑波模式宣告失败。所以从原点进行科技创新的方法并非唯一途径，也并非一定可行的途径，重要的是要先仔细分析自身的实际情况。

中国在进行科技创新时，也不能只简单地从技术原点出发，而是应该从产业链，从全球战略、国家战略的角度出发。

不过从另一个角度说，日本的筑波最终虽然未能成功，但也并非完全失败。筑波虽然未能形成大规模可赢取巨额利润的产业和公司，但是日本政府大量资金和研究人员的投入，使其从另一个角度为日本许多从原点生发的技术提供了一个可供孵化的温床。

东亚国家的产业秉性

日本模式是以农耕为主，即以产业为主体；而美国模式是以金融、游牧为主体，以产业为辅体。它们曾经有很多相同点，但是现在我们发现，这两种模式越来越走向两个方向：一个表现出农耕文化的特色，而另一个表现出游牧文化的特色，这与二者的历史、人文有很密切的关系。

为什么会有这样的一种关系？首先日本的文化就来自农耕文化。日本是传统的农业国，其文化很大部分来自中国江浙一带的农业文明，其习性、习惯就是要种植。自古以来，他们的生存方式就是在地少人多的情况下求得生存和发展，这是其发展的基础。

在这个基础上我们会发现，所谓农耕，就是我们要播下种子、插秧、施肥，还要除草，而且你耕作还需要各种工具，这些工具要制造，都是配套的。另外，在种庄稼的过程当中，可能会因为雨水过多而出现内涝或者因为缺少雨水而出现干旱，如何保证粮食产量的稳定性？为此还要建水库、引渠、灌溉，做这些工作。这样一来，你就需要配套：有人专门做与种子有关的事情；有人专做工具；有人负责水库。各种产业围绕着这个主业形成产业链，而且是形成一个系统，大家都是在这个系统里面吃饭，都要生存，这样就形成了一套体系。

这种庄稼的农耕方式，与做产业是同样的道理。这个产业里面能解决很多就业问题、生存问题，它具有可持续性，可以不断提高单产来养活更多的人，可以抗灾，因为它有很多系统来维护整体的稳定性。

打猎的美国游牧模式

美国西部牛仔的游牧文化，很好地诠释了美国以金融为主的经济模式逐利、侵略、波动等诸多特征

再去看美国的游牧模式，它是以金融为主体的一种模式。它更像一个草原，有的地方天气好的时候这块就有肥水，草场就长得茂盛，就可以把牛羊放牧过去。这个草不用很多人工进行维护，只要有几个牧羊人、牧马人，或者有几头猎犬看守，把羊群、牛群往那边一赶，这片草吃光了，牛羊肥了，你拉回来一宰杀，这就算收获了。

你不需要那么多人力，因为你有那个资源，可以让牛羊去吃。如果在农耕的地方没有这么多草场能够让你这样放牧，牛羊吃一遍的话，人就没有东西吃了。所以，一定是在有资源的情况下，有这种肥水草场可以去吃的情况下，就会形成这种游牧的生存方式。

但是，这种游牧的生存方式是不稳定的。如果牧场不够大，这块草地吃完了，有可能随着羊群、牛群数量的不断增加，人口也要增加。都增加了以后，草不够吃了，你的牧场也不够大，那怎么办？你发展不下去了，没有可持续发展的能力，无法提高更多牛羊的数量。

回过头来再看，容易受到天灾的影响，风暴一来，这些产业没有任何其他系统的保护来使草场能够稳定地提供草源，那么牛羊就会死去。我们知道金融危机就如同风暴一样。

游牧模式还有一个特征，就是它不但可以吃自家的东西，如果它有足够的武力保护的话，还可以把自家的牛羊赶到别家的草场去吃草，吃完了之后再宰杀。这样我们就看到美国的金融模式，实际上就是到各个发展中国家“放牧”，把那边吃光了以后再宰杀，它需要的就是流动性，而流动性正是金融的重要特性。

但是产业需要的是稳定性，不需要大起大落的流动性，频繁的、大起大落的流动实际上是对产业的一种破坏。

兼容的日美模式

从全球的角度来讲，上述两种模式其实是互相促进、互相依存的模式，并不存在谁比谁优越的问题，却存在是否适合各自条件的问题。如果让美国做农耕模式，不适合，因为它没有那个文化根基。

美国人民本身就是世界各地移民汇集而来，国家历史也不悠久，非得让其在一个固定的地方去做事，文化积淀、习惯都难以形成，而且其国土自身自然条件非常好，人少地多，在这种情况下没有必要做农耕模式，既没有文化传承，也没有现实压力。其所做的事情已经形成了一种游牧模式，这个游牧模式适合美国。

但是，如果把游牧模式作为一个主体放到中国经济的这块土壤上来，是否适合？就是我们必须要考虑的现实问题。

在中国这片地少人多的土地上，要想让这么多的中国人吃饭、就业、生活稳定下来，不引起社会的混乱，必须走“农耕模式”的道路，也就是说，中国的经济主体一定是产业模式，而不适宜以搞金融为主体。中国这种情况与日韩有近似之处。尤其以日本的模式更适合中国参考和借鉴。

日本经济本身是以农耕模式为主体，亦不排斥游牧模式。我们看到，明治维新后，日本向美国学习了很多，包括接受西方股份制的方式。股份制的很多东西其实是金融化的，更多的是游牧文化，它接受了西方一些公司治理的模式以后，从很多地方在表面上看又是跟金融联系在一起的，特别是很多大公司也都是上市公司。

再看它的内部发展到现在，也借鉴了美国很多金融创新的东西，包括野村证券。野村证券相当于投行，类似于高盛、摩根这样的金融投行，它也存在这样的体制，但是它的主体还是财团，并不是像美国那样搞的都是基金，也就是说日本的主体是财团，而不是基金。

美国游牧模式的优点之一在于它的基金，它的流动性又使其一旦出现新的产业或者新的技术就可以集中力量，通过基金的方式把它发展起来，在短时间内快速聚集财富效应，把某个产业发展起来。但是基金在这个产业发展到一定程度、利润摊薄的时候，又会撤走，寻找新的目标。

这时候我们会发现，日本的“农耕模式”在产业后续的发展当中会发挥更优势的作用，它在新的发明上可能速度缓慢，或者在新产业开始的培育阶段速度缓慢，但是它在新发明的应用过程和发明形成产品的这种持续、稳定的改进、改良过程中可发挥更大的作用。这就是一种农耕文化。

做农耕的人很难发现一个新品种的，为什么？他就在这块自留地上，想着怎么样把它做精，他不会想着要跑出去找新的品种，他也不到处游逛。

但是一个牧人可能会从外地带来一个新的品种，这个牧人可能把这个新品种试种了一下，或者在某一块田地上洒下种子了，比如发现了玉米，玉米能够产生很多粮食。但是，牧人不会长期在这儿待下去，他又会去游走，而农夫会把这些种子留下来进行不断推广，面积可能会越来越大，而且他能够不断在此基础上培育新的品种，一代一代持续下去，获得收获。

“美”过尽的中国经济

我们可以看到全球的经济实际上正在实施“一国两制”的方式，什么叫“一国两制”？我们现在在谈“中美国”这个概念，其实在这之前已经存在了一个“日美国”。

邓小平提出解决“港澳台”回归问题的“一国两制”是否也可以应用于中国未来的经济发展模式中？走出一条“日美模式相结合”的“一国两制”的荆棘之路？

“日美国”是什么意思？其实就是个“一国两制”：日本是以产业为主体，美国是以金融为主体，它们做了很好的分工。

美国通过金融，通过宏观经济统治世界；日本通过微观经济，通过产业统治世界。两者之间形成一个日美经济的统一体，我们称之为“日美

国”。它们之间形成了一种互补，或者说一个共同的需要。也就是说，它们实际上是在宏观和微观领域里以一种合作的方式来统治世界的经济，这也是一种“一国两制”。

回到中国上来。中国要做什么？是要做一个“美国”吗？不是；是要做一个“日本”吗？也不行。中国一定是一个“一国两制”，即以日本的产业模式为主体、以金融模式为辅助这样一种模式。中国不仅继续要“东亚共同体”这样一个机制来不断发展自己的产业实体，同时也需要“中美国”这样一个概念来促使自身金融机构的发达。

但是一定要注意，中国在这个过程中首先还是要根据自己的国情，首先要把“东亚共同体”这样一个在产业方面更深层次的联合体制做扎实了，在有这样一个主体的情况下，我们才能形成“中美国”这样一个金融体制，反过来形成对“中美国”这个金融体制进行制约。

如果我们单一用“中美国”这样的概念来发展中国的金融模式，或者单一用“东亚共同体”的模式发展，这都不存在互相制约的过程。如果我们所用的体制、模式与我们的条件和文化相违背，则很有可能会给我们的经济带来灾难。

再有，我们现在大学课本中的经济学教育，都是按照美国经济学的思路来设计的，这就造成了我们的人才、我们的思维全都是一边倒的“美国式模式”，这个方向应该得到修正。大学课程设计方面，我们一定要有研究日本、韩国、东亚经济历史和发展的专业课程，应该设置这些方面的专业课程和研究生制度。

中国很多古代的商业思想，与日本、韩国是贯通的，只有建立中国自己独立的经济学体系——被称为“东方经济学”的一套体系，我们才能慢慢地将中国的经济模式确立起来。

以产业为主、金融为辅这样的“一国两制”模式，实际上应该成为“中国模式”的一个特点，一个核心概念。

原文发表于《中国经济和信息化》2011 年 19 期　作者：白益民

第八章　民企打造日式财团

崛起中的中国民营企业，正越来越多地担负起微观经济重要职能。日本财团的模式对整合和壮大中国民营企业有着很实际的借鉴意义，以综合商社为纽带的微观经济管理模式值得一试。国企的混合所有制改革也给予了民营企业参与到部分原央企垄断产业领域中的机会。

对于鲁冠球来说，他旗下的万向集团本身，通过法人的交叉持股，就已经在进行卓有成效的产业链和资本链的整合，来打造一个关联性很强的鲁氏财团。他不但已经超越了“浙商”概念，而且已经超越了一般的企业家概念，有些类似于日本的财团掌门的角色了。

现在的鲁冠球早已摆脱了企业的经营管理，而转型为掌控若干企业集团的“资本家”。鲁冠球以财富的视野经营几个系列化的企业集团，正在进行从实业家到类似于日本式的财团的超越。同时，我们似乎可以看到一个日本式财团的海外运作方式，鲁冠球是要打造一个中国的“三井”吗?

作者题注：

中国的民营企业一直是经济体制改革的推动力和践行者，如今正处于从“家族企业”向“企业家族”转型的战略机遇期。如何做大做强，并能实现海外扩张，蕴含中国传统商业文化的日本财团商社体系提供了一个成熟的样本。

本章提要

随着我国经济改革的深入，不应该忽视微观经济领域，因为这是国家经济的基础。中国现在迫切需要研究日本经济模式，为经济体制改革提供多元化的思路。

鲁冠球曾公开表示，走产融结合的道路，是企业发展到一定阶段后的必然选择。他认为，实业不和金融结合，风险会随着企业规模的扩大而增加。

但是，与绝大部分企业在金融领域采取垂直战略不同，万向实行产、融分开（不是分离），并以专业化的平台进行资本运作，以规避金融风险。

在产业链上，万向的发展路径是先零件、后部件、再系统总成；先二级市场、后一级市场，以此完成产业链上的升级。

万向主业汽车零部件拥有十字轴万向节、等速万向节、轴承、传动轴、滚动体、减震器、传动系统、制动系统、悬挂系统等相关多元化格局。

整个万向集团的产业也已形成汽车零部件、市场流通、宾馆旅游、房地产、农业、金融业、实业投资等不相关多元化产业格局。

万向集团拥有40多家全资子公司、8家上市公司。万向集团、万向控股、万向三农三个核心企业之间相互持股，形成第一层面的资本扩张。

万向在发展得比较成熟的相关产业群里组建产业集团，其他产业的投资和资本运作转到万向控股（类似综合商社）旗下，使其成为一个产业培育器。

鲁冠球认为，过早的明晰产权对企业、对社会、对员工都没有好处。万向的产权越往下越清晰，越往上越模糊。产权不清不是外部的，而是内部的。

第一节 中国民企应借鉴日本财团模式

不应放弃学习日本财团模式

“中国企业现今的发展阶段可能对应的是日本的明治维新时期。”面对中国经济导报记者关于我国企业发展阶段国际比较的问题，著名产业经济学家、中国社科院日本经济学会理事白益民首先给出这样的结论。

“总是说日本失去了20年，这种观念不正确。现在中国习惯用GDP衡量发展，表面上看日本的GDP增长缓慢，但实际上日本经济发展得很好。

“日本的企业在世界各地投资建厂，创造的GDP都被统计到了所在国，而不是统计在日本的GDP中。应该用GNP衡量发展，而不是用GDP衡量。日本的GDP不光鲜，但日本的企业、民众是实惠的。

“你看温州的GDP现在是浙江倒数第一，但温州在全国和全球的投资，贸易活动，盈利是非常大的，赚的钱是非常多的。犹太人其实也是这样，他们在全球的活动非常惊人。”

白益民进而建议，应该学习和借鉴日本财团模式壮大中国民营企业，使中国由国富走向民富。

日本财团模式，其核心是综合商社。据白益民介绍，比较之下，同样由国家支持的日本财团无论企业资源整合还是海外投资都比中国企业做得好，原因是日本在海外投资和产业培养上都有一支不可或缺的力量——综合商社。

而且，以综合商社为核心，衍生出更为庞大的财团。比如三井财团里有丰田集团、东芝等多个大型跨国企业，三菱财团里有更多的世界级规模的企业。财团里有商社、金融、银行。“实际上，财团就如一只舰队，商社就是航空母舰，金融就是舰载机，产业就是财团跟随的护卫舰等各种舰只。”白益民说。

综合商社的业务主要是贸易和投资，综合商社特别强调对全球资源的控制力，并不断推进对物流领域的渗透。综合商社在海外获取资源，在整合产业链的过程中更多的资本投入放在对生产企业的上游原料物流和下游产品的销售代理权中。日本大企业通过综合商社（综合商社对产业链的各个环节的企业采用小额入股）“小资本 + 大物流”的方式被组织在一起。这种“只服务不控股”（控股主要由日本的生产型企业来做）的方式更易于形成长期稳定的合作关系，而且又把经营风险降到了最低。

据白益民介绍，20 世纪 90 年代，在“走出去”战略下，中国学习日韩模式，做大做强中国企业曾成为一种主流趋势，其间出现了研究综合商社的高潮。但在 2000 年之后便消沉下来。白益民对此的分析是：“我们目前比较重视的是防御美国的金融资本（对冲基金等）的冲击，却忽略了日本的商业军团（综合商社）正在悄悄地潜入到我们微观经济领域。”

中国人应该也有自己的综合商社

据白益民介绍，中国也有类似于日本财团的企业，如中信集团。但中信集团更像美国企业通过金融手段控制海外资源和制造业企业，这种方式是不稳定的，也不能很好地发挥产业链整合优势。综合商社是围绕着“全套完整产业链”而构造的，它们的目的是使整个产业协调统一发展。

中信集团总部虽然可以控制各个子公司并通过派遣高管直接参与子公司的经营，但产业协调能力和产业培育能力还不足。另外，中国的金融政策并不允许银行投资制造业企业，因此中信银行及中信集团的其他金融企业只能对企业进行融资支持及相关的服务支持，并不能更深入地进入产业。中信重工等制造业企业虽然在各个领域已经拥有很强的实力，但是垂直整合模式才刚刚建立，核心竞争力还没有形成。

白益民建议，随着我国经济改革的深入，不应该忽视微观经济领域，因为这是国家经济的基础。中国现在迫切需要研究日本经济模式，为经济体制改革提供多元化的思路。

崛起中的中国民营企业，正越来越多地担负起微观经济重要职能。日本财团的模式对整合和壮大中国民营企业有着很实际的借鉴意义，以综合商社为纽带的微观经济管理模式值得一试。

原文发表于《中国经济导报》2012 年 3 月 3 日　作者：杨秦

第二节

超越"浙商"

"冠球不老"的传奇

鲁冠球，1945 年生人，浙江省萧山宁围镇人，万向集团创始人，被商界誉为"常青树"

作为中国商界最老的一棵"常青树"，鲁冠球的身上其实是一段凝重的历史。是鲁冠球的自我超越，带动着万向从"萧山宁围公社农机修理厂"走向"中国万向"。

与鲁冠球同时代的企业家有很多，风流总被雨打风吹去，现在已经没有人还在舞台上与鲁冠球同台表演。但是鲁冠球还在，铸就一个"冠球不老"的传奇。在中国商界，被誉为"常青树"者，至今仍唯鲁冠球一人。

30 多年的辛苦经营，一步步地稳扎稳打，从宁围公社农机修理厂到萧山宁围万向节厂，再到杭州万向节总厂，直到现在的万向集团，以及正在成型的中国万向。

作为中国第一代企业家，冠球的同伴很多。包括步鑫生、禹作敏、马胜利、年广久等。有些人昙花一现，有些人折戟沉沙，都像过眼烟云，已经烟消云散了。而鲁冠球始终追逐着时代的潮流，保持着一种旺盛的进取热情，创造着常青树的奇迹。

冠球之老，当然在于他在中国企业家中的资格最老，更在于鲁冠球的老到。

鲁冠球从不冒进，进入万向的第一个大学毕业生、万向钱潮总裁周建群说，鲁冠球的最大特点就是"不断自我总结，不断自我反思"，做决定之前，非常小心。

万向的老员工都知道一个规则，这也是鲁冠球多年来的一个习惯，每当一个知名企业出现大的起落，鲁冠球就会让助手收集好各种资料，把万向高层召到自己不足15平方米的办公室里，一起分析该企业的得失成败。

多年来，鲁冠球一直奉行三条投资禁忌：暴利行业不做、千家万户能做的不做、国家做的万向不做。甚至当因为竞购而可能产生矛盾的时候，鲁冠球也会选择退出。

鲁冠球的稳健哲学已经成了万向的企业文化。

而鲁冠球的座驾，似乎也成了其稳健哲学的象征。沃尔沃S80——一款被认为是全球最安全的轿车。鲁冠球向来视实业为生命，严格地掌控着万向的安全系数。

超越了企业家的层次

鲁冠球的脸上写着一股霸气，大鼻子、下拉的嘴角、灼灼闪光的眼睛、颇具佛性的耳朵、爽朗的笑声，以及挥斥方遒的手势。**按照鲁迅的说法，这是一幅典型的必成大器的“南人北相”。**

鲁冠球虽然初中没毕业，但他有一个雅号叫“农民理论家”，因为他目前已经写了60多篇在国内颇有影响的理论文章。2001年，他被香港理工大学授予了工商管理博士学位。于是我们注意到，在鲁冠球的名片上醒目地印着“鲁冠球博士”。

鲁冠球几乎从不上网，但他每天都会让秘书收集厚约20厘米的各种材料，经批阅后，择重要的发给董事局成员。

现在的万向集团董事局主席鲁冠球，早已不是当年为了摆脱贫困而辛苦奔波的鲁冠球了。当初那种强烈的出人头地的梦想早已成了他的渔樵笑谈，而论其家财也已经是几辈子都花不完了。

但是，冠球并没有停下来，他还保持着积极的进取精神。而且不仅自己努力，还要求他的子女们也都要这样努力，甚至把他们“绑”在自己的“战车”上，勇往直前。

只是现在的鲁冠球，早已摆脱了企业的经营管理，超越了企业家的层次，而转型为掌控若干企业集团的“资本家”。

易经有云：“天行健，君子以自强不息；地势坤，君子以厚德载物。”

积极进取，勤于学习和思考，也许是鲁冠球没有被时代所淘汰的重要原因。

但更重要的原因也许根源于鲁冠球的精神世界。“对什么都要真诚”，“不要损害他人的利益”，“企业家精神关键是要为社会创造财富”，这些都是鲁冠球经常重复言说的话。

鲁氏父子均热心公益事业，投资支持贫困地区教育发展，帮助灾区重建，建立万向慈善基金等。从2003年到现在，鲁冠球已经捐出2760万元，名列2006年胡润慈善家排行榜第28位。

不是很认同“浙商”概念

作为中国商界最老的一棵“常青树”，鲁冠球的身上其实是一段凝重的历史。是鲁冠球的自我超越，带动着万向从“萧山宁围公社农机修理厂”走向“中国万向”。

鲁冠球是很有乡土情感的，至今鲁冠球还常常每晚驱车2个多小时回老家去住。但鲁冠球对“浙商”概念并不是很认同。

1997年就名列国务院120家试点企业集团、1999年入选“国家520户重点企业”的万向集团，已经成为中国民营企业的标杆。在这种情况下，用“浙商”这种极具地方意味的概念来描述鲁冠球，确实太过局限。

事实上，浙商概念的兴起，是在“中国即天下”时代，浙江这个地域上产生的一群具有很强同质性和地域性，且资本和产业联系性很强的商人群体。**而对于鲁冠球来说，他旗下的企业集团本身，就已经在进行卓有成效的产业链和资本链的整合。不但已经超越了“浙商”概念，而且已经超越了一般的企业家概念，有些类似于日本的财团掌门的角色了。**

鲁冠球是一个能够不断超越自身的人，“君子博学而日参省乎己，可以知明而行无过矣”。不断的自我超越，使得鲁冠球从“农民企业家”发展成为操纵一系列企业的“资本家”，再从“资本家”发展向控制若干企业集团的财团掌门人。

在第一阶段：鲁冠球以工厂的视野经营一个类似于车间的作坊，完成了从个体户到厂长的超越；第二阶段，鲁冠球以企业的视野经营一个工厂，完成了由厂长到企业家的超越；第三个阶段，鲁冠球以产业链的视野经营一个企业，完成了从一般的企业家到实业家的转换；第四个阶段，鲁冠球以财富的视野经营几个系列化的企业集团，正在进行从实业家到类似于日本式的财团的超越。

视野决定了人的境界，在历代浙商中，还有谁能达到鲁冠球的境界！所以，我们在路上看到的是硕大的“中国万向控股集团”的标牌。

模仿日本的财团机制?

鲁冠球的儿子鲁伟鼎担任万向集团总裁，兼任万向中国控股总裁，鲁冠球的三个女婿分别负责万向美国、上海万向资源有限公司及万向北京代表处。除了万向集团以外，鲁冠球与鲁伟鼎在万向控股、万向三农、万向资源上的持股比例均是90%和10%。

但是，鲁冠球并不认同万向是家族企业的说法。

万向集团的董事局共有21名董事，其中只有4名来自鲁氏家族，而在核心上市公司万向钱潮的董事会中，只有董事长鲁冠球一人来自家族内部。

戴“红帽子”出身的万向，产权是否已经彻底明晰至今还是个谜。分析人士称，万向集团下面的子公司产权是明晰的，但越往集团上层产权越不明晰。据内部人士说，鲁冠球觉得产权明晰了，反而可能会产生矛盾。

有观察认为，鲁冠球可能在模仿日本的财团机制，通过法人的交叉持股，来打造一个关联性很强的鲁氏财团。而产权的不清晰，难以界定其最终归属，也是日式财团的一大特点。

那么，鲁冠球的精神动力是什么呢？或者说，鲁冠球的企业家精神来源于哪里呢？鲁冠球并没有回答记者的问题。

在采访鲁冠球的时候，《环球财经》记者注意到他的上衣口袋里揣着一张照片。在记者的请求下，冠球出示了那张照片，一个显然很精神的小男孩。“你说的没错，是我的孙子，呵呵！”

在拿出照片向记者炫耀的时候，鲁冠球显然很兴奋，一脸灿烂的笑容。而炫耀完毕，鲁冠球还下意识地反转照片，自己欣赏了一会儿。这时候，鲁冠球的脸上写满了慈爱，一个中国式的慈祥长者，顿时展现在记者面前。

也许，就是这张照片蕴含了冠球不老的秘笈。

原文发表于《环球财经》2006 年 10 月期，作者：邵振伟

第三节 资本全球入轨

万向的产业拓展走了这样一条道路："从产品的底层次多样化阶段到产品专业化阶段，再到产业相关多样化阶段，然后发展到不相关多样化阶段"。

万向在 20 世纪 90 年代前期，在相关多元化上取得了极大的成功，形成了系列汽车零部件产业。在 90 年代下半叶在不相关多元化上又取得了极大的成功，形成了多个支柱产业，而且每个产业都取得丰厚的回报。

产融结合的资本布局

如果说万向在 20 世纪 90 年代前主要的成功是产业经营的成功，那么进入 21 世纪后则是资本经营的成功，并且资本经营进一步推动产业经营的更大成功。

走上产融结合之路可能比直接获取利益回报要更加重要。鲁冠球曾公开表示，走产融结合的道路，是企业发展到一定阶段后的必然选择。他认为，一个企业如果只搞实业，不和金融结合，风险会随着企业规模的扩大而增加。

据鲁冠球介绍，万向集团今后将向"中国万向控股"投资公司的形态发展。而万向集团所有海外投资的目的是为了给集团主业——汽车零部件制造提供一个快速发展的平台。

目前，万向集团公司将所持有的民生人寿保险公司 12000 万股股份转

万向系金融版图

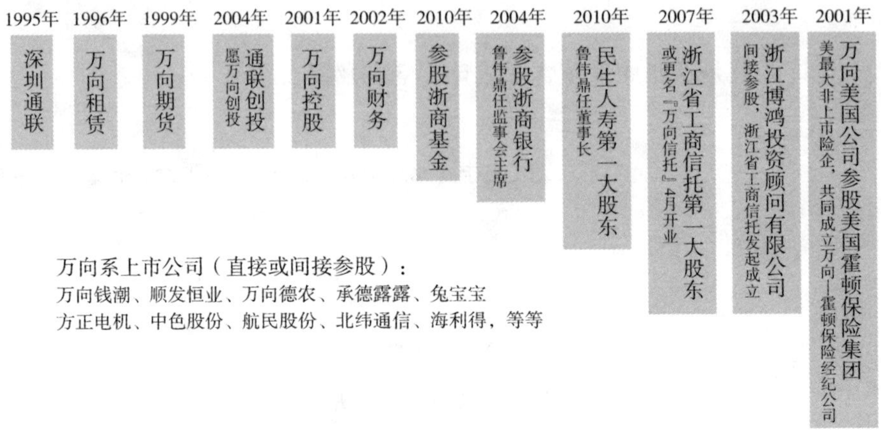

让给万向财务有限公司。据分析，这虽然是在万向集团内部的一个划转，但也发出了一个信号，即万向集团近期可能开始新一轮资本运作。民生人寿近几年来经营业绩平平，对于股东来说还谈不上投资回报。把这一投资项目放在万向集团的大账内，远不如放在财务公司的账上好看些。

创业之初，鲁冠球联合 6 位农民筹集资金 4000 元整，靠“滚雪球”似的自我积累资金，使企业慢慢壮大。1984 年，鲁冠球冲破重重阻力，开始尝试股份合作制，当年参与投资的职工就有 135 人，集资额为 30 多万元，年终兑现分红，回报率都在 20% 以上，从第二年开始，职工入股踊跃，集团内部集资额一度高达 1 亿多元。1986 年，鲁冠球又吸收中汽投资公司等社会法人向企业投资入股，从而完善了股份合作制……

20 世纪 90 年代，鲁冠球逐渐重视资本经营，并着手构建相应的资本经营体系，培育相关的能力。

1994 年，鲁冠球的嫡系部队万向钱潮在深交所挂牌上市。

2000 年，万向三农成立，鲁冠球持有 90% 股份，鲁伟鼎持有 10% 股份。尽管鲁冠球声称万向三农是围绕“农业、农村、农民”问题，回馈社会的一个平台，但万向三农是以成为综合实力强的大农业品牌企业为目标。不可否认万向是通过资本运作的方式达到在农业领域的作为。

2001 年年初成立的中国万向控股有限公司是打造万向金融王国的平台。在此之前成立的专门从事投资业务的深圳万向投资（后来改称深圳通联）、万向租赁、万向期货都逐步收归万向控股旗下。

万向集团公司、万向控股、万向三农三个核心企业之间相互持股，形成第一层面的资本扩张。到目前，万向集团旗下拥有40多家全资子公司，8家国内上市公司：万向三农等子公司参股华冠科技、航民股份、中色股份、承德露露；通过万向创投参股航天动力、兔宝宝；万向集团持有万向钱潮和兰宝信息。

2001年，万向控股、万向钱潮和万向集团公司分别按40%、30%、30%的比例出资共同组建了浙江省第一家财务公司——万向财务，注册资本5亿元人民币。这也是继“东方财务”后国内获准成立的第二家民营财务公司。

2003年，万向出资1.2亿元，投资中国首家以民营资本为投资主体的保险公司——民生人寿保险，持有14.45%的股权，与泛海集团并列为第一大股东。

另外，鲁冠球和鲁伟鼎还分别成立了万向资源（鲁冠球持有90%股份，鲁伟鼎持有10%），万向西部（鲁冠球占75%，鲁伟鼎占25%）。

从2003年开始，万向集团已经大刀阔斧，加大了旗下金融资源的整合力度。参股浙江工商信托，从而间接控制了天和证券和浙江博鸿投资以及这两家机构还共同组建有一家投资咨询公司国金投资。加上以前设立的万向租赁、万向期货和通联资本，目前万向系拥有的金融牌照多达11块。

与绝大部分企业在金融领域采取垂直战略不同，万向实行产、融分开，并以专业化的平台进行资本运作，以规避金融风险。例如，作为万向系旗下唯一绝对控股的上市公司，万向钱潮定位为万向集团核心产业汽车零部件生产的旗舰企业，一贯专注于本产业的拓展与资源整合，仅参股了万向系中的“万向财务”一家金融企业。基于这样的产业背景，万向在二级市场的操作也就具有一定的配合万向集团产业策略运作的特点。

在国际市场上，万向也加快了融资步伐。2001年，先是通过万向美国控股万向霍顿保险，共同出资成立了霍顿保险经纪公司；8月，万向迈出了海外收购中的更大一步——收购美国上市公司UAI。万向美国公司还与花旗、美林等世界著名金融机构建立了长期合作关系。融资方式包括贷款、债权抵押等。2003 年，万向美国公司创建了“万向制造基金”，邀请当地一批政界、商界的知名人士成为股东。万向美国公司在当地的融资比例已是总部投资的 2 倍，融资方式包括贷款、发行债券、债权抵押等。

稳健的多元化战略

《40 年不倒之谜》，袁丽丽著，翔实介绍了鲁冠球如何从草根到英雄，并缔造万向这个跨国商业帝国

万向 = 万向节 = 鲁冠球。

也许是鲁冠球太有名了，也许是万向的万向节太有名了，万向留给人们印象往往是：鲁冠球生产万向节的企业。

而事实上，1990 年以后，万向节在万向产品中的比重已经很小。1993 年的万向的名称已经不是杭州万向节厂了，而是无区域和产品限制的万向集团。万向节占整个集团产业的比例从 1980 年的几乎 100% 下降到现在的不到 10% 。

如今，万向主业汽车零部件已发展为拥有十字轴万向节、等速万向节、轴承、传动轴、滚动体、减震器、传动系统、制动系统、悬挂系统等相关多元化格局。

而整个集团的产业也已形成汽车零部件、市场流通、宾馆旅游、房地产、农业、金融业、实业投资等不相关多元化产业格局。

要让人们清楚地认识万向不是太容易。近年来，万向集团渐渐走上了多元化经营的道路。万向现在的产业结构是“以汽车零部件为主业的多元化产业集团”。这是因为鲁冠球看到了走多元化道路的必要性，也因为万向有了不断强大的实力条件和资源优势作支撑。

万向在未来相当长的一段时期内，将采取相关多元化和不相关多元化结合的战略，形成多个支柱产业的格局，在发展得比较成熟的相关产业群里，组建产业集团。如今，万向已经形成了几个较为成熟的集团：

代表汽车零部件的万向钱潮，是一个典型的相关多元化经营的公司，所有汽车零部件企业都归万向钱潮旗下；

大农业产业由万向三农经营；

在国外分支机构和万向进出口公司划归美国公司；

万向上海投资有限公司，其下属企业为在国内的系列贸易流通企业；

万向集团财务公司负责与金融和投资银行业务相关的系列企业；

其他产业的投资和资本运作体系将逐步转到万向控股旗下，万向控股将逐渐成为一个产业培育器。

万向并购整合走的是与实业发展相辅相成的稳健道路，在为产业发展起到推波助澜作用的同时，本身也获得了远超出实业所带来的利润。

万向在海外也采取了同样的策略。万向美国公司投资了近 30 家企业，有油田、高尔夫球场、房地产业、生物制药、软件开发、通信、能源等行业。最赚钱的是投资的 100 口油井。

农民出身的鲁冠球对农业的情结尤深，在早年创建“农业车间”失败后，又组建起万向三农集团。参股华冠科技和承德露露。“农业将可能成为万向今后的经济增长点。”万向人士说。

从战略发展进程来看，1999 年，万向集团首先设立了电动汽车项目筹备小组，并于 2002 年完成 11 部电动轿车和 5 部电动大客车的车样开发。2003 年，万向电动汽车基本性能顺利通过了国家轿车质量监督检验中心的检验，获得国家认可的开发技术资格。2004 年，万向电动汽车重大专项 WX 纯电动汽车动力总成项目通过国家科技部节点检查。作为电动汽车的先行者，万向集团有望成为首批政策制定参与者、标准制定参考者、市场准入领先者。

“一旦电动汽车的关键环节——电池技术得到突破，汽车制造业格局必将出现颠覆性的变化，而先行一步的万向肯定占有先机。”莫晓平说。

万向的产权之谜

鲁冠球为何要如此周折呢？最合理的解释是，他正在极力使万向的产权关系明确化。

万向的产权谜底似乎一直没有人能揭开，即便是万向内部人士也说不出个所以然，“企业处于上升期，这个矛盾并不突出”。

通过对各种资料的分析，可以看出，万向的产权越往下越清晰，越往

上越模糊，到了集团层面就很少有人能看懂了。

鲁冠球认为，过早的明晰产权对企业、对社会、对员工都没有好处。鲁冠球的儿子万向总裁鲁伟鼎也曾公开表示：“如果说内部要明晰产权，那么大家都吵着要分家产了，那么就没心思工作了，万向也将没有了。”看来，万向是有意不明晰终极产权。

应该说，万向几个核心企业下属的公司，产权是非常明晰的，其股权由二级子公司、母公司和外部股东构成。

在核心子公司层面，产权也很明晰，比如代表主业的万向钱潮股份有限公司，原先股权非常清楚，由万向集团公司、外部法人股、自然人（股民）构成。后来有了万向控股、万向三农后，情况稍有复杂，但还是非常清晰的。

但是到了母公司万向集团公司后产权就开始模糊。

要是追溯到原始产权，即谁出资，谁拥有，那么应该是非常清晰的，即属于鲁冠球的。当初鲁冠球借了4000元，创办了万向集团，那么鲁冠球只要把4000元还了，把雇员的工资发了，把税交了，那么剩下的就都是鲁冠球的了。但要是这么简单的话，就不存在产权不清的问题了。

不清晰的根源来自当年万向戴了一个乡镇企业的红帽子。1988年，万向只有3000万资产的情况下，鲁冠球以1500万元向宁围镇政府买断万向节厂股权。表面上看，产权的外部轮廓已经非常清晰了。

然而，被买断的股权是否还在存在于万向？以什么方式存在？占有多大比例？成为很少有人能说清楚的问题。

此外，万向一开始就是由7个人在一起创业的，后来又有第二批创业者、第三批创业者。这些人与鲁冠球同甘共苦，为万向的发展做出过极大的贡献，这也是万向终极产权不明晰的根源之一。

可见，万向的产权不清不是外部的，而是内部的。

尽管鲁冠球父子声称，不急于明确产权关系。但万向还是通过各种方式让存量资产相对明晰，然后对增量资产进行明晰。

对于原万向集团公司的存量资产，万向将其分为万向发展基金、员工福利基金、冠球基金等四大基金。

对于增量资产，万向通过成立中国万向控股、万向三农等予以明晰。

一个很典型的例子是：2000 年 10 月，万向三农成立。而万向集团介入华冠科技的时间是 2000 年 6 月。但是鲁冠球却没有让万向三农出面收购，而是曲折地先通过万向集团收购，再由万向集团转让给万向三农。

从时间上看，万向三农完全有可能提前 4 个月注册，去出面收购华冠科技；在业务上，万向三农主营大农业实业投资，华冠科技主营是玉米深加工等，方向一致；在收购能力上，万向三农注册资本 3 亿元，对外 50% 的投资限额为 1.5 亿元，万向集团收购华冠科技股权破费 5225 万元，因此这笔钱万向三农完全有能力拿得出来。

鲁冠球为何要如此周折呢？最合理的解释是，鲁冠球正在极力使万向的产权关系明确化。

鲁冠球持有万向三农 90% 的股份，另外 10% 归其子鲁伟鼎拥有，产权关系非常明晰。鲁冠球将万向集团所持华冠股权转让给万向三农，实际上是在把不明晰的产权关系明确化。

明确公司高管的产权关系，这在 2000 年实属先锋之举。一向稳重的鲁冠球，在处理产权问题上也表现出了他的精明。

此外，万向资源、万向西部等新增企业都是由鲁冠球父子控股。

原文发表于《环球财经》2006 年 10 月期，作者：梁志坚

第四节
鲁冠球欲做中国“三井”

“20 年前走出去只是为了卖产品，而现在走出去则是为了整合国际资源，这样才能做成真正的跨国公司。”鲁冠球对《环球财经》记者说。

与被政策和舆论“忽悠”出去的大多数中国企业不同，万向的“走出去”有很强的目的性。专利获得、市场升级、渠道对接、品牌利用，等

等，总之一句话，走出去是为了整合国际资源。我们似乎可以看到一个日本式财团的海外运作方式，鲁冠球是要打造一个中国的“三井”吗？

《环球财经》2006 年 第 10 期封面，万向集团鲁冠球专题，分几篇文章介绍了鲁氏财团的打造历程

《环球财经》：从产品的走出去到跨国并购，万向遇到了哪些障碍？

鲁冠球：万向走出去比较早，到国外刚开始没有大的目的。当时是计划经济时代，零部件主要面对汽车厂，计划采购，进去比较困难。而国外是市场经济，只要产品好，不管你是否计划内。我们过去是为了满足生存需要的，当时我们企业要生存发展就必须瞄准市场，国内没有就只能找国际市场。

产品要走出去，首先碰到的问题，就是市场问题，就是产品质量问题。我们先是把产品卖出去，碰到问题，然后想办法解决；后来企业主动走出去，这是一个逐步发展的过程。

从产品的走出去到跨国并购，我们碰到许多困难。产品开始进不去，只能先供给二级供应单位，它们生产的东西再供给汽车整车制造厂。

《环球财经》：万向跨国并购的意图主要是什么？

鲁冠球：我们把外国公司收购过来，目的是进入它们的市场。我们国外的战略，就是把中国生产的产品，销售到国际市场。要把产品卖到国际市场，就要利用国际资源。20 **年前走出去只是为了卖产品，而现在走出去则是为了整合资源。但凭我们自己的力量也不行，这涉及若干国家的产业链，我们要把（国内和国外）两方面的资源组合起来。**

《环球财经》：如何规避并购风险？

鲁冠球：风险的规避关键是靠自己的能力，不超出自己的能力是最好的规避方法。一般失败都是超出了自己的能力。有多少能力办多少事，不要超乎自己的能力。只有自己救自己。

《环球财经》：万向对国际市场资源的掌控情况如何？

鲁冠球：不出去不知道自己的差距，知道自己的差距，方向就明确

了。用它们的技术，用它们的管理，最重要的是用它们的市场网络。它们的市场网络是长期的，稳定性很高。中国讲关系，往往因关系原因而改变。所以国外市场进去很难，但进去后很稳定。

《环球财经》：怎样看待汽车零部件产业向中国的转移，万向将怎样应对这种趋势?

鲁冠球：从20世纪八九十年代到现在，国外制造成本越来越高，劳动力成本越来越高，产品销售效益就下降。现在欧洲、美国的汽车零部件产业都向亚洲转移，主要是中国和印度，这是逐步的过程。中国劳动力素质整体上比印度要高。我们生产配给它，我们也得益，配套厂商也得益。国外汽车零部件生产成本上升，效益下降，对汽车整车厂而言，唯一的办法就是把成本降下来，只能直接采购中国的，否则无法生存。

《环球财经》：怎样看待汽车零部件跨国公司大规模进入中国，特别是德尔福、博世等在中国的并购?

鲁冠球：国际竞争对手进入中国，和它们竞争难度比较大。我们要充分发挥我们的优势，它们需要融入的时间，（我们和跨国公司）有成本差别。中国的汽车零部件企业需要联合，大家共同分工。

我们发展要快，慢一步就有可能被吃掉。

《环球财经》：万向的融资渠道有哪些？是否利用浙江一些民间资本。

鲁冠球：钱主要来源于三个方面：一是主要靠自己积累；二是社会募资；三是银行资金。我们目前不缺资金，虽然是民营企业，但我们并没有遇到贷款难的问题。从银行贷款，实力是基础。

民间游资我们不用，它们要价太高。

资本也是积累，市场也是积累，技术也是积累。

《环球财经》：万向在自主创新方面投入情况如何?

鲁冠球：我们是并购引进技术和自己研发相辅相成，自己研发是基础，没有自主研发能力，并购过来的技术也无法消化。

原文发表于《环球财经》2006年10月期　作者：邵振伟

第五节
万向基因

依然产业为源

万向目前已成为初具跨国公司雏形的国内一流大型多元化企业集团。但万向始终把汽车零部件制造当作主业，全力发展。

汽车零配件是万向原来最大的现金流来源。在对汽车零部件行业的国内外整合告一段落，在这一领域的发展空间受到局限，而万向已经拥有了多元化发展的充足资金的情况下，鲁冠球也没有把主业放在资本运作上，而是万向成立了万向三农，发展方向依然实业。

鲁冠球对于万向的资本经营有自己的理念，他认为资本经营必须以产品经营为基础，资本经营是为产品经营服务的。这与德隆等专门玩资本经营的理念完全不一样。

也正是如此，万向构建了更有效的风险规避机制。相比之下，德隆的资本经营就缺乏理性，不讲求投资回报，不追求社会财富的增值。这决定了万向不会像德隆们一样，一夜之间倒塌。

据知情人透露，在资本市场上，万向收购的都是符合自身发展方向的，但德隆往往会横插一杠，在万向收购襄阳轴承、河南原阳制动器公司、承德露露、华冠科技等都遇到过高手过招的较量。

而如今，德隆已经轰然倒塌，而万向依旧。

坚持专业化，也形成了万向的核心能力。万向最初的核心产品——万向节，如今的成本是10年前的2~3倍，价格只有当年的一半，但随着生产规模不断扩大，技术和效率不断提高，10年来，万向钱潮的利润还是增长了6倍。

在万向的发展历程中，鲁冠球不乏许多大胆进取的决策，但鲁冠球从来不做暴利业务投资。这肯定是“常青”的秘诀之一。

万向在20世纪末就开始有意识地培育核心能力。

万向的能力培育是全方位的。包括核心业务经营能力、产品开发能力、市场营销和拓展能力、资本经营能力。

万向的核心能力主要体现在鲁冠球的洞察预见力和万向的组织运行体系上，在鲁冠球的英明决策和一个严密的组织运行体系下，万向总能通过锲而不舍去实现目标。

坚持技术为根

在技术战略或研发战略方面鲁冠球从未懈怠。鲁冠球从1980年3万套万向节报废入手，最先提出了“先生产后生活”的技术路线，规定每年税后利润的80%必须用于技术投入，并改15年折旧为7年折旧，集中资金进行技术改造。后来更是提出了技术战略的“四高”政策，即“高起点投入、高精尖设备、高层次人才、高档次产品”。

“我们的策略是在自己能力范围内，不断提高、提高、提高……”鲁冠球说。

为提升技术支撑，万向投巨资先后建起国家级技术中心、国家级实验室、博士后科研工作站、高科技孵化中心以及万向北美技术中心和万向研究院，建起强大的科技队伍。迄今技术中心投资已超过2亿元，并在全国国家级技术中心评比中连续五年列前8名，国家级实验室出具检测报告获得40多个国际组织互认资格。

万向北美技术中心的成立则保证了技术的国际对接，万向技术得到国际主机厂认可。1984年万向跨出走向世界的第一步，1997年以前万向集团产品的主要市场还是汽车维修市场。1997年，万向集团产品首次打入通用公司的生产线，2000年又成功成为福特公司的配套商，成为第一家进入国际一流主机厂配套市场的中国企业。

鲁冠球说：“走向世界的过程，就是学习提高的过程。在这一过程中，只有老老实实，甘为人下，潜下心来，学到真本领，才能有前途。”

在“接轨国际先进技术”的战略前提下，万向以专利竞争战略为核心，逐步探索出一条技术国际化新路子。**专利战略主要围绕“外国专利开**

发、专利引进、专利收买和合作开发专利”为主要方向，并取得较好效益，成为世界上拥有万向节专利最多的企业。企业在提高自主创新能力的同时，核心竞争力和品牌美誉度得到进一步提升。

构筑集团框架

在组织战略或公司治理结构战略方面鲁冠球长期以来用心良苦。从最初的承包制，到稍后的股份合作制，再到后来的总厂式管理，最后发展到“大集团模式，小核算体系，资本式运作，国际化经营”的集团化管理模式，鲁冠球探索企业治理结构现代化的步履与时俱进的。

集团化管理模式运转以后，鲁冠球在集团内着手进行了一些新的尝试：

把原先作为集团核心的万向节总厂改造成规范化的股份有限公司——万向钱潮股份有限公司，成为集团最大的子公司；

把原先集团下属的所有企业全都改组为有限责任公司，实行工厂公司化，把原先行政上的放权变成经济上的放权，让集团公司的全资企业、控股企业都变成有独立法人地位的、直接面向市场的竞争主体；

在下属企业改组为有限责任公司和股份有限公司的基础上对集团公司进行规范化股份制操作；

将整个集团的产业分块划分为：万向集团、万向钱潮、上海万向、万向美国、万向三农。

同时，万向已经开始进行生产布局，在整车厂附近设立模块厂，把一些生产搬到国内成本更低的地区，把初级加工外包等。这些措施将加大万向的制造优势和供货及时性。

通过这些改变，万向对外开拓国际市场和整合各种资源的能力大为增强。

加强风险防范

在企业发展的每个关键阶段，鲁冠球都会表现出一种非同寻常的冷静和耐心，他总是固定自己的目标，并选择最佳时机进入。

在万向的发展历程中，鲁冠球不乏许多大胆进取的决策，但鲁冠球从

制造	农业	资源	投资	海外
万向工业集团 1969年始创 1994年旗下万向钱潮深交所上市 1996年收购万向机械等	万向三农 2000年成立 2002年收购华冠科技，更名万向德农，上交所上市	万向资源 2001年成立 2004年收购兰宝信息，更名顺发恒业（深）	万向控股 2001年成立 万向财务、万向租赁、万向期货、通联资本等先后收归旗下	万向美国 1994年成立 先后参股或控股霍顿保险、美上市公司UAI等9家公司、成立方向制造基金
	先后参股航民股份、中色股份、承德露露	成立万向西部，先后参股航天动力、兔宝宝，纳入房地产、物业、酒店、开发业务	先后参股或控股航天动力、兔宝宝、民生人寿保险、浙江工商信托、天和证券、博鸿投资、浙江商业银行	2003年收购洛克福特公司

销售体系

产　商　融

来不做暴利业务投资。产业拓展、区域扩张、收购兼并……贯穿于万向整个发展历程的是鲁冠球的谨慎精明，而且谨慎精明与大胆进取往往体现的和谐统一。

在产业扩张中，万向集团实行由近及远，与自身的控制能力相匹配；由小到大，与自身的发展规模相匹配；从本行到其他，与发展中抗风险能力相匹配的谨慎产业扩张战略。

1994 年万向就动了收购舍勒公司的念头，但直到 1998 年才进行收购。最初开价 1936 万美元的舍勒，最终被 42 万美元收购成功，这就是鲁冠球冷静和耐心的回报。

同样，2000 年下半年开始与 UAI 公司谈判，耐心等待一年以后，以该公司过去一年股票平均交易价格再降低 31.86% 的价格收购成功。

从 1994 年起，鲁旗下就已拥有上市公司万向钱潮，然而，面对资本市场上的各种概念，鲁冠球从未有过任何盲动。在选择并购对象的时候，鲁冠球始终延续其一贯的专注风格。**严格地按照自身的产业及战略规划布局来选择合适的并购对象，从真正所需方面进行并购。或为了市场，或为了技术，或为了产业链的延伸，或为了融资需要，或为了产业升级……**

“不要动不动就想跨越。”鲁冠球说，不是不要跨越，要的是企业质的跨越。他给万向提出的“跨越”要求是，真正地开拓创新，在世界市场上树立起自己的核心竞争力。

自从万向诞生之日起，按季度算，万向就没有一个季度亏损过。在所有年份里，万向的增长速度都没有高于过100%，而三株、巨人等等一些企业曾经增长速度高达300%。除了1990年，万向的年度增长也从未低于过30%。这表明万向的增长没有大起大落，而是比较稳健地保持了较快的增长速度。这与鲁冠球的谨慎精明不无关系。

原文发表于《环球财经》2006年10月期，作者：梁志坚

第六节

鲁氏财团隐现

从掌门企业到掌门财团

万向集团作为资本市场赫赫有名的财富家族，汽配、农业、能源和金融是集团的四大主业。控股、参股着若干家上市公司，主要有：万向钱潮、承德露露、华冠科技、中色建设、兰宝信息和美国纳斯达克上市公司UAI。

万向集团在实业方面的投资多通过旗下的万向钱潮、万向三农、万向资源等来完成。

万向钱潮是万向集团制造业的核心资产，拥有1个技术中心、5个主营公司以及30多个汽车零部件专业产品生产基地，任务则是整合汽车零部件产业链。

万向三农是华冠科技的第一大股东和承德露露的第二大股东，通过万向三农整合农业的意图非常明显。

上海万向资源有限公司是万向在资源产业的主营公司，拥有上市公司中色建设10%股份，立足有色金属、黑色金属、石油化工三大业务领域。

万向集团的海外业务，目前由万向美国公司负责，统一运作海外投资并购和市场网络的建设。

万向在金融领域的扩张以“万向控股”为龙头，发散式将众多金融机构纳入体系之中，整体架构非常清晰。“万向系”进入金融业的触角已很深，目前其投资的金融机构达6家，直接或间接控股上市公司10家，持有的金融牌照达11块，总投资额为12亿元。在海外则设立了万向美国制造基金。

2002年，万向控股、万向钱潮、万向集团分别按40%、30%、30%的比例投资组建万向财务公司，该公司除了不能开展吸纳个人储蓄等国家禁止的业务以外，几乎具备商业银行的主要职能。同时，万向还成为民生人寿保险的第一大股东、浙江工商信托的第二大股东、浙商银行的第一大股东。

注册资本金12亿人民币的万向财务公司，成为万向集团开拓金融版图的先行军。图为2007年同花旗银行达成战略合作协议

1995年成立深圳通联投资有限公司，是万向向投资银行业务延伸的专业性投资银行机构。2000年成立万向创业投资股份有限公司，是一家专业风险投资公司。

顺发恒业有限公司是万向集团中集旅游、酒店、房地产为一体的服务公司，任务是形成万向在服务领域的业务延伸。下属房地产、纳德大酒店、千岛湖旅游等相关服务业。

在整车制造领域，万向投资成立万向电动汽车有限公司，致力于发展清洁能源技术和节能环保汽车，目前已有万向研发生产的电动大巴公交车在杭州环西湖运行。万向还参股广汽，成为其第二大股东。

一个庞大的资本帝国，正在日渐清晰。鲁冠球“会有10个集团”的梦想，已经在逐步逼近现实。而鲁冠球也逐步摆脱了经营管理的企业家层次，完成了向资本经营管理角色的跃迁。

观察认为，比较认同日本车企模式的鲁冠球，似乎正在努力打造一个日本式的鲁氏财团。

据知情人士分析，中国万向控股集团的成立并不仅是为了在金融领域扩张，而且是鲁冠球模仿日式财团运作机制的一个战略步骤，鲁冠球有可能通过万向集团和中国万向控股集团的交叉持股等资本运作方式，打造一个关联性很强的鲁氏财团。而这也恰恰与鲁冠球所说的未来的万向将成为一个拥有数个集团的“控股公司”的模式相印证。

在日本的发展过程中，形成了一些主要的财团，这些财团通过对核心资源的掌握，整合了相关产业链，对日本经济发展和民族产业振兴起到了至关重要的推动作用。

日本的财团通常以金融部门、实业和综合商社的交叉持股和横向联合形成。其中实业部门大都最终发展为以产业和行业分类的纵向垂直一体化的企业集团，而综合商社则成为“产业组织者”。

对于万向系来说，目前虽然已经涉足金融业，但受制于国家相关政策，金融对于产业缺乏整合能力；并且在其主导产业汽车产业链中，由于缺乏整车制造环节，核心资源和市场控制能力并不是很强。更为重要的是，万向的流通贸易部门独立性不强，还不能形成综合商社的功能。因此，万向能否形成鲁氏财团，有待进一步发展和观察。

但是，日本财团所具有金融部门、实业和商社等要素，万向系已初步具备，已经有了财团的雏形。

攀升如蔓藤

在选择并购对象时，鲁冠球延续了其一贯的专注风格。始终寻找对其产业链有关联的企业，进行优势资源互补。万向在美国的四大并购，都主要是围绕渠道和主打产品进行的。其中有两家都和万向节关系密切。

2000 年收购的舍勒公司，是一家主要在美国市场销售汽车零部件的经销商，是第一个购买万向集团万向节并贴牌“舍勒”商标的国外公司；2003 年收购的美国洛克福特公司，是全球最大的翼形万向节传动轴一级供应商。

而位于美国芝加哥的UAI公司，主要制造和销售制动器及零部件等系列产品，客户涵盖了美国各大汽车零部件连锁店及采购集团。收购UAI公司，使万向在汽车制动零部件领域进一步得到先进技术的支撑，并打开产品的世界市场渠道。

在万向集团核心企业——万向钱潮总经理周建群看来，德国的GKN公司无疑是万向的榜样，“GKN专门做等速万向节、等速传动轴，做到了全世界市场的40%以上”。从2002年开始，万向集团的万向节就占全世界市场份额的12%以上，中国市场第一。“做精做强，就有高附加值。”周建群说。

目前，万向钱潮旗下有32家子公司。

在产业链上，万向的发展路径是先零件、后部件、再系统总成；先二级市场、后一级市场，以此完成产业链上的升级。

守卫主业

业内人士预测，2007年前，世界汽车巨头在低成本国家的零部件采购额将达到500亿美元，其中70%将来自中国。

鲁冠球分析，从20世纪八九十年代到现在，国外制造成本越来越高，劳动力成本越来越高，汽车零部件生产成本上升，效益下降。“对汽车整车厂而言，唯一的办法就是把成本降下来，只能直接采购中国的，否则无法生存。”

显然，鲁冠球对中国汽车零部件的市场前景非常看好。但是，对于中国汽车零部件行业的老大万向来说，2006年的形势似乎又紧张起来。

目前，全球排名前100位的汽车零部件供应商中有70%已来华开展业务，它们都在中国共享低成本的制造能力。而在中国汽车工业协会和国家统计局近日联合发布的“2005年度中国汽车零部件百强”排行中，外商投资企业已占54家。

《供应链为王》，杨达卿著，全书分别从汽车业、粮食业、酿酒业、烟草业、食品业、钢铁业、稀土业等领域分析三类产业生态链

这位睿智的老人，依然充满危机意识。“国际竞争对手进入中国，和它们竞争难度比较大，”鲁冠球不无感慨地说，“发展要快，慢一步有可能被吃掉”。

其中，仅德国博世公司就在华投资20家工厂，设有10个代表处、5家贸易公司、7家独资企业以及10家合资企业，产品广泛涉足于电喷、ABS、控制和传动系统等多个领域。德国博世集团董事兼亚太地区业务负责人孔陆德博向媒体透露，2006年至2008年，博世集团将在中国增加6.2亿欧元投资，相当于此前集团在中国投资额的总和。

而美国德尔福、德纳，日本电装、住友、富士通电子，法国法雷奥等零部件跨国巨头近年在中国的投资扩张也相当引人注目。

在美国申请破产保护并成为万向并购对象的德尔福公司，在中国的业务却如日中天，现拥有14家零部件制造工厂，总投资超过4.5亿美元，生产40多个大类的产品。自1994以来，德尔福在中国以年均24%的增长率快速发展，去年在中国的合并报表收入超过6亿美元。

与这些外国企业相比，万向在技术方面的差距比较明显。拥有的专利数量似乎说明了问题，在汽车零部件领域，德国博世拥有专利8394个，日本电装拥有7194个，法国法雷奥拥有3927个，美国德尔福拥有1255个。而作为中国汽车零部件业的领头者，万向集团专利总数只有295个。

在零部件跨国公司来华共享低成本优势的情况下，生产制造的成本优势并不能成为中国企业持续发展的能力。鲁冠球估计，在未来若干年里，这个优势还能保持，但会逐渐缩小。

万向钱潮总经理周建群进一步解释说，“汽车零部件跨国公司在中国的生产，由于决策程序慢等原因，成本仍比万向高出3%左右，”另外，“美国通用也支持我们，目的在培养一个竞争对手”。

但是，外资零部件企业也在不断累积自身的优势，有关专家认为，外资今后占据的市场份额仍将越来越大。

一个有利的消息是，知情人士透露，在由中国汽车技术研究中心承担的课题中，国家正在酝酿对外资过度投资汽车零部件行业进行限制。

跳出圈外之后

在从机场到萧山市区和从宾馆到万向集团的路上，我们看到了几幅硕大的路牌，上面赫然写着“中国万向控股有限公司”。

根据鲁冠球的设想，未来的万向将成为一个拥有数个集团的控股公司，“将来假如汽车零部件不挣钱了，也可能投资其他行业，比如农业”。但是，对目前的主业并不能轻言放弃，汽车零部件产业的目标依然是做强、做大。至于要做到多大，要看市场的变化。“他变，你不变，那你会倒霉。”

万向的转型实际并非从今日起，实际上，从鲁冠球创业之初，转型就一直在进行。这是和鲁冠球在不同的基础上应对市场环境并不断超越自身密切相关的。

万向集团首席工作室总经理莫晓平介绍，万向的发展有几个关键转型：第一次是在 20 世纪 70 年代末，从低层次产品多样化转型为专业生产万向节；第二次是在 20 世纪 80 年代，开始从单一万向节生产专业化转型为汽车零部件系列化；第三次是在 20 世纪 90 年代，在子公司专业化生产的基础上，开始形成涉及汽车零部件、农业、金融多元化的企业集团。

随着万向的转型，鲁冠球本人也完成了转型。目前，鲁冠球只担任了两个职务：万向集团董事局主席、中国万向控股集团董事长。企业甚至集团的日常经营管理，鲁冠球已经放手，从经营角色转变为投资人角色，从企业家转变为“资本家”。正如鲁冠球所说，他的精力已经脱离了企业层面，“一是分析哪些产业可以进入，二是哪个人可以用，三是哪里有资源我们可以用”。

而曾经跟随鲁冠球一起打天下的老人，也顺理成章地离开了企业一线，作为万向的元老院转型为企业运营监督和资产收益人的角色。

对于中国企业来说，创业人员的转型也许比企业的转型更为关键。20 世纪 70 年代以后，中国的第一代市场型企业多为“教父型”企业，但往往因为创业人员无法转型，使得企业也无法转型，最终免不了“人亡政息”。

正如黄炎培先生所说，“所谓‘其兴也勃焉，其亡也忽焉’，一人、一家、一团体、一地方乃至一国，不少单位都没有跳出这个周期率的支配力。一部历史，‘政怠宦成’的也有，‘求荣取辱’的也有，‘人亡政息’的也有”。

《做强做大做久：鲁冠球和万向集团基因大解析》，夏伯尧著，万向人从深层次破译了万向集团长盛不衰和鲁冠球作为民营企业家常青树的奥秘

根据夏伯尧所著《做强做大做久：万向集团基因大解析》介绍，万向集团“把投资和资本运作整合到新设立的‘中国万向控股’下面，并让其参股投资万向内部的实业和实施对外投资，通过中国万向控股孵化不相关产业”。

“农业、工业、资源都可以做，会有几个主业，会有若干集团，要一个一个做好，但是不能急。”鲁冠球这样描绘他的理想。

2001年以来，中国热衷于资本运作和产业整合的大鳄们纷纷倒下——中科创业、托普系、德隆系，以及顾雏军的“格林柯尔系”，虽然所有事件爆发都各有直接原因，但都崩溃于顷刻之间。

有关人士分析，资本运作没有坚实的实业基础，产业整合消化不良，是这些企业的通病。

但是，同样在资本市场大手笔频出的鲁冠球依然常青。

“风险的规避关键是靠自己的能力，不超出自己的能力是最好的规避方法。一般失败都是超出了自己的能力。”类似的话鲁冠球不断重复着。

据万向工作人员介绍，在过去的几年中，万向集团投资部提交到鲁冠球那里的投资计划书里，百份里难有一份通过。即使是追踪多年，信息非常充分，他的儿子、身为万向集团总裁的鲁伟鼎认为收购方案已经十分成熟的项目，鲁冠球也常常在最后行使他的一票否决权。

鲁氏父子的多元化投资也有过失误。20世纪80年代，鲁冠球承包了一个小岛，投资数亿搞立体生态农业，结果失败了；90年代搞创汇农业，又没有成功。2001年底，在鲁伟鼎的操盘下，万向宣布投入10亿元巨资，成立万向通信，发展电信增值服务业务。2002 年万向通信资产总额 99317 万元，营业额仅 681 万元，税后实际亏损 2225 万元；2003 年资产总额 99766 万元，营业额大幅增长到 6883 万元，税后仍然亏损 1226 万元。最终万向不得不逐步舍弃这些业务，主力向鲁冠球擅长的汽车领域回归。

万向的转型，实际上依然以产业链整合特别是主业汽车零部件产业链的整合为基础，否则，万向就没有稳定的战略后方，就很难驾驭得了资本的力量。相映成趣的是，万向集团的总部还在万向钱潮院内那座 80 年代修建的“毫无气派”的六层小楼上。

为解决多元化与专业化的矛盾，鲁冠球的设想是总部执行投资多元化，而下属公司则是专业化。在万向集团，鲁冠球负责“大方向”，而万向钱潮负责整合汽车零部件，万向三农负责整合农业，万向资源负责发展资源产业等。

原文发表于《环球财经》2006 年 10 月期，作者：邵振伟

第九章　央企试水财团模式

中信集团作为直属于国务院的特大型国有企业，在全球资源能源获取、保证国家资源供应上起着重要作用。为了应对越来越激烈的国际竞争，中信集团试图通过做产业组织者让其在金融、资源、能源和制造业的资源得到有机整合，从而形成全产业链竞争力。

财团实际上是“航空母舰群”，是平台，央企打造的财团应该有产业、商业、金融，跟中小企业捆绑发展，以便让更多的中小企业发挥作用；中小企业应该变成一架架“专业战斗机”，在这个平台上起降。但是央企搞财团模式后，却在压榨中小企业。

中国最大的问题在于还没有一家央企像日本综合商社那样担当“产业组织者”的角色！我们往往把它理解成控制者。其实外来的控制来自你自身的缺失，如果中国也有自己的产业组织者，中国也有商社，也有财团，形成“产商融”三位一体结合的经济制度，就不可能被人控制。

作者题注：

国资委旗下的中央企业面临混合所有制的机制转换，应该是央企之间的跨行业整合，是央企与地方国企之间的跨地域整合，是央企与爱国民企之间的价值观整合，只有如此才能铸造“国民一体”、“内和外战”、符合中华民族复兴与全体国民利益的经济制度。

本章提要

中信虽然也有国际贸易公司，但是还不具备综合商社的产业组织能力，也没有可能通过贸易带动投资，而是单纯地做贸易。

曾经的招商局也是中国近代工商业的组织者，它创办中国第一条铁路、第一家银行、第一家铁矿、第一家纺织厂……开创了很多民族工业的“第一”，今天大家熟悉的唐山开滦煤矿也是招商局办的。

产融结合，应当向外结合，而不是公司内部搞一些东西。并且在产、商、融的结合中，我一直强调商很重要，商相当于产业投行，金融并不懂产业。所以中石油最大的问题不在于产业和金融的结合，而是商权丢了。

所谓的产业链竞争，就是每个企业都要找准自己在产业链中的位置，而大财团或者是商帮就担当起梳理产业链的角色，把不同的企业安排在产业链的上下游，避免它们在同一个平面中进行恶性竞争。

传统上大家以为通用电气做的是制造，其实它是做平台，把很多企业捆绑在平台上，它实际上是个综合商社。所以，央企的战略定位应该在“服务”二字上。

只有保住市场才能换来技术，当我们的市场被别人蚕食殆尽以后，我们是不可能换来技术的。与其用市场去换技术，不如用市场去换股权。

我们国家曾经把企业分为国有企业、集体企业，私营企业三种类型，也就是说，在当今的私有企业与国有企业之外，我们忽略了集体企业。

民间资本也可以进入国有资本，形成交叉持股的关系，建立产业链上分工的秩序。一旦形成这种利益共同体，也就不会出现所谓的“国进民退”的说法了。

第一节

国企之殇 不能稍忘

接连沦陷于外国投行之手

殇：意为悲伤，非死亡；沦陷：意为陷入不良境地，非被占领。

高盛、大摩、美林等，一个个光鲜的美国著名投行，都将其“热情”不吝啬地投给了中国。只要细细盘点那些跟外国投行瓜葛过的中国企业，所见之处，均留下一片狼藉。

该书是中国第一本深入分析和研究高盛如何欺诈中国企业的专著。作者张晓东，2011 年出版

华尔街曾流行这样一句话：“你设计出一个复杂的金融产品，在欧美卖不出去，一定能卖给中国。”华尔街还流行过这样一句话：“他们卖给我们有毒的牛奶，我们卖给我们有毒的金融产品。”

2009 年底，国务院国资委副主任李伟在党报上发表措辞尖锐的长文，直点高盛、摩根士丹利等投行的名字，他指出：“中国国有企业所遭受的巨额亏损与国际投行恶意兜售带有欺诈性的、设计复杂的高杠杆产品有很大的关系。”

据统计，截至 2008 年 10 月底，共有 68 家央企涉足金融衍生产品业务，浮亏 114 亿元。其中有 26 家央企是自行在境外从事场外金融衍生产品业务（OTC），且大都与交易对手私下签订的是“一对一”的非标准化合约。而这种所谓的一对一的选择交易，一方亏损才有一方赚钱，交易风险大，透明度不够。

在国际金融市场上缺乏实战经验的中国央企“内战内行，外战外行”，哪里算计得过“久经考验”、具有丰富实战经验的资深外国投行！在这样的背景下，如果一味对资深投行抱着“莫名其妙的好感”，“站着出去，躺着回来”的概率必然大大增加。除此之外，中国央企通过大型商业银行，还大批购买了摩根士丹利、美林等国外投行设计的相关金融衍生产品。

中远衍生品巨亏

中国远洋（601919，SH）在2008年年报中披露，截至2008年12月31日，中国远洋所持有的FFA（远期运费协议）产生浮亏41.21亿元。

从2007年初，中国远洋开始陆续签订FFA协议。随着中远在FFA上持仓的扩大，公司作为中国最大的FFA市场参与者，也开始引起西方投行的注意。据中国远洋内部人士透露，起初中国远洋的交易对手主要是船东和货主，但是到了2008年，高盛等金融机构也参与进来，高盛等投行取代传统的船东和货主成为中远的主要交易对手，是导致中远现在巨额亏损的原因。

中远的主要交易对手变成金融机构后，后者贪婪追求暴利的本性，驱使它们利用自身技术优势、资金优势和销售优势，借助复杂的产品，将中远的正常套期保值活动变为它们欺诈、鱼肉的猎物，它们与中远签订了大量名为套期保值、实则高风险的欺诈性合约。

深南电与高盛签订石油期权事件

2008年3月12日，深南电某高管与高盛的全资子公司杰润公司签署了两份未经授权的对冲合约。专业人士分析称，对高盛来说，这两笔合约交易最多亏300万美元，最多可以赚几亿美元，对风险有完全的控制；对深南电来说，最多盈利300万美元，最大亏损几亿美元，对风险没有任何的控制。

因此，深南电与高盛的协议不是一个对赌协议。如果非要说成赌博，也是一个深南电失败的概率为100%的赌博协议。

2008年12月，深南电公告终止与高盛全资子公司杰润公司签下的期权合约，之后，杰润方面多次发函催缴有关欠款。深南电2009年年报显示，杰润公司要求深南电支付因违约而给杰润公司造成的损失近8000万美元，及利息合计近8370万美元。

中国国航失手燃油期货

中国国航（601111，SH）公告显示，国航持有的套期保值合约订立于

2008年7月间，当时，国际油价正站在140美元/桶以上的历史最高位。2008年10月中国国航首发公告称，由于近期国际原油价格急剧下跌，其持有燃油套期保值合约的公允价值出现负值。11月22日公告显示，截至10月31日，公司在燃油套期保值的合约公允价值损失约为人民币31亿元。

一位长期从事期货研究的分析师表示，国航签订的套保合约，并非是在期货交易所中进行的正规期货套期保值，而是私下与对手方签订的合约，这和深南电A对赌石油衍生品合约十分类似。换言之，只有油价一直保持高位运行甚至不断上涨，公司才能获利。

碧桂园衍生品巨亏事件

碧桂园（2007，HK）2008年12月28日公告称，公司由于衍生品投资，造成不超过2.5亿美元的损失。

时年2月碧桂园曾发布公告，与美林（新加坡）达成一项发行、认购5亿美元（约合35.95亿元）的5年期可换股债券协议，以及总价值2.5亿美元现金结算股份掉期协议。

根据协议，若最终股价高于初步价格，碧桂园向美林收取差额；若最终股价低于初步价格，则美林向碧桂园收取差额。初步价格将按股份掉期公式厘定，而最终价格将参考指定平均日期有关股份价格的算术平均数。简而言之，碧桂园赌的是股价涨，美林赌的是股价跌。

中信泰富事件

中信泰富（00267，HK）2008年10月20日宣布，集团为了澳洲铁矿石项目进行的杠杆式外汇买卖合约已引致亏损共8.07亿港元；而仍在生效的杠杆式外汇合约，按公平价定值的亏损达147亿港元。

中信泰富在澳大利亚有一个名为SINO－IRON的铁矿项目，该项目是西澳最大的磁铁矿项目，项目中需要的设备和大量成本支出都必须以澳元来支付。为了降低澳元升值带来的货币风险，签订若干累计期权（accumulator option）的杠杆式外汇买卖合约。

这种衍生品的吸引力在于当市场上升时令投资者可以平价买到看涨的

股份或资产；但是当资产价格下跌时，投资者将损失惨重。即收益有限，但亏损可是无限的。

警惕！切忌“好了伤疤忘了痛”

以上为2008年时中国企业海外衍生品投资上出现巨额亏损或潜在亏损的部分事件一览，当然，中国企业衍生品投资巨亏远远不止于此，中国期货业协会一名李姓负责人在接受媒体采访时说道，2008年ST东航、中国国航、中国远洋等企业，在投资金融衍生品时，有上百亿元的黑洞，其中仅东航一家，衍生品亏损就高达62亿元，而包括上述3家企业在内的23家央企，亏损高达数百亿元，如果再将央企和地方国企加起来算，衍生品总亏损额不下1000亿元。

如果把这些视为中国企业出海的学费，这笔学费也未免交得太昂贵了些！尽管这些事件离现在已经过去了一年多，但如果“好了伤疤忘了痛”，那么离下一笔交学费的时间，不会遥远！

算账！拜金文化冲击中国

《贪婪的资本主义》作者神谷秀树历任高盛公司职员、投资银行家，在书中探究了雷曼兄弟、AIG等公司的破产原因

2010年4月16日，当高盛被SEC（美国证交会）起诉的消息传出后，有外国媒体称，这是奥巴马对高盛的秋后算账。如国资委副主任李伟所言，在中国“恶意兜售”带有“欺诈”性质金融产品的高盛、大摩等美国投行，中国人民又该何时对它们算账？

2005年12月15日，时任高盛亚洲董事总经理的胡祖六在上海2005中国国际金融论坛上做了题为“外资对中国金融安全和国家安全的影响”的演讲，核心观点是只有中资银行全部卖给外资银行，或者让外资控股70%以上，中国金融体系抗风险的能力才能达到最强。

胡祖六指出，韩国的经验最有戏剧性，在1997年爆发世界危机前，韩国是世界上最保护本国体系的国家之一，但是1997年底爆发的金融危机使韩国从长期的金融闭关中惊醒，从1998年初金大中总统开始改革以后，历届的韩国政府都采取了更开放的政策，至2005年，韩国前七家银行平均外资的持股率是70%以上。

针对胡祖六的观点，人大国际贸易和经济学博士刘崇献于次日发表了题为“胡六祖的全盘西化论可行否”的评论文章，文章指出：

在金融危机中接受IMF救济的国家一般都要接受以“华盛顿共识”为基础的一揽子开放国内金融体系的改革措施，否则IMF不会轻易施救。而以“华盛顿共识”为基础的金融改革方案对于一个主权国家来说几乎是新的“二十一条”。

当年，韩国面对IMF开出的条件，也是犹豫斗争了很久，甚至到了号召全国妇女捐献首饰来帮助国家渡过难关的地步，但最终还是没有顶住外部压力，接受了IMF的救助，同时也意味着接受了开放国内金融市场的要求。所以，韩国现在前七大银行几乎都被外资持股了70%以上，是韩国在那次金融危机中被“强奸”的直接后果，而不是什么惊醒！

入股中资银行的战略投资者所负担的权利和义务是不对称的，运用相对很少的投资支配调用银行全部存款资产做高风险高回报投资，其诱惑是巨大的，成功了获益巨大，失败了损失有限。而中国政府在这个过程中，提供了几乎无限的国家信用，否则以这些银行的经营水平，遇到风吹草动，如果国家不管，肯定是全行业性的破产。

斗转星移。当2008年美国成为金融危机发端的源头时，我们也许真该庆幸，当时没有将我们银行业假手于人！

不过，美国企业文化中的“个人主义”、“短期利益最大化”依然强烈地冲击了中国，同时，以高盛、摩根士丹利为首的美国投行也将“贪婪”的“鸦片”带到了中国，并严重地冲击了中国固有的企业文化，促使中国企业、中国人放弃了责任、执着与勤勤恳恳。

作为国家经济命脉的国有企业本应该立足长远、做好主业，为职工为国家服务，但当下的现实是，国有企业投机性变强，国家主人翁意识丧失甚至不务正业。

国企在金融危机中不仅涉足与主业不相关的金融衍生品市场，损失百亿美元；还涉嫌抬高房价，涉足房地产，人民网文章指出128家央企有七成涉足地产；其次是百余家央企旗下竟存在2000多家酒店。央企尚且如此，省级国企、市级国企当作何观?!

国资委主任李荣融在评价中国企业500强评选时曾强调中国企业是500大而非500强，连央企都一心发展暴利的、来钱快的金融衍生品、房地产、酒店业，那中国的企业何以强？何以维护国家经济安全？中国装备制造业如何走出去？何来技术积累？何来科学研发？员工何以安心工作？华尔街的贪婪、拜金文化已经深深地侵蚀了中国！

美国制造业从巅峰开始走下坡路是在20世纪80年代，那个时期短期利益主义开始腐蚀美国，当大型企业涉足金融业、房地产时，美国制造业便开始走下坡路。美国底特律三大汽车公司之所以最终走向没落、破产，就是因为汽车已经不是它们的主业，在追逐“金融鸦片”的大潮中迷失了责任和本质，金融部门成为整个公司效益的唯一部门，汽车成了它们造概念的工具。

以没有申请破产保护的福特汽车公司为例，从2001—2007财年开始，福特汽车部门实现的利润分别是：-74、-6、-15、-2、-42、-180、-42（亿美元）；而金融服务部门的利润分别是：14、21、32、43、50、20、12（亿美元）。也就是说，从2001财年开始福特汽车公司完全是依赖金融服务部门苟活，主业务成了金融服务部门，而汽车部门反倒成为拖了后腿的副业。

美国通用汽车为什么最终破产，很大原因就在于其金融公司遇到了次贷问题、遭遇破产，而汽车公司又没有盈利能力，最终只有整个通用破产。

反观许多中国企业，走的正是许多美国制造企业曾经走过的路。当圈钱上市、一夜暴富抵得过十年辛苦劳作时，当大把圈来的资金投向完全不符合招股说明书的募资投向时，当炒股、炒房甚至假借套期保值的名义、涉足风险巨大的金融衍生品投资成为主业时，中国企业的产业转型、技术升级前景何在?!

反思！再谈向日本学习

《日本行，中国更行》王锦思著，从全新视角将日本作为参照，纵观中国百年兴衰，寻求中国问题的解决之道

在1997年金融危机前很长一段时间内，“向邻国日本学习”一度是许多中国企业曾经励志去做的事情。恰如百年前“中日甲午海战”中中国惨败的结果改变了中国文化的命运一样，十余年前的那场金融危机，也改变了中国企业文化取向。从向日本学习到向金融危机赢家美国学习，这样的转变发生仿佛只在一瞬间。现在，我们又到了应该反思的时候了！

很多人也许会说日本企业不也是“产融结合”吗，与美国企业有什么本质区别？但日本的“产商融结合”，是以制造业为立国之本，以商业、金融为辅，与美国金融立国下的“产融结合”有本质的区别。

“平成泡沫”以及破灭后的大衰退使日本人相信，金融系统流动性的泛滥不仅导致金融危机，而且会引起实体经济的衰退。因为有过往金融危机教训的总结，日本各界对金融与实体经济之间的关系有比较清醒、理性的认识，不盲目夸大金融以及金融市场的作用，对金融衍生市场的发展持谨慎态度。

根据2008年1月的统计，日本一共购买了140亿美元美国次贷，其中商业银行占63亿美元。在全球主要经济国家中，日本是最少的。日本制造企业更是不会上高盛等美国投行的当、去碰触金融衍生品。

日本前金融厅长官五味广文说，在日本，金融是实体经济的润滑剂，而不是经济的主导。日本作为全世界制造业最发达、技术水平最高的国家之一，是通过其财团体制来主导国家经济发展的，也就是说日本实行的是财团经济体制。财团通过交叉持股，形成相互关联的球状结构，这种网状的结构使它们能在全球不断滚动，不断壮大。

日本共有三井、三菱、住友、富士、三和、第一劝银六大财团，财团由金融、商业、产业集结而成。财团通过主办银行、综合商社、制造企业的紧密联系，使各大成员企业间形成松散的联合体。而任何一个财团也不是依靠自然人的血缘关系界定"家族成员"的，而是以企业法人之间的资本关系形成新型的命运共同体，依靠终身雇佣制、年功序列制、企业内工会在维系整个财团体制的稳定。

财团中主办银行（或金融集团）扮演父亲的角色，通常决定家属成员的血缘关系和姓氏归属，是家庭成员稳定的经济来源，为家庭的高速发展和扩张提供了大量资金。而综合商社扮演了母亲的角色，它负责生儿育女（众多的制造业），对孩子的教育和成长施加影响，并为儿女长大后外出求学与发展谋划（获取情报），甚至为子女选择对象和操办婚嫁（创办合资企业）。

从另一个角度看，这个财团实际上是一个长期稳定、从事专业化分工和协作，相互紧密依赖，有共同文化理念的人群的集合体。它围绕全套完整的产业链而构造，使整个产业协调统一发展。经过现代企业制度的改造，它已经成为真正的社会企业，被日本人称为"国民企业"。因此，具有高度抗风险能力和集团作战能力的日本财团经营模式和文化，非常值得中国企业借鉴。

原文发表于《环球财经》2010年第5期，作者：白益民、王维

第二节

中信学做产业组织者

全球出击

中信集团作为直属于国务院的特大型国有企业，在全球资源能源获取、保证国家资源供应上起着重要作用。为了应对越来越激烈的国际竞争，中信集团试图通过做产业组织者，让其在金融、资源、能源和制造业的资源得到有机整合，从而形成全产业链竞争力。

根据中信集团的战略，将"根据自身的能力和条件，有选择地深入国

家急需的、市场前景良好的资源开发业务”。

2002年9月，香港上市公司东南亚木业正式更名“中信资源控股有限公司”，中信通过注资和转股，对其实现了控股，并逐渐把中信资源培养成为资源能源旗舰。中信资源也因此成为中信投资开发资源性项目的排头兵。

2006年11月23日，中信资源完成了对印尼东部Oseil油田51%权益的收购，代价为9740万美元。Oseil油田是一块重油油田，已探明的重油储量为705万桶。2007年元旦前夕，哈萨克斯坦Karazhanbas油田并购案终于落下帷幕，中信最终如愿以偿，以19.1亿美元收购加拿大Nations Energy公司在哈萨克斯坦的油气资产。Karazhanbas油田日产原油达34400桶。对中国来说，不论从政治还是经济上讲，哈萨克斯坦的石油资产都是炙手可热的资源。

2007年的“五一”长假，正当人们都在打点行装准备外出过一个惬意的假期时，中信资源并没有歇着，反而从香港“走进内地”，来到了渤海湾，目的是为了收购位于该地区的月东石油区块。月东区块是中国石油目前为止向海外投资者开放的最大的一块石油资源，其总面积达349.8平方公里，原油量约在6500万吨至7500万吨之间，预计年产量150万吨，平均日产3万桶，有效开采期为60年。

中信资源一马平川式的收购，要归功于中信资源副董事长寿铉成。2005年9月，56岁的寿铉成加盟中信资源，担任公司副董事长，负责中信资源石油投资、投资组合规划和发展。他的到来给中信带来了开展石油业务的经验。

除了在石油资源上的大手笔外，在澳大利亚，中信资源拥有全球规模最大和效率最高的电解铝厂之一——PAS股权的22.5%，即每年约7.8万吨原生铝块份额产量。同时，中信资源还持有亚洲、欧洲和巴西炼钢厂重要供应商Macarthur煤矿公司20.39%的股权，并拥有CMJV合营项目7%的股权，后者主要包括Coppabella和Moorvale煤矿。此外，中信资源还间接持有新兴铁矿公司Aztec 5%的权益。在加蓬投资的锰矿项目已开工建设、投产。

中信集团下面的另一资源巨舰是中信成立之初就成立的对外合资合作

的“窗口型”公司中信泰富，这家中资背景的香港上市公司是中国最早在海外投资的企业之一，拥有丰富的经验。

从中信资源和中信泰富的业务范围来看，二者都重点关注资源类项目，而中信泰富更关注中下游生产加工环节。2009 年荣智健和范鸿龄被迫离任，中信集团对中信泰富的持股增加至 57. 56% 。被母公司绝对控股的中信泰富将继续整合中信系内的矿业及钢铁业务，成为中信集团内以特钢及矿业为主的上市旗舰。事实上，中信集团早已在系统内部进行垂直整合，试图打造一条纵向产业体系，并依此建立了基于产业链的竞争优势。

构建产业链

1993 年开始涉足的特种钢铁业务逐渐成为中信泰富的新主业。随着中国成为世界工厂，家电、汽车等行业对特种钢的需求不断增加。特种钢冶炼的资金、技术门槛极高，行业增长空间及边际利润与普通钢不可同日而语。中信泰富以惯用的大手笔并购，迅速掌控了数家优质企业，树立了行业龙头地位。

2004 年 1 月，中信泰富间接取得大冶特钢 9. 4% 的股权，成为第二大股东。经过一系列增资和重组，最终持有大冶特钢 58. 13% 的股份。2005 年 6 月，石家庄钢厂 80% 的股权在产权交易中心挂牌，中信泰富又以 12. 82 亿元得手。至此，中信泰富特钢产业规模已位居全国第一。

2006 年 3 月，中信泰富竞得澳大利亚 60 亿吨磁铁矿开采权，保证了旗下特钢企业长期、稳定的原材料供应。今后将为中国带来每年 2400 万吨的稳定铁矿石供应。

2007 年 8 月，中信泰富将其在西澳大利亚的全资磁铁矿项目 Sino – Iron 20% 的股权售予中国冶金科工集团，作价 4. 48 亿美元。此外，中信泰富还将按大致相同的条件，在另一铁矿 Balmoral 收购事项完成后，把 Balmoral 20% 的股权也转让给中冶。

值得注意的是，中冶还是中信泰富该铁矿项目的工程总承包商，负责采购开采设备、设计、施工、安装破碎站、选矿厂、物料输送系统、营地及其他配套基建设施。这是中国首次积极支持国企控股的香港上市公司

“走出去”，也是这家“紫筹”（红筹加蓝筹）公司第一次带着兄弟姊妹“走出去”。

中信泰富 Sino－Iron 的磁铁矿项目中，还活跃着中信集团旗下的另一家优质企业中信重工。中信重工将为 Sino－Iron 的磁铁矿项目自主研发制造工程所需的 6 组 12 台世界最大、最先进的自磨机和球磨机。该项目完成后，将使我国大型磨机行业一步跨越全球矿业百年发展史，跃上世界磨机技术的发展巅峰。2009 年 7 月，世界第一大铁矿供应商巴西淡水河谷 30 台大型矿用球磨机的“重磅”订单，再次花落中信重工。

“大而全”，曾经被视为国企的劣势，但中信重工将“大而全”变成了不可替代的优势，在大型铸锻件领域已经拥有了自己的知识产权和核心技术，打破了中国大型铸锻件的生产瓶颈。目前，中信重工一年可完成铸钢件 12 万吨、铆焊件 12 万吨，铸件能力和铆焊件能力可以支撑 30 万吨的机器产品产量，除了满足自身产业的需求外还供给中国其他装备制造企业。

中信重工还是国内外少有的几家能按照欧美标准设计、制造水泥生产线和冶金装备的企业之一。这种产业布局完全依据中信集团在资源、能源、基础建设领域的业务展开，对中信集团的工程总承包业务起到了强有力的支持作用，产业链整合的优势被发挥得淋漓尽致。

2006 年 4 月，“中国中信—中国铁建联合体”取得了阿尔及利亚东西高速公路项目东、中、西三个标段中的中、西两个标段的设计和建造总承包合同，合同总额高达 62.5 亿美元。为了保障资源供给，中信具体规划了在阿投资建设碎石厂、沥青拌合站、混凝土搅拌站、钢结构加工厂、公路防护栏工厂、预制件厂、中心实验室。

中信将为此项目先行投资建设工程专用码头、年产 120 万吨的水泥粉磨工厂、砖厂、沙石厂、实验中心等 11 个投资项目。这样一个制造体系和生产制造能力，在全球范围内都是极为稀缺的资源，这使得中信集团能够掌控整个生产工期，在大型总承包市场竞争中处于明显的优势地位。

中国财团的未来之路

从 2004 年中国国际信托投资公司重组为中信集团后，就确立了以金融

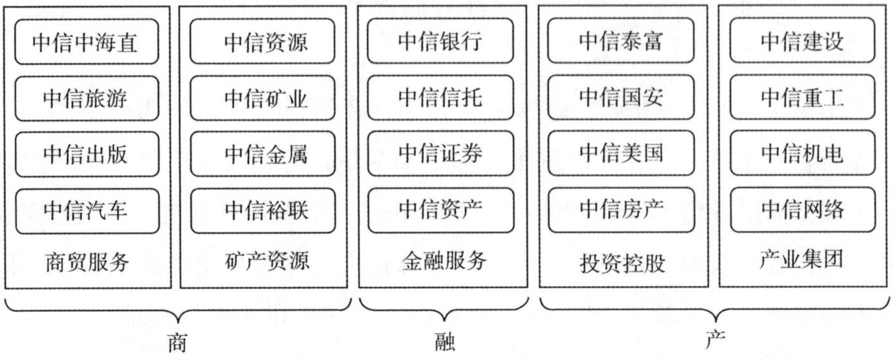

为主业、涉及诸多领域的国有大型跨国集团的目标。在中信集团中金融业务占到了47.93%（2008年）。中信集团依靠强大的金融实力，积极进行产业整合，力图打造中国的财团。

金融力量虽然有利于较快整合产业链，但是基础是不太稳固的。例如：中信资源在哈萨克斯坦项目和月东油田项目上，与中石油辽河油田签署了协议，让后者提供技术支持；印尼项目中，公司只派遣了六个管理人员，与当地的外方中高层一起，管理这个大约有几百人的区块。中信目前的技术实力和管理能力还不足以真正统合旗下众多生产制造业企业。

无论是中信泰富的特钢业务，还是中信重工本身，都是通过金融资本买来的，而不是中信集团自己培养起来的。集团旗下众多公司也都是持股和控股整合在一起的，无论是企业文化和管理方式都千差万别。

和其他走出国门的中国企业一样，中信也交足了学费。中信泰富的巨亏起源于它对澳大利亚铁矿与日俱增的兴趣。国际投行不仅能够利用信息不对称找到有利于自己稳赚不赔的交易规则和方法，其背后能够影响甚至左右市场走势的力量更不是光有满腔热情的国内企业能够抗衡的。

比较之下，同样由国家支持的日本财团无论企业资源整合还是在海外投资中都比中国企业做得好，原因是日本在海外投资和产业培养上都有一支不可或缺的力量——综合商社。

综合商社的业务主要是贸易和投资，两者相辅相成，在金融、物流、调研咨询、市场营销等功能的支持下，通过遍布世界各个角落的网络有条不紊地进行。以三井物产为代表的综合商社被称作“产业组织者”。其本质是商业资本、产业资本与金融资本的强大结合，在日本的资源能源保障和产业构建中发挥着重要作用。

综合商社特别强调对全球资源的控制力，并不断推进对物流领域的渗透。综合商社在海外获取资源，在整合产业链的过程中更多的资本投入放在对生产企业的上游原料物流和下游产品的销售代理权中，日本大企业通过综合商社（综合商社对产业链的各个环节的企业采用小额入股）“小资本+大物流”的方式被组织在一起。这种“只服务不控股”（控股主要由日本的生产型企业来做）的方式更易于形成长期稳定的合作关系，而且又把经营风险降到了最低。

相比之下，中信集团更像美国企业通过金融手段控制海外资源和制造业企业，这种方式是不稳定的，也不能很好地发挥产业链整合优势。中信虽然也有国际贸易公司，但是还不具备综合商社的产业组织能力，也没有可能通过贸易带动投资，而是单纯地做贸易。

综合商社是围绕着“全套完整产业链”而构造的，它们的目的是使整个产业协调统一发展。中信集团总部虽然可以控制各个子公司并通过派遣高管直接参与子公司的经营，但产业协调能力和产业培育能力还不足。集权与分权始终是集团管控中最为突出的矛盾。

中国的金融政策并不允许银行投资制造业企业，因此中信银行及中信集团的其他金融企业只能对企业进行融资支持及相关的服务支持，并不能更深入地进入产业。中信重工等制造业企业虽然在各个领域已经拥有很强的实力，但是垂直整合模式才刚刚建立，核心竞争力还没有形成。

已经具备财团雏形的中信集团在海外资源争夺，以及产业链构建的过程中，不妨参考日本综合商社的经验。中信集团要成为产业组织者还要走很长的路。

原文发表于《董事会》2009年11期，作者：袁璐、王维

第三节

招商局集团：中国财团的雏形

“骨血相连”的招商局集团

早在1979年，招商局集团就以超前的战略眼光，建设了新中国第一个对外开放的经济开发区——蛇口工业区，并创下多项全国第一和举世皆惊的“蛇口模式”。但是时至今日，招商局集团还被大多数中国人认为是政府招商引资的机构，事实上，这个低调的企业逐步控制了商业的命脉，正所谓“国之利器，不可示之于人”。

在整个商业领域，流通如同骨架，金融如同血液。我们可以清晰地看到，招商局集团正是通过搭建“骨架”和提供“血液”掌握着中国商业的命脉。

现在，招商局集团在海运、物流运输和交通基建领域是中国当之无愧的龙头老大，拥有众多的“第一”头衔：国内最大的公共码头营运商，拥有最多的高速公路通车里程，中国最大的超级油轮经营者，组建了中国第一支LNG运输船队，拥有香港规模最大的修船厂，旗下的中集集团是全球最大的集装箱和机场设备制造商，等等。招商局集团还控制交通基建产业的上游领域，旗下的重庆交通科研设计院拥有1个国家工程技术研究中心、1个国家重点实验室、2个国家级质检中心以及8项甲级资质证书。

从整个交通物流领域来看，招商局集团正在着力打造完整产业链。并通过对港口附近土地开发（蛇口工业区）延伸成片工业开发区建设（漳州经济开发区），积极探索科技地产和工业地产的开发模式，致力于成为制造业企业的“摇篮”。集开发、设计、监理、物业管理于一体的运作方式让招商地产成为中国“最具抗风险能力的开发商”。

起源于蛇口工业区内部结算中心的招商银行是我国第一家完全由企业法人持股的股份制商业银行，现已发展成为一家具有较大规模与实力的全

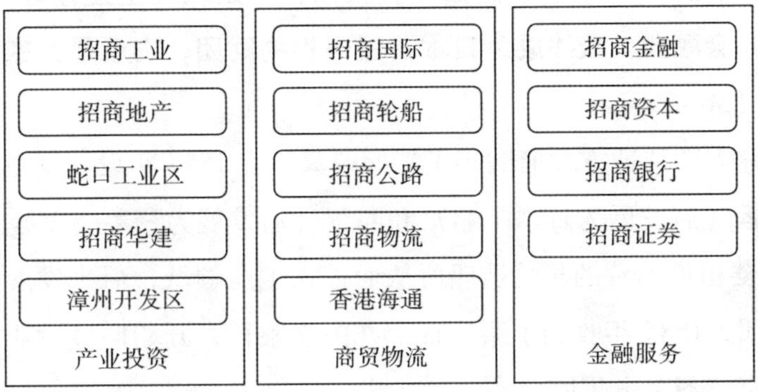

招商局
CHINA MERCHANTS GROUP
創辦於1872年

国性商业银行，形成了辐射全国、面向海外的机构体系和业务网络。以完善的业务种类和中国最高质量的服务质量，获得中国本土最佳银行、中国最具价值上市公司等多项殊荣，是中国银行业中公认的最有品牌影响力的银行。

以招商银行为基础，招商局集团逐渐延伸金融领域的产业链，向证券、保险和保险经纪、基金和基金管理等领域发展，初步形成了集多种金融行业、具招商局自身特色、门类齐全、层次分明的金融集团。招商局集团利用自身不断加强的金融实力，有力地支持了港口、交通运输、地产开发等集团业务。不仅如此，招商银行还在交通运输等领域对集团以外的企业进行融资等支持，被誉为“中国最佳物流银行”。同时，还对中国物流行业的电子支付、运营结算等做出了突出贡献。

三菱财团：具备立体控制力的标杆

流通（贸易）、金融、制造业犹如世界经济的三个支点，如果一个企业集团同时在上述三个领域具备控制力，就如同具备现代战争中陆海空三位一体的打击力量一样。在世界经济的大舞台上真正同时具备流通、金融、制造业领域控制力的企业集团只存在于日本财团中。

日本财团脱胎于封建的商业家族，与中国的晋商颇有类似之处，明治维新以后以商业资本基础逐渐进入近代工业和金融行业，形成日本财阀。二战以后，被解散的财团在综合商社（商业资本）的推动下重新聚合，以交叉持股等方式在三大领域形成整合力，屹立于世界经济舞台。

日本有个财团的历史和招商局集团比较相似，都是以海上运输起家，逐步进入制造业和金融业，最终成为日本首屈一指的财团，它就是大家所熟悉的三菱财团（Mitsubishi）。

创始人岩崎弥太郎从地方政府购买了三艘船只，在1873年设立三菱商会，开始经营海运（后发展为日本邮船）和商贸（后发展为三菱商事）等业务。1884年三菱租借国营的长崎造船所从而进入工业领域，后来发展成为三菱重工业集团，1885年收购了第一百十九国立银行，开始向金融业延伸，发展成为东京三菱金融集团。

以造船和修船起家的三菱重工集团则不断衍生出世界级的制造业企业。1921年三菱电机独立，1970年以三菱重工的汽车事业部为基础成立三菱汽车。除此之外，还有三菱原子能、三菱化学及尼康等世界级企业从三菱重工分化出来。

在三菱财团发展的过程中，三菱商事对三菱财团的发展壮大起到了关键作用。二战以后，三菱商事被美国占领当局分割成100多个独立的企业，经过数次合并，终于在1954年恢复三菱商事的商号。目前三菱商事是日本最大的综合商社，通过贸易、情报、金融、投资及产业组织，把三菱财团旗下企业统合起来，促进财团的整体发展。

招商局成立于1872年，与三菱开始发迹的时间相当。如今三菱财团的三菱汽车、三菱重工、三菱电机、三菱商事等知名企业早已闻名遐迩。**曾经的招商局也是中国近代工商业的组织者，它创办中国第一条铁路、第一家银行、第一家铁矿、第一家纺织厂……开创了很多民族工业的“第一”，今天大家熟悉的唐山开滦煤矿也是招商局办的。**

而如今，昔日的“第一”安在？时局的动荡让百年招商局出现了巨大的历史断层，如果说现在的招商局集团是从1978年开始创业的企业一点也不为过。与它同时代的三菱财团，虽也经历了二战的战败和企业的解散，但是历史传承得以保留，战后迅速重新组合，奠定了日本经济腾飞的基础。虽然20世纪90年代的金融危机放缓了日本财团扩张的步伐，但实际上，日本财团仍然在不断地攫取资源、控制市场，只不过是以更为隐秘的方式。

打造中国财团

经过30多年发展壮大的招商局集团已经逐渐控制了商业的核心——流通与金融领域，现在也开始通过对工业企业的支持和牵引进入制造业。在完成集团业务的内部整合后，开始寻求横向发展。

招商局集团与中远集团合资的中集集团，已经成为一家为全球市场提供“现代化交通运输装备和服务”的企业集团，主要经营集装箱、道路运输车辆、能源、化工及食品装备、海洋工程、机场设备等装备的制造和服务。

2004年12月，招商局集团又与战略合作伙伴中石化集团、中化集团、中远集团及中海油渤海公司合资组建招商局能源运输股份有限公司，成为中国最大、效率最高的大型远洋油轮运输企业，为保障国家能源战略的安全发挥巨大的作用。

成立于1997年的招商局重工已经在船舶修理制造、海洋工程及铝业加工方面积累了很强的实力，与中海油等合作伙伴的关系也不断加强，承接了大量来自中海油等大型企业的订单。

通过对比可以发现，招商局集团与三菱财团在发展历程上有着极为相似的一面，但是离“陆海空”（制造业、贸易、金融）三位一体的财团模式还相差很远。贸易仅仅只占招商局集团整体业务的1.8%，通过贸易带动投资、组织产业，通过物流促进贸易的格局还没有形成。

综合商社是围绕着“全套完整产业链”而构造的，它们的目的是使整个产业协调统一发展，并且不断介入和培养新兴产业。招商局集团还没有可以支持集团协调发展的综合商社，培养新产业的能力明显不足。

招商银行虽说是企业法人控股的银行，但是中国的金融政策并不允许银行投资制造业企业，因此招商银行只能对企业进行融资支持及相关的服务支持，并不能更深入地进入产业。招商局重工及中集集团虽然在各个领域已经拥有很强的实力，但是仅仅涉及了相关产业链的某些环节，还没有达到垂直整合的效果。

招商局集团和中信集团是中国仅有的几个具备财团雏形的企业集团，

中国没有财团，就意味着金融、产业与工商业缺少紧密合作的机会。

美国人用他们的金融体系管理着世界，如今美国的金融体系却面临崩溃的危险。无论是日本还是韩国，都证明了财团是一个国家从农业国发展成强国的必然途径。诸如三菱、三井等财团会重新从幕后走到台前吗？招商局集团会利用现在的机会和优势重拾百年之前的振兴民族工商业的梦想吗？我们拭目以待。

原文发表于《董事会》2009 年 07 期，作者：袁璐

第四节

央企财团——走歪了的多元化

央企走歪了的财团模式

近年来一些央企财团化趋势明显，向银行、证券、保险、信托、期货等金融业拓展举措屡见不鲜。

如：南方航空、五矿、航天科工、中航工业、宝钢、国家电网、华能分别控股了天源证券、五矿证券、航天证券、中航证券、华宝证券、英大证券、长城证券；中移动耗资 398 亿元持股浦发银行 20% 成第二大股东；中石油拥有昆仑银行、昆仑信托、昆仑金融租赁、中意人寿和中意财险等；国家电网旗下英大国际集团涉足中国电力财务公司、英大泰和财产保险、英大泰和人寿保险、英大国际信托、英大证券、英大长安保险、英大期货等。

央企的财团模式整体上看是走歪了，央企这种多元化存在重大风险。

后进国家必须要对国内产业进行保护，进入 WTO、关税壁垒取消，财团模式实际上起到了非关税壁垒的作用。央企应该保护国内产业的发展，但是目前看可能走歪了。

财团实际上是“航空母舰群”，是平台，央企打造的财团应该有产业、商业、金融，跟中小企业捆绑发展，以便让更多的中小企业发挥作用；中

小企业应该变成一架架“专业战斗机”，在这个平台上起降。但是央企搞财团模式后，却在压榨中小企业。

再者，央企应该抱团到海外拿资源、市场、技术，应该对外。对外后，把空间腾给民企，民企团结起来对外资，这样大家都有生存空间。日本财团就是这么做的，财团都是“央企”。但现在，央企是对内的，甚至结合外资对内。央企不能当蒋介石，不能“攘外必先安内”。

财团应“产商融”相结合

产融结合，应当向外结合，而不是公司内部搞一些东西。并且在产、商、融的结合中，我一直强调商很重要，商相当于产业投行，金融并不懂产业。所以中石油最大的问题不在于产业和金融的结合，而是商权丢了。

中国现在对海外石油的依赖是60%，它吞吐那么大的石油贸易量，但都是靠外国贸易公司。实际上，中石油最应该驾驭的是物流、期货、仓储，应该在海外建立商业、物流体系来把握商权。没有商权的情况下搞金融，风险是非常大的。这样走实际上是发展不起来的。

央企学通用电气，但最主要的一句话没有抓住——韦尔奇在他的自传中说“通用电气从来就是一家贸易公司”。传统上大家以为通用电气做的是制造，其实它是做平台，把很多企业捆绑在平台上，它实际上是个综合商社。所以，央企的战略定位应该在“服务”二字上。

中信集团是由中国改革开放总设计师邓小平亲自倡导和批准的、由前国家副主席荣毅仁于1979年10月4日所创办的大型国有综合性企业

专业化的公司凑到一起，形成财团，各自承担分工，有点像原来中国的计划经济体——当时整个中国就是一个大财团，不过太僵硬了。我认为，邓小平刚改革开放时实际上走的路子，是把中国的计划经济体变成中信财团、华润财团、招商局财团等财团体系。

邓小平去世后，随着东南亚金融危机的爆发，批评日韩财团体系的声音起来了，整个中国就变成美国自由经济体系了，那些正往财团方向演进的大国企，全被推翻，变成“游牧部落”，企业独自为战。

相比之下，日本二战前的财团，是上百年形成的家族控制的多元化体系，二战后财团被美国解散，但20世纪50年代，原财团旗下的企业又重新聚拢——不是各自搞一个财团，如果每个企业都搞，就搞不起来，因为空间就这么大。

中国每个央企都认为自己很大，恨不得自己搞一个财团。但100多家央企，每个都搞财团可能性不大，而且时间也来不及。100年前这么做也许可以，因为那时全球资本并没有这么活跃，但现在再按财团原始的生长方式推进已经来不及了，必须合纵连横。

日本综合商社有三个特点：第一是能预测未来，在这个基础上开展事业投资；第二是在全世界拥有自己的网络，能担负起日本贸易、海外事业投资的重担；第三是通过吸收时间及空间差距产生的风险，变风险为收益，具有风险吸收体的作用。

何以能够做到这些？商社的人解释起来非常简单：商业活动中有原材料采购、生产、运输、结算方面的风险，做进出口贸易时，还存在外汇汇率、其他国家政治等方面的风险；通过规模庞大、内容极为繁杂的交易，当在某个领域出现亏损时，也能够通过其他领域实现的盈余，进行“对冲”，最终能让综合商社比其他企业尽早规避风险。

可见，财团实际上是一个长期稳定、从事专业化分工和协作、相互紧密依赖、有共同文化理念的人群的集合体。它围绕全套完整的产业链而构造，使整个产业协调统一发展。经过现代企业制度的改造，它已经成为真正的社会企业，被日本人称为“国民企业”。

中国的央企还没有形成产业网，简单的产业链都没形成，大家是相互竞争的关系，而不是一种共生的关系。而日本已经通过财团将这些企业结成命运共同体。

中国最大的问题在于还没有一家央企像日本综合商社那样担当“产业组织者”的角色！我们往往把它理解成控制者。其实外来的控制来自你自

身的缺失，如果中国也有自己的产业组织者，中国也有商社，也有财团，形成“产商融”三位一体结合的经济制度，就不可能被人控制。

做多元化一定是先做相关多元化，要形成乘积效应，成功率、安全系数就会增加。

应该借鉴日本二战后的做法，由企业进行聚合，聚合并不是谁吃了谁。央企100多家，可以十几家组成大财团，不是简单合并，而是应该把相互不同又有产业链关联的搁在一起，再配一个金融机构、商社，比如五矿集团、中粮，形成海陆空的立体结构。像中国轻工业品进出口公司被划到中国通用技术集团，它就相当于通用集团的商社。这个模式我认为应当在央企里面推广。

同时，像三井财团那样形成“二木会”——现在是以三井业际研究所为核心，研究产业之间怎么协调。

财团也应“以人为本”

财团一定是有长远眼光、更有志向的一批人才能做起来，他们愿意在前面种树，让别人在后摘果。**高管如果完全是逐利的，肯定是短视的，做不起财团来。换句话说，如果都搞成美国式的绩效考核，跟收入挂钩，甚至高管一定要占多少股权，完全私利化，肯定搞不起财团来。要形成财团，要大家都跟着你干，核心的领导人一定要大公“有”私。可以“有私”，但一定是在“大公”的基础上。**

财团的魂还跟企业文化有关系，包括企业人才的培养问题，人的问题不解决，做不起来。如果折腾了半天，都是一些空降过来的官员担任央企高管，而不是培养内部的人才，使其成为企业领导人，那央企肯定搞不好。

原文发表于《董事会》2012年第7期，作者：严学锋

第五节
应该向日本财团学习什么

总部职能：商业化的贤妻良母式服务

中国的大型国有企业纷纷进行重组整合，力图“抱团发展”，形成规模效应，提高竞争力。

我国的企业在整合过程中，主要关注两个问题，一是多元化，一是专业化。在一个集团公司内部，各个子公司都必须走专业化的道路，但有一个问题要引起重视：在很多企业，把各个专业化公司关联起来的公共服务没有人去做，或者做得不到位。

要想发挥“狼群效应”，这一公共服务工作必不可少。在日本，综合商社就是提供公共服务的核心机构。日本的财团就像一个大家族，家族能不能繁衍壮大，关键在于有没有一个“贤妻良母”，综合商社就是这个“贤妻良母”。金融扮演着祖父或父亲的角色，但如果母亲没有发挥好作用，或者是角色缺失，孩子就不能健康成长。中国的很多企业，就缺少这样一个“贤妻良母”。

日本财团的综合商社在日本经济大家庭中正是扮演着“贤妻良母”的角色

我国企业总部的职能部门虽然也是服务性的，但还有浓重的机关性质，不是商业化的。而日本综合商社的服务大都是商业化的，它们一般从贸易起家，在海内外的贸易扩张中，综合商社会发现很多商机，这些商机可以调动商社内所有相关资源，把集团内技术优势充分发挥出来，使技术与市场结合起来，变成产品，换成效益，并不断升级，使企业得以持续发展。

在日本，综合商社表面上看是贸易公司，其实本质上是金融机构，它参股很多公司，目的是要与这些企业建立血脉关系、信息通道和交易渠道，把自己的触角深入多种产业的各个环节，它的职能就是把金融资本变成产业资本，变成技术优势。

如果把我们的企业集团看成一个财团，就必须要有自己的金融机构，金融是“血液”，商社是个“大动脉”，旗下大量的物流企业就相当于“毛细血管”，把“血液”输送到集团的各个企业。

同时，集团内还要有发达的“神经系统”——信息情报中心，能够敏锐地感知到市场需求，把市场信息快速传递到集团决策层以及相关企业和部门，决策机构才能知道企业发展方向和产业布局。由于有了金融、物流、技术、信息和产业布局等，整个企业就成为一个有机生命体。

我国很多企业在整合的时候常常强调“产融结合”，其实我认为正确的做法应该是“产、商、融结合”，而且“商”是最重要的，缺失了“商”的环节，“产”和“融”的结合就比较脆弱，很容易形成僵化体制。特别是在当前全球化竞争愈演愈烈的情形下，企业要建立起一种灵活的、快速反应的机制，就必须要走“产、商、融结合”的道路。

中国国有企业应该在内部建立类似军队商学院的机构，让各级企业领军人物、让我们的工程师去学习如何经商，把工程师变成对市场需求非常敏感的“商人”。商业人才在现代企业中的作用，应该引起我们足够重视。

全价值链竞争：关键要树立契约理念

过去，我们都是在想着自己的企业如何发展，后来大家意识到，仅靠产品和企业的竞争，结果是必死无疑。现在，我们都知道全产业链竞争的重要性，但大多数企业还是从企业个体的角度出发来建构产业链概念。而事实上，做产业链就是在治理“生态环境”，需要很多企业一起协同来完成。

我认为，所谓的产业链竞争，就是每个企业要找准自己在产业链中的位置，而大财团或者是商帮就担当起梳理产业链的角色，把不同的企业安

排在产业链的上下游，避免它们在同一个平面中进行恶性竞争。

财团内的企业，通过交叉持股、分工协作，找准自己的位置以后，踏踏实实把自己份内的事情做好。三井财团对中国钢铁产业的控制就是一个典型的案例。我曾分析：一方面，三井物产凭借其出色的物流管理技术和经验与中国企业合资建立钢铁物流供应链；另一方面，三井财团下属的丰田汽车和其他的日系企业大量地采购钢铁合资企业的产品。通过这两个主要的手段，三井财团在中国钢铁业的影响力得以巩固和发展。

想要高效协同，首先要让协同的企业通过交叉持股等方法，形成利益共同体，那么，我们国内的企业集团，也需要大家共同分享商机，共同承担商业风险，这样才能真正发挥出企业集团在全价值产业链竞争上的优势。

其次，高效协同要有原则。300 多年前，三井财团的创始人三井高利就制定过“三井家训”。三井家训传递的是一种契约理念，各企业遵循家规，形成了一致的行动方式、思维方式和做事原则。

第三，商社要发挥协调的作用。商社除了是一个金融机构以外，还是一个情报机构，在发现商机后，商社会邀请一些相关企业共同投资。特别是在海外市场上，商社发挥的作用更大。

第四，集团内的企业，在遇到危机的时候，可通过关联交易进行自救。我拿“火烧赤壁”来打个比方，曹操失败的原因不是因为他把所有的战船都连在一起，而是因为没有做好防火准备。当然了，也可以调整船只连接的方法，不要把 100 只船都连在一起，可以 30 只、50 只连成一个整体，等等。

日本的财团，每个产业、每个公司之间，是相对独立的，东芝、丰田等都在独立自主地发展，但它们之间又有关联。关键是要处理好独立和关联的关系。

危机并不是坏事，日本财团都是在危机来临的时候及时调整产业布局的，挺过危机之后，往往是大获全胜，别人的市场、渠道等都尽收囊中。大财团为什么能够挺过危机？并不完全是因为它们拥有雄厚的财力，更是因为在危机来临的时候，它们的组织机构没有散，它们是集体企业。

中国的企业集团也应该让集团内的企业之间交叉持股，把企业变成“集体企业”，形成利益共同体，大家共同面对风险是防范风险最有效的办法。

产业布局：学习日本财团的围棋思维

其实日本在明治维新之后，也在为西方企业做代工。代工有个好处，可以迅速“增肥”。但代工只能在一定的规模范围内做，如果没有自己的知识产权，完全给别人做代工，风险就会很大。日本的企业很聪明，在代工的过程中，它们把技术沉淀下来，其实就是把人才沉淀下来，这是我们应该学习的。

中国的企业不能满足于一时的效益，而是应该在代工中迅速学习国外企业的先进技术和管理理念，把这些变成自己的财富，进而使自己具备技术升级和管理升级的能力。

我们在代工的同时，也要让别人为我们代工，要计算好自己的代工规模，充分发挥代工的市场网络和渠道的作用，为自己的发展壮大奠定基础。在代工的同时，着力发展自己的零部件、整机的研制能力。不同的企业有自己不同的战略布局和发展规划，要通过财团和商社把这些不同性质的企业联系起来。

一个国家民族工业的发展，很大程度上依赖于国策，日本有相应的法律来规范设备进口，一些先进的设备或生产线，国家只允许进口一次，下一次必须要仿制出来，最大限度地避免了重复引进和国内企业在低水平上的恶性竞争。

像中航工业这样的装备制造企业，应该学习日本的三菱和丰田，学习它们的组织架构、企业文化、雇佣制度和高管层培养制度。企业文化不仅仅是制定一些制度、提出一些口号，更重要的是构建内部的精神体系。高管层的培养更是异常重要。

需要强调的是，高管层一定要职业经理化，要用商人来管理企业，而不是“官人”或学者。企业管理者要有商业精神，同时要具备军人的战略管理能力、军人的意志品格，除此而外，还必须有儒家的文化素养，日本

《日本式管理》，作者谭一夫，关于日本管理模式相当全面、系统、规范的介绍性书籍

把儒家精神归结为“忠、信、仁、义”。“武士、儒、商”是企业高管层的三个基本素质。

日本是中国产业升级的真正阻力。日本是一个国土面积比较小、资源比较稀缺的国家，日本的文化又是比较传统而务实的农耕文化，日本人从骨子里是比较喜欢做产业而不善于搞发明的，这就决定了日本企业的创新主要体现在产业升级上。

仔细观察就会发现，很多欧美的技术发明，在问世不久，就被日本企业接管过来，形成产业。在美国，申请的实用技术专利排名前十的大公司里，有6家是日本企业，在中国，申请实用技术专利最多的仍然是日本企业。

日本企业对产业的控制是很有谋略的。还拿钢铁业来说，日本企业在中国宝钢不投资，但是，它们在宝钢的上下游周边布局，比如设备、铁矿石、钢铁物流等。日本企业最擅长的就是把上下游的各种资源调动起来、围住对方。这是典型的围棋思维。

在全球化趋势加剧的今天，国际合作不可避免。有人常说我们要用市场换技术，我不认同这种看法。只有保住市场才能换来技术，当我们的市场被别人蚕食殆尽以后，我们是不可能换来技术的。与其用市场去换技术，不如用市场去换股权。

中国企业在与日本企业合作时，必须有清醒的头脑，一定要做到信息对等、交叉持股，形成一种竞合的关系，要用战略性的思维与日本企业合作，这种互换也是将来建立东亚共同体时中国能够获得平等机会甚至占据主导地位的关键。

原文发表于《中国航空报》2010年1月7日，作者：刘文波

第六节
借鉴日本“民有国营”财团体制

国民不可分

直至20世纪90年代中期，“民营”一词才开始不时地在我国报章出现。20年后的今天，国有企业、民营企业已经成为国家经济的重要组成。但是有一种叫“国进民退”的概念也成为中国人争议的焦点。

“国进民退”的概念当中有两个方面的声音：一方面是要坚持“国进民退”，是支持的声音；近几年又出现了大量反对“国进民退”的声音，很多人认为“国进”的同时降低了民间资本的活力。的确，特别是2008年底4万亿的刺激经济计划出台后，政府的出资、放贷等政策的受益方主要是国有企业。因为从信用的角度来讲，政府对国有企业有更直接的关系。

在中国，国有企业跟民间企业是一种割裂的，甚至是对立的关系，这也导致了政府放贷支持只能更多地进入国企，民企享受不到。

但是我们换一种思维方式，如果国企和民企能够混为一体，那么就不存在“国进民退”的问题了，而就会变成“国民共进退”，这是我一直期望中国能出现的这样一种制度，它将惠及国家、企业和人民，解决贫富差距。而我也一直认为，国民是一体的、血与肉的、共生的关系，是社会主义国家的一种特征，国、民不可分。

有一种企业叫集体企业

怎样让国企和民企形成一种混和型制度？这样的制度在国外有没有？它是不是可以形成一种高效的经济体制？我们可以回过头来看一下邻居日本。

日本被称为一亿总中产，也自称“中等福利、中等负担的国家”，一亿总中产的日本是什么样的情况呢？国人所熟悉的日本品牌，如东芝、索尼、丰田、三菱等，媒体及中国企业都把它们叫作私有企业。为什么呢？中国人的思维定式就是：这些企业只要不属于政府，必然就是私有企业。因为在中国不是政府出资的，那么它就是私有企业，实际上这是一种错误的认识。

我们国家曾经把企业分为国有企业、集体企业、私营企业三种类型，也就是说，在当今的私有企业与国有企业之外，我们忽略了集体企业。但在日本我们会发现，如东芝、索尼等大企业，它都不是私有企业，因为它不属于某个人，或者某几个人。

这些企业也都是上市公司，而它又不属于政府出资所有，也不是国有企业；这些企业又被称为“民间企业”或者称为“民有企业”、“国民企业”；总之，它们是社会企业。所以日本的这些大企业用中国词形容可称为集体企业。

中国的内部矛盾

《大败局》，作者吴晓波，解读十大著名企业盛极而衰的失败原因，发人警醒

中国为什么没有形成一套民有国营的集体所有制企业？这跟我们改革开放以后的思路有关系。刚开始我们改革开放的时候坚持国有，要坚持社会主义的国有性质。中间我们在改革开放过程中，兴起了集体所有制企业，并发展到了一个高峰，如海尔、联想、四通、华为、TCL 等这样的一批企业。

1997 年东南亚金融危机后，我们的改革方向开始全部照搬美国，曾经一时把很多国有企业私有化，最大的问题就是很多集体企业向私有化发展了，搞了 MBO 的改革。所谓 MBO，就是要把产权清晰化、把集体企业私有化的一个过程。这些集体企业私有化，基本上最后都是以失败告终，包括四通、TCL 以及联想。

向这个方向发展，就是如今我们股票市场的发展即美国模式的发展，企业都到市场直接融资，使企业尽量到市场上直接承担风险，然后让投资人、个人承担企业的风险，向这种形态发展，导致所有的企业都是围绕着股市，以“圈钱”的方式寻找资金。

而这种发展导致的矛盾是一方面银行里面的钱贷不出去，另一方面，很多企业需要资金，全是拼命地从股市或者各种私募基金、各种外国投资去获得。这样就形成了两极分化：一方面银行里的钱，由于大部分是国有银行，只给国有企业提供支持；另一方面私有企业得不到钱，上市也有门槛，它们就利用私人的资本进行发展。所以走向了两个极端，这就是中国的现状。

日本式国民共进

二战以前的日本，是由三井、三菱等家族性质的财阀企业所主导，二战后财阀解散、家族成员基本上被美国清理出去，逐步进入经理人管理的时代。这些原财阀企业在20世纪50年代面对加入“关贸总协定”（今WTO）的局面，它们又开始抱团。

那时候，它们主要是一种民间资本的形态。这种民间资本的形态，实际上是集合起来，相互持股，形成了一种集体所有制的形态。虽然它们都是上市公司，但是大股东主要还是金融机构，所以日本企业更多地还是与银行资本联系在一起的，这样也造就了其大生产机制。

同时，它也存在着私营资本，一些中小企业围绕着这些大企业在运作。而这些大企业形成的财团，在产业链上进行分工，中小企业围绕这些大企业运作，形成一种秩序，形成一种利益共同体，这是日本的体制形态。

因此在这种形态下，日本政府如刺激经济、调控经济，进行放贷、发债，一般都是由这些财团的金融机构参与进行。政府给予的支持，实际上是落实到了民间，落实到了这些财团。财团又落实到了这些围绕着大企业的中小企业，因为它们是互相依赖的关系，所以它们之间不存在私营资本和国家之间割裂的关系。

另外一方面，日本财团资本更多的是对外扩张，而不是完全对内进行争夺。在每一次经济危机过后的新发展期里，大量的资本都向外寻求发展空间，即通过财团里的综合商社引导资金，在发生危机的时候到海外寻求发展空间。

大资本在海外创造了各种商业机会以后，变相为中小企业带来了各种商业机会，带来了订单。而带来了订单，也就意味着带来了资金。有时候，对一些中小企业，一些民间私营资本的救济并不一定直接通过钱实现，而是通过大企业出去给它拿订单。

这样就形成了一套国民共进退的体制，也就是说，大财团并没有拼命地挤压国内的空间。

中国民有国营趋势

中国的所谓“国进民退”，只是在国内市场出现了这种情况。在海外，中国现在却是“国退民进”。我们在海外的国有企业基本上都遭遇了各种打压，而我们那些民间的“游击队”反而在海外找到了各种发展的生存空间：温州商人买下英国电视台，河南老板买下了德国的机场，广东老板收购了世界排名前五的智利某铁矿。还有好多民间资本实际上是大量的“外移”、流出了。因为它们在国内的生存空间太差了，被国有资本压缩了。

我们为什么不能像日本一样，形成一套“民有国营”的体制？这些大企业为什么不能注入民间资本？我们本身的国有资本，为什么不能注入民间资本？民间资本也可以进入国有资本，形成交叉持股的关系，建立产业链上分工的秩序。一旦形成这种利益共同体，也就不会出现所谓的“国进民退”的说法了。

另外，我们看所谓的“国进民退”，实际上国有企业的这个“国”，已经跟当初的国有企业不一样了。现在很多国有企业都是上市公司，上市公司实际上通过持股也是有民间资本在里面的。我们是不是可以看到中国将来这样一种趋势，政府企业和民间逐步形成一种民间企业形态，而不是原来的“政府企业”，也不是私有企业。

十多年前，在工商联的推动下，民生银行成立，现在的浙江地区也出现了私有企业的整合。在这种整合过程当中我们会发现，比如说浙商银行、宁波银行，很多都是企业入股的。这样企业银行、企业金融机构的出现，实际上是对私有企业的一种整合，实际上是在向集体企业发展的方向前进。

再如万向集团这种家族式企业，也在进行股权改革、交叉持股、经理人持股，也在往集体企业这个方向上走。现在真正保留这种集体企业形态并且做得好的公司也有，比如说华为，它的产权是一个模糊型的产权，并不是某个人所有，也不是国家所有。

所以现在的现象是，一方面国有企业在搞股权多元化，在往集体企业方向前进；另一方面浙江地区的民间私有企业也在向集体企业方向走。

中国财团的雏形

集体企业做大，做到跟金融、商业、产业结合到一起以后，一个比较成熟的形态就是日本式财团。**中国有这样的财团雏形，比如招商局集团、中信集团、光大集团等，它们都是改革开放初期的产物。然而，过去十年受美国模式影响，并没有受到经济界的关注。一个主要的特征就是，它们的经理人已经职业化了，是职业经理人，而不是政府官员。像这样的企业，我们看它既是国有企业，也是一定意义上的准集体企业，但更期望它能朝日本式的财团企业、集体企业方向走。**

因为这些企业所占据的地位是国家经济、国民经济的重要组成部分，它们实际上是关系着国家利益的大企业集团。如果将其上升到日本式财团模式发展的话，走“民有国营”体制的路线，中国式国民共进退将会集结形成。

原文发表于《环球财经》2010年第2期，作者：白益民、王维

第十章　内和外战 东亚谋局

在中国经济新格局下，面对在开放的国门旁虎视眈眈的外资，我们应理智、审慎地对待，应形成“民族统一战线”，也就是国家资本和民营资本之间进行合作，实现“国进民进”，共同抵御第三方（外国资本的经济侵略）。

1997 年东南亚金融危机之后，“日本株式会社”的全球性产业布局从未停歇。这个战略布局需要一个大后方，就是东亚地区。这实际上还是当年“大东亚共荣圈”的战略思路，只不过其时用的是刺刀，如今用的则是综合商社的组织能力。

从日本在全球的整个经济和产业战略来看，它必须在与中国崛起的过程中赢得“东亚共同体”的主导权。中国只要建立起自己的“产业军团”，同日韩财团形成平等、平衡的关系，自然就可以从共同体中获利。

作者题注：

中国“一带一路”战略的具体实施，将面对全球政治、经济、文化等诸多方面的重大挑战。中国财团企业要站在更高的角度，与具有共同历史文化传统和价值观的日本和韩国财团，通过不断的竞合与统合，形成利益共同体，引领“东亚模式”的全球化。

本章提要

看看日本人，他们就通过财团不但把美国资本排挤出日本，又在20世纪七八十年代日本财团打到了美国，打下了东南亚、拉美，这无疑削弱了美国在全球的竞争力。

中国当初是一穷二白的情况下，这个一穷二白就像是一个草场，我们可以万马奔腾地去发展经济，但是一旦草场上挤了很多马了，然后挤了很多人了，这时候我们就要把它变成农田，用这种方式去发展经济。

如果中国企业能够形成自己的财团模式，而避免走弯路，就能够把外资排挤出去，从而形成国进民进的双赢格局，实现国有资本与民间资本的对接。

如果能把我们的“游击队”整编成“军团”，与日本财团形成平等合作的关系，我们就不会成为利益共同体中的最底层，也就可以从共同体中获利。

其实中国不缺战略家，但是最终的问题是你这个战略和执行结合不到一起，因为日本的这个战略是来自财团，财团实际上，我形容它是一个海陆空三位一体的军团。

被称为“民主党智囊”的三井物产战略研究所会长寺岛实郎在2005年曾提出“亲美入亚”论，即所谓日本的“身体在亚洲，大脑在美国”，高端技术要跟美国合作，产业要布局在东亚，以此为“入亚”做舆论准备。

那么东亚需要什么样的共同体？热闹的政治术语背后是否暗藏着新一轮日本财团的战略布局？日本的财团为何具有如此巨大的能量？

东亚共同体到底是什么？其实就是想把中国的经济，中国的企业、产业，纳入日本这个财团的利益共同体里去。

第一节
集体经济才是强国之选

被忽视的集体经济

经济结构的差异，决定了日式创新与美式创新的截然不同；

一旦回顾历史，你就会发现，真正能够在市场竞争中壮大起来的都是这种集体所有制企业；

中国的国有经济和私有经济都获得了长足的进步，唯一受到打压的却是本应发挥重要作用的集体经济；

在日本，所谓的国有企业跟我们中国的国有企业的概念不一样。尽管这些企业担当的角色类似我们的央企，但我还是更倾向于称其为“国民企业”。

在战前，这些企业大多是延续数代的家族企业；直到战后，这些财阀才被美国的经理人制度所取代。当时占领日本的美国人认为，日本之所以能够对抗美国就是因为这些财团的存在，它们才是日本军国主义的真正根基所在。

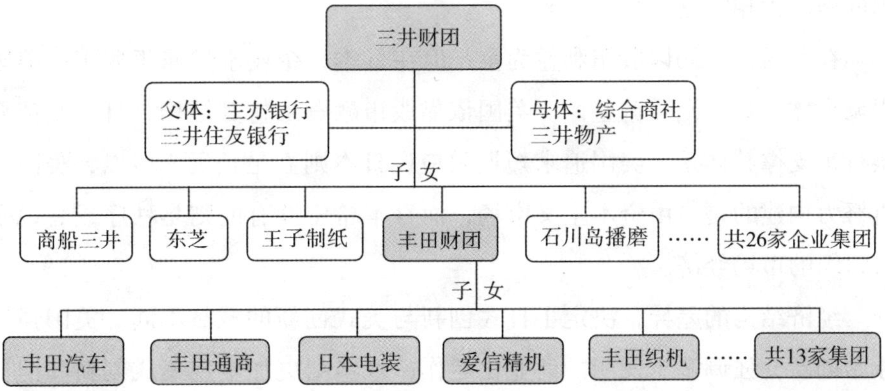

日本经济近年来不景气，但那是因为日本已借助综合商社把产业转到了海外。现在，日本在华企业总数将近 5 万家。更可怕的是，这 5 万家企业同气连枝并形成了一种新的层级结构：财团就像一个大家庭，主办银行是家庭中的父亲，为产业服务的综合商社则是家庭中的母亲，它们共同将

金融机构和中小企业捆绑在大企业的战车上，从而使它们易于赢得国际竞争。

在三井财团，扮演父亲角色的是三井银行（现三井住友银行）及其他一些金融公司，扮演母亲角色的是三井物产这样的综合商社。在两大机构下面，就是包括丰田、东芝、王子制纸和石川岛播磨在内的多个世界一流企业，王子制纸是世界知名造纸公司，石川岛播磨则是航母制造业中的全球翘楚。

日本取得了堪比美国的经济成就，但其经济结构却与美国大不相同：在美国，金融、产业与商业彼此分离；但在日本，这些部门却相互融合。日本有6大财团，每个财团都掌控着数十家企业。财团实行立体作战：金融是空军，商业是海军，产业是陆军，空军和海军为产业发展护航。日本就是靠这套体系，在战后与美国进行了卓有成效的对抗。

将这套体系跟美国对比，我们才能知道中国更像谁。在美国，以金融为主的华尔街左右着经济，其立国之本是金融；而在日本，却是经团联在发挥核心作用，而经团联的会长全都是产业公司的社长，日本的立国之本是产业。因此，金融危机爆发后，日本选择为保产业而牺牲金融，这与美国的做法大相径庭。

在美国，一切以股东利益为重；但在日本，企业永远属于职工。美国强调个体，日本则强调整体。美国依靠股市融资维持其结构，日本则依靠银行来支撑其体系。美国追求短期效应，日本则立足长远。所以，美国一直努力构建的是自由资本主义市场，而日本希望拥有的则是秩序或者说是有组织的市场经济。

经济结构的差异，决定了日式创新与美式创新的截然不同。美国强调原始创新，强调基于发明的商业化运作；日本则更加重视集成创新和消化吸收之后的再创新。对于这套体系，日本自豪地称之为“日本型社会主义”。福田康夫在北大讲演时也曾提到，“我国被称为比社会主义还要社会主义的平等社会”。因为在日本，只有产业细化，没有贫富分化。

这种组织形态其实与我们中国曾经广泛存在的集体所有制企业颇为类似。而一旦回顾历史，你就会发现，真正能够在市场竞争中壮大起来的都是这种集体所有制企业。现在，三井有26家核心企业集团，其中很多都进入了世界500强的榜单。而作为中国科技企业的代表，华为公司所实行的也是这种集体所有制的模式。

但30年的改革过后，中国的国有经济和私有经济都获得了长足的进步，唯一受到打压的却是本应发挥重要作用的集体经济。因此，要提升国有企业的创新能力，中国应该认真研究国情，发展集体经济以提升创新能力，而非对美国模式一味推崇以致经济发展有失偏颇。

中国怎样将外资挤出去

中国的制造业虽然我们不好意思说它出现了危机，但是至少可以说是面临很多困难。这些困难的出现既有国际经济风云的影响，也有我们国内政策失误的原因。

获得全球经济影响力，无非有两种方式：一种是霸道方式，一种是王道方式。

美国方式就是靠强权、强势、硬实力。而中国做不到，就只有靠软实力。日本人就是搞王道，有时候其软实力并不觉得很厉害，所以不得不防。它能够把全球的东西都拿到自己的手里。美国的模式是创业型，日本的模式更适合可持续发展，是两种不同的模式。

美国创新企业很多，但长寿企业很少。而据权威机构的统计资料显示，日本的百年企业已经达到了2万多家。日本大财团的企业几乎都是“百岁”以上。

我们已经看到为了应对危机和震后重建，日本产业资本已经出现回流本国，这势必造成日本产业资本全球化，扩张有所放缓。

如此，正在全球化布局的中国企业是否有些机会呢？然而事实并不尽如人意想中那么完美。中国的企业出海都是小舢板的方式，而日本企业出去都是航空母舰的战斗群方式。

很多中国企业甚至通过美国投资银行出去，其实还没有出去之前，就已经被别人算计完了。中铝走出去是让人玩了，联想收购IBM也让人玩了。吉利收购沃尔沃能不能算成功呢？还是要看。

那么日本财团的核心是商社，表面上是国际贸易公司，实际上是产商金融的结合体，把很多关联企业全都带出去了。为什么中国不能形成自己的财团模式呢？

现在主导中国经济的人都是从美国回来的博士，而美国人的思路是金融和产业分离，最后我们就美国化了，就把自己的金融和产业拆散了。

最初邓小平访问日本，学习日本搞了中信、招商局、光大、华润等财团，但在东南亚金融危机后，大家都批判这种模式，最后不得不放弃了。而这都是美国回来的博士批判的。美国人的目的就是要拆散财团，中国财团若发展起来对美国有很大的威胁。

作者部振庭，介绍日本企业集团化及机能作用如何成为日本经济高速发展的推进器

看看日本人，他们就通过财团不但把美国资本排挤出日本，又在 20 世纪七八十年代打到了美国，打下了东南亚、拉美，这无疑削弱了美国在全球的竞争力。

后来韩国也模仿日本，形成财团模式，也把美国的很多东西夺走了。都说日本过去十年是逝去的十年，其实中国才是真正逝去的十年。别看中国的 GDP 每年增长多少，其实外资贡献很多，我们在技术方面没有太多积累，全是引进成套的设备技术。而中国金融业也可谓停滞了 10 年，还把外资的金融放了部分进来，更有甚者把国有金融的股份贱卖出去。

所以呼吁国企要重新整理思路，不能再跟华尔街跑，应该掌握产业体系，应该更多地学习日本。谈到民间资本，与其让民间资本做地下钱庄、影子银行，还不如将它变成商业银行。

而真正的商业银行还是诞生于民间的产业积聚形成的资本，关键是怎样引导商业银行与产业资本结合。

在日本明治维新的时候，一下子出现了上千家的商业银行，然后这些银行慢慢地通过竞争，有些倒闭，有些合并，组成大银行。

现在，中国的民间资本拿不到银行的牌照，都去搞私募基金，私募基金多了，乱到一定程度也会出现问题。比如现在的高利贷。

为什么不能让民间资本合法化呢？由于中国特殊利益集团间的矛盾，国企自己搞不了财团也不让民企去搞，国有资本压迫民间资本，却与外国资本结合，中国是内战外和，而日本企业则是内和外战。

如果中国企业能够形成自己的财团模式，而避免走弯路，就能够把外资排挤出去，从而形成国进民进的双赢格局，实现国有资本与民间资本的对接。

当国有资本与民营资本的产权逐渐模糊后，变成集体所有，国民共有。但这需要共同的意识，还有共同的理念。

原文发表于《环球财经》2012 年第 9 期，作者：白益民

第二节

用“国民一体”筑起我们新的长城

中国经济的“三国”格局

没有资本的血液，就无法激活中国的经济。中国改革开放初期我们欢迎外资、引进外资，正是因为我们缺少资本，因此当时积极引进外资符合中国当时的国情。

在“一五”时期我国主要以学习苏联为主，形成了高度集中的计划经济体制，主要依靠计划、协作，通过国家行政指导，然后进行生产要素的组合。在这样一个体制中，资本并不自由流动，也就没有发挥太多的作用。但改革开放以后，这种高度集中的计划经济体制被打破。企业在市场运作时就需要大量资本，这样一来，当时积极引进外资的经济政策，对中国的经济起到了激活的作用。

但目前，具有中国特色的市场经济格局已经形成。**中国市场中三种资本力量共存——国家资本、民营资本、外资。国有资本通过积累、通过垄**

断、通过国家财政注入成为现在的国家资本；民间资本通过改革开放从无到有，一点点滚动，在市场上竞争，通过自己的劳动不断积累壮大起来；外国资本海外空降，有技术、有人才、有充裕的现金流。中国市场中，“三国”格局形成。

从计划经济时代基本上完全是国有资本到现在的“三足鼎立”，面对经济新格局，因此，中国的经济战略应该进行调整。

筑起新时期的长城

在这种新格局中，三种资本所占地位和特点各不相同。国家资本在重化工业、装备制造、资源等领域占据了重要地位；外国资本更多地集中在商贸、物流，以及新开放的金融领域；相形之下，民间资本发展到现在虽然大但是并不强。

欧美资本以金融资本为主力，所以我们看到了它们在金融服务业占有绝对优势，如投行、四大会计事务所、审计等方面。此外日韩的产业资本在中国的产业高端领域，如高铁、核电、环境工程、新能源等领域占据了一定的优势，客观上阻挡了中国的产业升级。而与跨国公司外国资本相比，我们的国家资本在全球扩张的核心竞争力、管理水平和经验上还有所欠缺，尚不具备领先优势。

在外国资本在中国国内占据着非常大的优势的前提下，如果我们总是在“国进民退”、“国退民进”上争论不休，事实上是给“入侵”的外国资本制造了有利的舆论环境，我们被这些问题转移了视线，却忽视了对外资的布防，岂不危矣！

所以因此，中国经济现在也面临着新时期的“抗战”形势，国家利益就是全中国人民的共同利益。在《环球财经》2010年以“中国模式3.0之国进民进”为主题的年会中就曾指出，“国进民退”是个伪命题。

面对强大的外国资本在中国的布局，我们应形成“民族统一战线”，也就是国家资本和民营资本之间进行合作，实现“国进民进”，共同抵御第三方（外国资本的经济侵略）。只有这样才能够提升我们的国民收入水平，提升国民的财富；才能够提升我们的产业水平，进行产业升级。

否则，如若听从个别专家学者的鼓吹，大搞私有化，我们将面临沦为经济殖民地的可能性，或者说我们有可能被“拉美化”，最终经济发展停滞，国民收入不升反降，资源被外国拿走，市场被人拿走，技术没有培育起来，贫富分化、社会动荡，种种社会问题产生，拉美和剧变后的苏东都是前车之鉴。

2010 年 1 月 16 日，在《环球财经》以“中国模式 3.0 之国进民进”年会主题下，众多精英汇聚一堂，就“国进民进”展开探讨与辨析

“国有”不是“官有”

为什么要提出“国有”不是“官有”呢？

现在很多自由派的言论，就是遵循西方价值观的言论，指责国有企业没有效率、占用大量资源云云。但是如果国有企业真正退出了中国经济的舞台，谁会填补这个空缺呢？是民营资本吗？不可能。从中国民营资本的凝聚力、管理水平、人才等各个方面看，都没有形成那种足以抗衡外国资本的能力，所以一旦国有资本退出，民营资本也会很快被消灭或者被收编，变成外国资本的奴隶。

因此，我们认为国有资本不能够退出中国的经济舞台，还要承担中华民族伟大复兴的使命。但是有些国有企业的确也存在着一些问题，这也成为自由派们攻击的把柄。

其中，**应着力于解决国有企业的用人制度（因为所有问题归根结底是人的问题），改革人事制度，使国有企业的领导不仅仅是政治体制内的“干部”，同时也是具有中国特色的市场经济体制下合格的“职业经理人”，并将这样的人事安排及培养机制常规化，那么我们的国有企业就有望成为新经济格局下真正具有战斗力的国有企业。**

“民有”不是“私有”

关于私有企业的理解，通常我们认为，某个企业是由某家族或个人创建，即统一定性为私有企业。其实这里有很大的一个误区。

首先，我们说私有企业只是从自然人的产权来定义的，我们从它的产权结构能看出来它的股份是由个人持有的。但是，这些股东做小企业或者做到中等规模的时候可能还会以一种自然人股东的形式存在。但是，企业做大之后，它靠自然人的力量已经无法维持和驾驭这样的企业，这时新的公司股东或法人股东就进入了。

当企业有更多的自然人股东和法人股东加入，形成新的股权结构时，这时候你会发现这个企业已非某一个私人所有，事实上，它已经成为“集体所有制”。因此，随着这样一个结构的变化，我们对这类企业的定性，不能简单地称之为“私有”，而应该称为“民有”。

但是，要上升为“民有”这个概念，无论在企业治理结构，还是在文化层面、职业经理人的激励机制等方面，都需要进行新的转变，特别是如果要想形成一个更大的集团的稳定结构，企业必然要从原来的金字塔似的垂直管理体制逐步向扁平管理、交叉持股的方向发展。

这里存在着一个分权的过程，通常而言，在这个过程中容易使体制出现分裂。这时候要想稳定体制就要形成一个交叉持股的关系。

当大型企业集团实行这种交叉持股后，某个个人对企业的控制能力变弱（个人越来越退到幕后），而让职业经理人发挥作用，因为它形成的是一种协调机制。随着交叉持股股权的放大，新股东不断介入，最后形成的是一种“经济共同体”。

这个经济共同体围绕某个产业链进行运作、分工协作，像滚雪球一样发展，这样不仅能够壮大，而且还不散。因为企业内核心控制结构是一个交叉持股的网状或球状结构，甚至在这样的滚动过程中，国有资本也会在合适的时机、选择合适的方式进入经济共同体，最后形成稳定的、强大的混合经济体。

此时，“国有”与“私有”的壁垒消失了。我们该如何定性这样的企业呢？显然不是“私有”，但也不是普遍意义上的“国有”，这是实际上的“集体所有”，也就是“民有”。

在这样一个“滚雪球”的过程中，国有资本和私有资本都各自发挥了自己的力量和优势，最后实现融合、互补，共同进步，这就是我理解的“国进民进”，也就是“国民一体”。

我们的国门曾经封闭，但封闭的国门使当年刚刚成立的新中国成功抵御了帝国主义的霸权，没有沦为殖民地或附庸，并初步建立了中国的工业体系；我们的国门也在打开，这个“打开”使我们在改革开放后经济高速发展，如今已成功跃居全球GDP总量第二。

尽管我们应该理性、清醒地看待这个“第二”，但不可否认，这是每一个中国人都值得骄傲的成就。在中国经济新格局下，面对在开放的国门旁虎视眈眈的外资，天下熙熙，皆为利来，我们应理智、审慎地对待，用“国民一体”筑起我们新的长城。

原文发表于《环球财经》2011年第5期，作者：白益民

第三节

美国危机后的日本财团金融大扩张

2007年美国金融危机后，日本财团对外金融扩张明显，其中就包括三菱UFJ金融集团收购摩根士丹利20%股份

继2007年美国金融危机爆发，一度活跃在全球金融市场中的欧美金融资本因大受创伤而出现了退却，花旗集团与美国银行卖掉亚洲银行业务，筹资逾70亿美元；美国国际集团、荷兰国际集团及苏格兰银行在亚洲则各处理了30亿美元业务。

此时，经过十年调息的日本金融财团终于等到了出头之日，暗自欢喜的同时也开始迫切地寻找着海外扩张的机会。金融危机之后，日本收购了一系列国际资本的资产，如三菱UFJ金融集团投资9000亿日元收购了美国摩根士丹利20%股份，野

村证券收购了雷曼的亚洲业务，瑞穗银行用1000亿日元购买美林可转换优质股票。三井住友金融集团出价近6000亿日元，从花旗集团手中买下了日兴证券及相关资产。

从一系列的收购中我们可以看出苗头，在美国金融资本退却之际，日本正在接收美国的领地。据统计，在金融危机之后的一年中，日本株式会社的海外商业收购创下了759亿美元的纪录，在一系列大手笔收购的背后，日本财团金融机构发挥了举足轻重的作用。而三井住友财团近期在亚洲一系列的入股、收购行动非常值得关注。

日本金融集团进军中国保险业

“我们会优先将资源包括资金投向中国市场。”2009年11月，三井住友财团的保险企业三井住友海上火灾常务执行官、亚太区总裁市原进表示，三井住友的海外战略中亚洲位列第一，中国又将是其中最优先发展的，三井住友在未来会优先将资源包括资金投向中国市场。随后三井住友海上火灾投资太保和参股信泰的举措，便证实了市原进的话。

2009年12月23日，三井住友海上火灾保险株式会社以基础投资者的身份，认购了中国太保在香港上市的股权，随后在2010年的4月，三井住友海上火灾保险更直接投资于中国未上市寿险公司股权，斥资24亿日元入股总部设在杭州的信泰人寿，持股比例为7%，从而正式进军中国寿险市场。

据悉，此次入股后三井住友成为信泰人寿第六大股东。而在2009年太保H股上市时，三井住友作为基础投资者，以6500万美元的作价认购太保H股，约占总股本的2%。随后，三井住友对外发布的消息称，未来会有将参股比例逐步提高至20%的计划。信泰人寿的高管此前也公开表示，未来还将成立财险公司和金控集团，最终目标是以金融控股的形式上市，为外方股东规划一个美好的蓝图。

三井住友保险由1918年设立的三井海上火灾保险公司及1893年设立的住友海上火灾保险公司于2001年10月1日合并成立，总部位于日本东京，公司是经营财产保险、人寿保险、金融投资、风险管理咨询等的大型跨国金融集团。

2010年6月18日，日本三井住友保险又斥资5亿美元收购马来西亚兴隆金融集团非寿险业务，以此打入马来西亚市场。本次收购，兴隆金融集团的100%子公司兴隆保险将并入三井住友保险在马来西亚子公司——MSIG保险（马）有限公司。MSIG保险将在合并后的非寿险公司中持股30%。与此同时，三井住友还将获得兴隆寿险业务30%的股份。

实际上，整个日本寿险业者都备足了并购的弹药，据保守估计，约有300亿美元的超额资本。日本第二大寿险公司——第一生命保险也是积极进军海外。第一生命保险正在计划利用其对中国台湾新光金融的持股来进入中国大陆市场，市值达140亿美元的第一生命保险已持有澳洲保险商Tower Australia 28%的股权。

首家日本银行进入中国信托业

在信托银行方面，住友银行成为首个进入中国信托行业的日本银行。2010年3月，住友信托银行以16亿日元的价格收购南京信托投资有限责任公司约20%的股权。而此笔收购的目的主要是帮助在中国经营的日本公司筹资和管理资金。

据了解，南京信托是南京紫金投资公司的全资子公司。南京紫金投资控股公司则是由南京市国资集团出资设立的。由于信托牌照在内地市场属于稀缺资源，而信托不但拥有资产管理的功能，还是一个非常灵活多变的金融渠道，因此，银行、保险等金融其他领域的公司都对其有所觊觎。

此前，信托银行一直是三井住友大家庭中仅剩的独立发展的金融机构。然而，2009年11月住友信托银行已与中央三井信托控股公司达成合并协议，该协议自2011年4月生效。通过合并，三井住友信托银行将成为日本最大的信托银行，信托资产将达到118万亿日元。

三井住友抢滩亚洲银行业

三井住友银行看中东亚银行广泛的分行网络，自2008年与香港东亚银行签订商业合作谅解备忘录之始，就已经谋划与东亚银行更深一步的战略计划。2009年6月三井住友银行开始持续买进东亚银行股份，随后12月

30日，三井住友银行宣布将向香港东亚银行投资14.16亿港元。加上此前的投资，三井住友银行在东亚银行的持股比例将升至4.05%。

东亚银行是香港最大的独立本地银行，截至2009年12月31日总资产达港币4341亿元（约合560亿美元）。三井住友旨在通过投资，加大对进驻中国的日资企业的援助，并在面向中国香港、中国内地的中小企业及个人业务方面与东亚银行强化合作关系。以香港和中国大陆为中心，东亚银行共有250个营业点。三井住友银行计划通过与东亚银行加强合作关系为跳板，在中国内地开展面向中小企业及个人的业务项目。

2014年9月，三井住友银行认购东亚银行约1000亿日元的股权，出资比率将由9.6%提高至17.5%，成为东亚银行的第一大股东

三井住友银行还将入资中国台湾最大的民营银行——中国信托金融控股公司，以增强其亚洲业务。这是三井住友银行第一次与中国台湾的金融机构进行资金合作。三井住友银行预计将取得中信金控1%～2%的股份，出资额可能达70亿～80亿日元间。

与此同时，日本金融资本在东南亚一带加紧布局。日本财界人士曾说，印度将是世界上最后的一个市场。2010年6月30日，三井住友银行又宣布将斥资260亿～270亿日元（约合人民币20亿～20.7亿元）入股印度第四大民间银行科塔克银行，双方将在投资及投行业务方面开展合作。

科塔克银行是一家综合性金融集团，旗下拥有投资公司及证券公司，截至2010年3月底，该行合并总资产约为1.1万亿日元，在印度民间银行中合并总资产位列第四。作为日本国内银行首次参股印度的银行，三井住友银行参股比例为4.5%，三井住友银行将成为仅次于该行创始人家族的第三大股东。

此前，三井住友银行已接连向韩国国民银行、越南进出口商业银行等亚洲大银行进行出资。

金融扩张背后的东亚谋局

这是战略，而不是简单的个体收购！对于三井住友财团在银行、保险、信托银行等金融领域的行动，我们应视之为一个整体行为，是在为日本的制造业打基础，在为制造业做支持。因为日本制造业在亚洲市场国家的扎根，需要本国金融的服务，同时在制造业获得的利润也需要回到金融领域里，进行重新分配。

另外，日本商业、制造业早就在一二十年前已经进入中国，金融业随之进入是一个必然的趋势。特别是最近东亚、东南亚等地区采取金融收购和入股行动，从另一个背景看也是美国资本在这一地区处于弱势的情况下，日本加紧布局。这也符合美国对日本的期望——亲美入亚。

随着东亚共同体包括亚元等问题提到日程，为要夺得东亚共同体的主导权，日本金融正在采用围棋的方式踩点布局，在东亚各个国家各个地方落子。我们知道，日本是一个财团结构，是一套体系，日本的产业、商业和金融是配合的，所以我们看到"陆军"（制造业）登陆后，"海军"（商业）紧随过来，现在日本"空军"（金融）也开始进行选择性的"轰炸"。

总之，未来东亚共同体与亚元的主导权并不仅仅是普通的政治框架、共同基金；而真正在于财团的金融企业、商业和产业对各个领域的渗透所形成的控制力。

原文发表于《环球财经》2010 年第 8 期，作者：白益民、王维

第四节

日本财团的中国谋略

（凤凰卫视"世纪大讲堂"　主讲：白益民）

主持人：欢迎走进《世纪大讲堂》，这里是思想的盛宴，这里是学术

的殿堂。2009 年 9 月 21 日，日本新首相鸠山由纪夫在与中国国家主席胡锦涛会晤时，提出了建立东亚共同体的构想，一时引来了广泛的关注。

那么东亚需要什么样的共同体，热闹的政治术语的背后是否暗藏着新一轮的日本财团的战略新布局。日本的财团为何具有如此巨大的能量？

准军事化管理，全方位布控，从基础制造到高科技产业到能源矿产，日本财团正在一步步布局中国。谁是它们的幕后推手？谁是它们下一步的争夺目标？

关于这些问题，今天我们非常荣幸地邀请到了青年学者白益民先生。有请。

《战胜中国》与“东亚共同体”

白益民：大家好，我非常高兴有这个机会能跟大家来一同来探讨一下日本，到底它的财团模式、它的这种财团体制对中国会产生什么样的影响。我们看到，最近提到的一个关键的词就是“东亚共同体”。其实这个东亚共同体，并不是一个现代的、很时髦的词，在很早以前，日本就有这样的想法。

我们从东南亚金融危机开始来回顾一下这个时期日本提出了一个怎样的战略，然后逐步地实施，最近又提出了这种新的战略。这一个演变的过程可能会帮助大家理解它整个的政治、经济、外交各方面的一些事件。

东南亚金融危机（1997 年）之后，我们所感觉的日本实际上是萧条，我们看到它内部的 GDP 在下降。但是其实我们忽略了另外一点，就是在东南亚金融危机之后，其实日本一直在悄悄地布局。

我们先看一下，三井物产，就是作为三井财团的综合商社，它提出了一个什么战略。首先我们看一本书，前三井物产战略研究所的市川周在 1997 年的时候推出了这样一本书，这本书比较刺激人，在我们国内买不到，估计也不会有人去印这本书，这本书的名字就叫《战胜中国》。

那么，他说什么呢？他说日本对中国要有竞争的意识，并要求充当战斗的东亚家长。他认为亚洲可分为三个区域，第一个区域是包括韩国和中国台湾（地区）在内的东亚海洋国家，第二个区域是中国大陆，第三个区域是南亚、中亚、蒙古等中国周边国家，日本要采取的战略是确保第一区域，影响第三区域，以包围第二个区域——指的是中国大陆。

市川周还提出，实际上他的这些战略，首先是为他本国进行调整赢得一些机会，因为日本是夹在美国和中国之间，它要主张自己的生存空间，所以在这个情况下，它要抑制中国崛起的冲击。第二它其实也要赢得美国或者西方国家对它的一个认可，这样子的话，它可以赢得主动权，避免像东南亚金融危机之前一样跟西方发生冲突。

那么我们怎么来理解？其实在谈这个东亚共同体的时候，我们想到的一个问题就是说，**“战胜中国”和这个“东亚共同体”是一个矛盾的事情，但其实我们如果看日本的整个的战略布局，会发现它最终的目的是要建立这个东亚共同体，而这个东亚共同体是要以日本为主导，所以它必须在中国崛起的过程中赢得主导权。**

谁曾背后支持小泉首相?

白益民：我们来仔细看一下这十几年在实施过程中的一些事例，把它们联系起来来看一下。通过这些事例，我们也体验一下到底这些财团，在里头有哪些千丝万缕的一些联系。这些联系并非一定就是决定性的因素，但是它可以向我们展现财团在日本社会中的作用，它不仅仅是一个经济体，其实它也有政治和外交的作用。

从靖国神社到钓鱼岛，从东海油气田到钢铁矿争夺，在日本财团的中国谋略中，什么是资源包围？哪些是它们隐形的翅膀?

首先我们来看靖国神社这个事件。小泉上台以后，我们会发现，他跟中国之间最主要的矛盾就是他去参拜靖国神社，每年都不落，我们提出了抗议以后，他还是坚持参拜靖国神社。那么我们看一看，小泉上台，背后有谁，从财团的这个角度我们看看背后有谁，也就是说在小泉当初竞争这个首相的过程中，到最后出面，有一个人出来表态支持小泉。

这个人是谁呢？叫奥田硕。他是当时的丰田集团的会长，同时又是经团联的会长。那么这两个是什么概念呢？就是说经团联，首先他相当于什么地位呢？相当于美国的美联储格林斯潘这个地位，因为日本是产业立国，它不像美国是搞金融，奥田硕就像美联储格林斯潘那块，说话算数。

在日本，经团联（类似中国的“国资委＋工商联”）把财团的大企业按照产业统合在一起，几乎上市公司的一千家最大的公司，都在经团联这个组织体系里，这个经团联的会长奥田硕又被称作“财界总理”，所以他出面来支持小泉上台。

这个丰田跟三井是什么关系？丰田原来是个家族，三井也是个家族，那么在丰田早期发展的过程中，实际上丰田得到了三井的巨大支持。二战以后，实际上真正主管这个丰田汽车的不是丰田喜一郎，他已经被三井财团给辞掉了。那么换上的是谁呢？是叫石田退三。他这个人曾经是三井物产底下的一个关联商店的伙计，直到最后他做到丰田的社长。

实际上，丰田的起家并不是我们从教科书上看的那么简简单单的，完全靠它自身的努力，而是跟三井财团密切联系在一起的。小泉下台以后，他又成立了一个研究所，这个研究所的背后支持者就是丰田集团，这样我们可以看到日本政商之间的这种关系非常密切。

日本与中国台湾的财团“外交”

图为事件中位于台北市农安的三井料理，除“三井宴”外，台媒还爆出陈水扁曾用30亿黑钱中的一部分购买日本三井住友银行股权

白益民：再有，我们看一下台湾问题。实际上，台湾地区跟日本没有什么官方的联系，但是正是因为没有这种联系，我们看到的真正的是这种财团外交。**陈水扁，就是民进党主政台湾的时候，爆发一个事件，叫“三井宴事件”（2006年5月）。**

这个三井宴，大家可以去找这方面资料，仔细去看。三井宴实际上就是三井在台湾的一个餐馆，在这里头，说是有一些受贿的行为（台开股票涉嫌内线交易案）。正是从这个三井宴之后，陈水扁就被盯上了。

很多方面盯上陈水扁了以后，就开始寻找他在贪污方面的证据，结果

两年之后，就是在去年年底的时候，出来一个什么事情呢？说是陈水扁在日本的三井住友银行里面存有巨款。这些事件我们会把它们联系到一起，实际上是跟日本的财团外交有很大的联系。

再看一个项目，就是高铁的项目，高速铁路。这个高速铁路，我们现在坐的和谐号列车，实际上里头有两部分技术，一部分是来自欧洲的，一部分是来自日本的。而在台湾的李登辉时代，三井物产就是专门来负责台湾高铁建设的。

所以，我们看到1997年以后，中国实际上跟日本在高铁项目上有很多摩擦，就是日本想在中国大陆做这个项目，但是中国一直在犹豫，或者说在利用欧洲来平衡这样的关系。而在此时，是谁来了？中国大陆在做这个事情的是三菱商事（三菱财团的综合商社），它们来协调在中国大陆争取高铁项目的工作。而同时，三井物产在台湾做这方面的工作。

另外我们再看一个例子，就是在《战胜中国》中提到的“确保第一区域”（中国台湾、韩国）。我不知道大家有没有去逛过朝阳区那边的新光天地百货公司。这个新光天地的背后是谁呢？我们看一下，新光天地的背后是台湾新光三越百货，是跟北京的华联合资做的这个新光天地。

那么新光三越是谁呢？新光三越，实际上它的合资方就是日本的三越百货。三越百货又是谁呢？就是当初三井财团起家的最早的公司，那是三百年前，它叫三井越后屋（简称：三越），所以像我们看到的三越百货，实际上它也是三井财团现在的一个核心的企业，而且号称世界第一大百货公司。

资源争夺愈演愈烈

白益民：再看东海问题。在东海油气田的争夺过程中，我们会注意到，在早期有这样的报道，丸红（富士财团的综合商社）跟日本政府的帝国石油株式会社一起在东海抢占资源。起初，丸红向日本政府提出来要开发东海，实际上从这开始日本就跟中国发生这种冲突了。

东海问题必然就会联系到钓鱼岛。前几年中日之间有个“保钓事件”，在这个事件的过程中，发展到非常尖锐的时候，曾经在野的也就是现在已经上台的民主党提出过要武力保卫钓鱼岛，这时候它向政府提出过这样的建议。而就在这个之后不久，日本有一艘被称为轻型航母的船下水。

日本是不可能拥有这种航母的，那么它实际上是利用建造补给船的方式，建立可以起降的这个直升机的平台，变相地造出这种轻型航母。这个准航母的名称叫“近江号”。

这个“近江号”非常敏感，其实近江号，它实际上是由“近江国”（古代国名，今日本滋贺县）这个名称而来。**日本的战舰一般都是以古代的国名来命名的，那么我们看到这个近江号，什么意思呢？近江国就是原来的三井物产、丸红还有伊藤忠这样的综合商社起家的地方。我们可以看到，这种准航母的命名其实也是有一定的含义在里头。**

另外，在这个“近江号”不久，两年之后又有一条船下水，就是在去年年底左右，叫“日向号”。这个轻型航母是由谁来建造的呢？是由石川岛播磨重工来建造的。这是一个什么企业呢？这个企业它也是三井财团的，那么它的最大的股东，我们要看资料的话会发现，东芝是它的最大股东，而东芝又是三井财团里头的核心企业。

最近，就是这几年，三井物产、丸红、伊藤忠、住友，都跑到哈萨克斯坦去圈铀矿，我们知道铀矿是做核能用的，而这个时间三井财团的东芝在做什么呢？在收购美国的西屋电气。东芝花了40多亿美元收购了西屋电气之后，拿下了中国80亿美元的核电订单。**表面看是美国西屋电气在做中国的核电产业，卖设备，卖技术，但实际上背后已经是三井财团的东芝。也就是说，它们两头走，一头是东芝从美国那边拿来技术，另一头是三井物产到中亚去圈铀矿。**

另外我们再看，《战胜中国》书中提到“要利用非华人对华人感到的压力，广泛团结非华人国家对抗中国大陆”，表现在前一段时间有一个事件就是中铝收购力拓。这是很震动的一件事，包括后来出现力拓间谍门事件。

中铝当初收购力拓是通过美国的投行，然后进行收购。收购以后，花了100多亿美元。结果金融危机一来了，股价暴跌，再加上欧元暴跌，它曾经账面损失达80%。而后在今年的年初，说中铝其实是想抄一下底来平衡它的损失，后来没有成功。这个很多就来自这种非华人国家，它们所说的非华人国家的这种压力，自身感到中国的这种威胁或者一种压力。

那么在这个过程中，我们可以看到，**中铝的网站上就有过一段叙述，也就是它们在第二次收购的时候，成交之前的一两天，三井物产曾经和必和必拓在一起要联合收购力拓，也就是说三井物产在适当的时机也来搅局。**

最近有一个消息，说中钢协获得了一个铁矿石的谈判价格，和谁呢？和 FMG 这样一个澳大利亚公司。其实，FMG 这个公司在澳大利亚是一个新兴的公司，起不了太大的作用。那么我们看到在这个之前，FMG 里头有 20% 的股份已经被中国的华菱公司收购了。然而，即使中国的公司在上游获得了一定的股权，也很难发挥作用，为什么呢？因为在这个过程中，FMG，它要最后把它的铁矿石运出来，还要经过力拓和必和必拓的铁路，然后运到港口。此时，FMG 想建立自己的出海通道，而日本的三菱商事已经抢先行动起来，在与中国的中钢集团等公司的竞争中胜出。

金权天下：权力背后的财团作用

白益民：通过这几个例子，我们来看一下，日本的这个财团实际上在产业的包围过程中，利用的是这种概念，就是建立利益共同体，把一部分原来的对手，尽可能纳入进来，变成它的帮手，那么还有一部分，如果不纳入到它这个共同体之内，那就成为它的对手。

所以到这，我说了几个案例以后，我们回过头来再看，东亚共同体到底是什么？其实就是想把中国的经济，中国的企业、产业，纳入日本这个财团的利益共同体里去。

那么，这样子的情况会出现一种什么格局呢？就是说我们一旦进入东亚共同体，当然也会分享一些利益，但是这个利益到底能分享多少，这是最重要的。所以说，东亚共同体肯定是将来一个趋势，但是我们一定要在这个过程中争取中国自己最大的权益，这是我想要说的一个。

我给大家展示了一下日本财团的一些活动，希望大家可以重新来了解一下日本，不是简单地从政府、小泉、麻生那几个层面去看，而更多地去看看金权这一块，就是它权力背后的这些财团发挥的作用，因为这块儿是一块空白，希望大家能够去做一些研究。

深谋远虑，捷足先登，一场场漂亮的经济争夺战中，日本财团脱颖而出，怎样理解日本财团模式？中国企业如何突围？

中国不缺战略家，缺少执行力

主持人：在白先生平静的叙述中间，我听起来好像是一个谍战的大片，而且超过好莱坞的大片。可以说他在讨论日本财团在世界范围之内针对中国的经济布局的时候，你可以看出这种百年老店它的深谋远虑，可以说是谍中谍，谍外谍，谍连谍，谍影重重，而我们在中间几乎处于无知的状态，所以有时候，他讲到有些地方的时候，我背脊梁这里有点发冷，有点发冷。

当然了，白先生的叙述中间，很多的资料肯定他是有所据的，这些资料形成的一个判断，是不是我们都会同意，可能也仁者见仁智者见智，但是确实我们应该充分地认识到我们这位邻居，它是忍者，它是世界上最大的忍者，忍者做事情往往是不事声张的，但是一旦出声，可能你就来不及了。

刚才在听白先生讲的时候，特别提到了一本书，叫《战胜中国》，那么应该说这是日本的一个战略家的思考，我想中国在这方面有没有这样的战略家也在琢磨日本？

白益民：其实中国不缺战略家，但是最终的问题是你这个战略和执行结合不到一起。日本的这个战略它是来自财团，财团，实际上我形容它是一个叫海陆空三位一体的军团：海军是什么呢，是我们说的这个商社，综合商社；空军是它这里的银行、金融体系；那么陆军就是它的产业体系。日本财团形成了一套“海陆空立体的作战模式”。

中国目前的经济模式，基本是按照美国的自由主义的经济模式来做的，产业和商业还有金融是分开的。所以，我们即使有这样的战略家能够意识到这些问题，也没有这样的一个组织体（财团）和日本的军团（财团）去抗衡，或者说去阻击。那么，我们可能只是有些企业作为游击队，

然后去它的后方骚扰一下，或者是在哪一些地方有所动作，但是对于整个的战局的变化不会产生太大的影响，这是我个人的判断。

主持人：在某种意义上，实际上日本的这些大型的超级财团在扮演着政府的角色，因此在今天情况之下，比如说我们延续一个比较激烈的观点，假如有一天在中日之间，某一个导火索点燃了，然后冲突不可避免甚至不可收拾的情况之下，您认为日本这个国家一夜之间能具有战斗力吗？

白益民：肯定会有，因为首先它这些财团的组织体系，这些企业、工厂基本上都跟军工有关，我们即使说丰田或者东芝，其实都跟军工有关。特别比如说东芝，我们以为它就是生产电视机的，但是你知道它现在收购了西屋电气。其实，**东芝在核能方面本身自己就拥有很强的技术，然后又收购了美国的核方面的技术。同时，我们看三井物产等这些商社，它们到处收购核燃料。也就是说，日本说是无核国家，但实际上它拥有的核能力是非常强的。**

图为东芝生产的日本 81 式近程防空导弹系统，弥补了当时日本野战近程防空装备的空白，一套售价达到 940 万美元

再有一个我们要看到，关键是它的组织能力，它的组织能力等于是一个现成的体系。我们的企业都是分散的，一旦战争爆发，很难协调起来达到日本财团那样的一个水平。所以，我们的体系如果不能够整合起来的话，我们拥有的技术积累就像不存在，或者说，我们的人员之间的组织就不能够很快地进入状态。所以，我想日本在这个方面还是占有一定优势的。

应该选择怎样的发展模式？

主持人：现在我们进入现场提问的部分。在座的同学，有什么问题需要向白先生请教的，举手。

提问：教授，您好。我的问题是，您刚才介绍日本财团，它的优势和它的模式。那我的问题就是，它这种模式有没有什么弊端？或者我们如何发现它的弱点，来采取相应的对策？谢谢。

白益民：是这样子，就是说任何一种模式，肯定有它的弊端，特别是它的机构越大，越容易官僚化，越容易僵化。大到什么程度呢？一个极端，就是说它的财团如果都统一了，日本国家成了一个财团的时候，就回到了苏联体制，就回到了中国原来的计划经济体制，那么它没有竞争。

所以说，我们看日本的这个体制，它实际上还是保留了日本原来的幕藩体制。也就是说，日本政府相当于幕府，这些财团相当于藩，那么藩之间既有竞争，又有合作。

回答你那个问题，我们怎样找到弱点去跟它去博弈？我想，首先我们先不要去找弱点，我们现在存在很多弱点，我们先要变得强大，这样子的话，我们用我们的“军团”先能够跟对方抗衡。

提问：白老师您好，从您刚才说的东西我们可以看出来，中国现在更多采取的是一种美国的模式，其实我觉得这是有一个原因，就是因为从新中国成立以后，一种过于集中的经济体制，比如说以前我们那种合作社呀什么的，导致很严重的一些低效或是腐败的问题。

虽然说我们这个时候寻求一种美国的自由经济的模式，但是我们现在以这种模式和日本企业竞争的时候，却又发现了一种力量上的不足，那么在面对日本模式和美国模式这两种不同的经济模式的时候，我们应该怎么样选择，然后才能提高我们中国在国际上的竞争力呢？谢谢。

白益民：实际上任何一种模式，都是跟历史发展阶段和当时的条件有关系的，我们选择美国模式也是有原因的，不是说是错误的，我们不能否定。因为什么呢？**中国当初是一穷二白的情况下，这个一穷二白就像是一个草场，我们可以万马奔腾地去发展经济，但是一旦草场上挤了很多马了，然后挤了很多人了，这时候我们就要把它变成农田，用这种方式去发展经济。**

也是说，现在中国万马奔腾已经不行了，互相拼了，内部消耗了。我

们要怎么把大家组织协调起来对外？我们要获得更多的田、更多的地、更多的草场，这个是我们要做的。

到这个阶段，实际上前一段时间我们应该学一些美国的东西。有个说法就是不破不立，就是说我们把原来僵化的体制它破了，破完之后怎么办？要立。立什么？我想日本的这个模式就是我们可以参考的一个方向。

我个人的看法就是，即使你立了，中国也不一定所有的地方都要是日本模式，它要分不同的产业，有一些新型产业，它就适合创新型的模式，即美国的模式。但是，有一些传统产业，包括 IT 业现在都已经变成传统产业了，它一旦变成传统产业或者一些综合型产业，这个产业链一旦拉长，日本模式就发挥作用了。

所以，我们要选择不同的模式，在不同的历史阶段、不同的产业、不同的情况下，我们来选择自己的模式。

向对手学习并不丢脸

提问：白老师您好，请问您刚提到的日本财团进入中国经济，很有可能会导致一些狭隘的爱国主义的情绪，请问您是如何看待的？

白益民：这个问题是这样子，这种爱国主义我想在日本也有，我们曾经写过一篇文章，大家可以到网上搜，叫《日本尽是爱国贼》。前段有个词叫“爱国贼”，所以我们说，日本人特别是很多企业家都是爱国主义的。我希望的是我们的企业家都有爱国的精神，我们国民都有爱国的精神。

至于说我们用什么方式来表达，我们一种方式是砸，砸人家的东西，还有一种方式就是到战场上跟他们去斗去拼。我说的是商场，商场如战场。那么就在商场上我们去拼，我们建立自己的“军团”，或者我们找到方式，哪怕你去打游击，但是你去做，但是不要去砸。这是我们的观点。

主持人：商场如战场，中日两个经济体的竞争无时不在，无处不在。当我们急切地向欧美寻求经济良方的时候，白益民先生的适时提醒告诉我们邻居日本就是一本很好的教材。由于历史的原因，我们始终不愿意向日本学习，也不愿意深入研究这个可怕的邻国，麻痹、松懈、自大、自矜是我们面对日本时最容易犯的毛病，我们也因此而付出了沉重的代价。

向对手学习并不丢脸，被对手打败，还不知道是怎么被打败的，那才叫丢大脸。好了，让我们再次感谢白先生的精彩演讲和外交学院的同学、凤凰网的网友，下周同一时间我们《世纪大讲堂》再见。

谢谢大家，谢谢白老师。

讲演人：白益民，主持人：王鲁湘

第五节 东亚共同体＝财团共同体

中国首先要建立财团体制

2009年9月21日，日本新首相鸠山由纪夫向中国国家主席胡锦涛提出按照欧盟模式建立东亚共同体的构想，明确表示了希望把东亚共同体建设成亚洲版的欧盟，并先后在联合国大会演说、就职演说以及其他场合多次谈及东亚共同体。从此东亚共同体这个课题成为东亚各国的主旋律。

怎样理解东亚共同体？谁将最终主导东亚共同体？它是一个政治体还是经济体？

东亚共同体不是国际关系概念，东亚共同体初级阶段是一个经济共同体，所以首先要与日、韩两国在产业上形成对等关系。一个是市场大国、制造业欠发达，一个是制造业发达市场狭小，如何做到这一点而不被当成傻大个？

首先，这就要求中国也要建立自己的财团体制，在产业的国际分工与合作中获得话语权与升级能力，形成与日韩财团的竞争、合作，最终与日韩财团形成利益共同体。

其次，在目前无法获得日韩技术的前提下，要采用财团企业或主权基金式投行的资金获得日韩财团企业的股权，形成与它的持股关系，而不仅仅是被持股的关系（注：现在大多数与日韩的合资企业其实全是被持股关系）。

中国需要主导东亚共同体，首先要建立财团体制，首先把自己的产业链整合起来，形成独立自主的经济体系，而不是仅仅附庸日韩财团，才能实现平等的竞争与合作，才能进入产业链的高端。另一方面，这种财团可以保护国内的市场，保护了市场也就持有了市场，才可谈所谓的市场换技术。如果没有财团体制就进入东亚共同体，就必然被始终压制在产业链分工最终端，受控于日韩财团。

东亚共同体的启蒙

东亚共同体是拟按照二战后欧共体建立的一种亚洲地区的类似合作组织，最初由日本前首相中曾根康弘提出。1972 年 10 月 14 日—11 月 12 日，以原东京银行（现三菱东京 UFJ 银行）总经理崛江薰雄为团长的财界、政府人士组成的“欧洲经济共同体经济调查团”对欧洲 14 个国家进行了访问。调查团同欧洲共同体委员会、各国政府、经济界人士进行了 60 多次会谈，这是日本第一次对共同体经济的考察和认识，可以说算是对东亚共同体的启蒙。

团长	崛江薰雄	贸易研究中心会长（原东京银行总经理，经团联理事）
副团长	伊藤英吉	伊藤忠商事会长（综合商社）
团员	铃木二郎	古河电气工业社长
团员	饭野匡	三井银行副社长（现三井住友银行）
团员	川岛章司	野村证券常务董事
团员	斋藤英四郎	新日铁常务董事
团员	佐佐木卓夫	日本电气（NEC）常务董事
团员	田部闻一郎	三菱商事副社长（综合商社）
团员	远山直道	日兴证券副社长
团员	奥原时藏	经团联常务理事
团员	岩田善雄	东京证券交易所调查部长
团员	小岛千二郎	东京银行调查部参事
团员	三好正也	经团联国际经济部次长

团员	荒木信义	日本长期信用银行主任研究员
团员	牧村信之	科学技术厅研究调整局调整课课长
团员	小宅勇夫	外务省经济局经济统合课课长
团员	石川周	大藏省大臣房参事官
团员	栗屋忠	通商产业省通商局通商课课长
团员	国枝信孝	外务省经济局经济统合课调查员

1990 年，马来西亚前总理马哈蒂尔提出“东亚经济共同体”和“东亚经济集团”，倡议建立“东盟 + 中、日、韩”贸易集团，应对欧洲和北美集团化的挑战。

但“东亚共同体”这一概念的正式提出则是在 2002 年举行的“10 + 3”领导人会议上。日本前执政党自民党曾提出建立东亚共同体的战略构想，但因得不到中国的支持最终只能不了了之。

图为中曾根康弘 2007 年接受采访，采访中他表示：友好相处会增大中日在世界上的发言权

2004 年 5 月 18 日，日本成立了由财界、政府、研究机构组成的战略研究机构——“东亚共同体评议会”CEAC，日本前首相中曾根康弘担任该会会长，日本国际论坛理事长、伊滕宪一任议长。该机构旨在为改变日本在推动东亚合作方面的落后局面出谋划策，以期重新确立和强化日本的“主导”地位。

2005 年 8 月，推出了《东亚共同体构想的现状、背景和日本的国家战略》的政策建议报告，提出的鸿篇政策报告格外引人注目。

CEAC 是迄今为止战后日本出现的阵容最为强大的“产、官、学”一体化的战略研究体制。其成员包括：

（1）13 家主要财界代表。丰田、三井物产、三菱商事、松下电器、住友商事、新日铁、电通、欧姆龙等均榜上有名，经济团体联合会名誉会长、新日铁会长今井敬、三井物产前会长上岛重二、住友商事会长岗素之、丰田汽车会长张富士夫等财界头面人物都在其中。

（2）外务省、财务省等政府9省厅代表。

（3）11家日本最主要的研究机构代表。即日本国际论坛、日本国际问题研究所、世界和平研究所、安全保障贸易情报中心、国际经济交流财团、日本国际交流中心、和平安全保障研究所、国际货币研究所、环日本海经济研究所、国际金融情报中心、综合研究开发机构。

（4）约40名各界代表。包括原外相柿泽弘治、神户大学教授五百旗头真、东京大学教授田中明彦、经济产业研究所所长吉富胜等。

在东亚共同体评议会中，我们可以看到三井、三菱、住友这几家老牌财团占据了重要的位置，这也显示出财团团体在日本的作用。

财团经济主导下的日韩

"东亚共同体"是以区域经济一体化为基石，通过FTA、经济共同体、货币联盟等形式，由低级到高级，形成一种你中有我、我中有你、利益交织、相互联结而成一体的关系状态。**但我们要清晰地看到日本与韩国都是财团经济体制的国家，日韩的产业、商业、金融是由日韩的财团在主导，而尚处散兵游勇、各自为战阶段的中国企业，是否能经受得住日韩财团企业的冲击呢？**

日本官方文件对日本六大财团有这样的表述：日本只有三菱、三井、住友、芙蓉、三和、第一劝业这六大企业集团，其他以企业为中心发展起来的企业组织只能称其为大企业系列。

日本的六大财团不仅是主导日本经济的主要力量，同时也是构筑日本社会秩序的重要基础，是日本国民生活方式、组织方式以及东方文化的集中体现。日本财团通常是以横向联合的方式并由主力银行、综合商社、大型制造企业这三个核心部分组成。

按《世界大通史》一书所记，在日本左右经济命脉的是六大企业财团。到1988年，这六家财团所属的直系企业共163家，资产总额和营业总额分别占全国的13.29%和14.68%。如果加上它们的子公司及相关企业，则共11998家，占26.95%和25.20%。并且它们不仅在国民经济中居于控制地位，而且还通过"经济团体联合会"、"经济同友会"、"经济团体联盟”、“工商会议所”等财界组织影响着日本的政治。

英国人 Carla Rappoport 在其《Why Japan keeps on winning》中也有这样的描述，财团在许多市场存在，包括资本市场、初级市场和零部件市场。财团实际上是日本政府支持下的一种卡特尔组织即垄断组织形式之一，这些财团力求在日本经济中的相关主要领域中占有主导地位。

每个财团的营业收入达到了万亿美元。按绝对数字算，财团只占全日本公司的万分之一，但是它们却占有东京股票交易所中令人震惊的 78% 的股票市场价值，占据了日本商业资本的 1/3，并大约占了日本 1/4 的销售额。这些可以有效地阻止外国供应商进入日本市场。

日本的财团代表了一类特殊的合作战略，财团是一种行业内部的联盟或企业群，用一个观察家的话讲，“集合成了一个斗争团体，其中的各个商业家族联合起来竞争市场份额”。仅以三菱财团为例，90 年代的三菱财团几乎囊括了所有的产业。

在东亚，除日本外韩国也有自己的大型财团。韩国仅用了 30 年的时间就迅速完成了工业化，创造了震惊世界的“江汉奇迹”，成为世界“经济大国”和“贸易大国”，被誉为“亚洲四小龙”之一和“发展中国家经济复兴的样板”，英国《金融时报》称韩国站在了富国的门槛上，并指出其成功过度依赖于为数不多的几个大型财团。

事实确实如此，一个在 20 世纪 60 年代人均收入还与撒哈拉以南非洲不相上下的经济体，如今已经紧随英国与法国之后，成功最关键的因素就是其大企业财团在经济发展和工业化中发挥了堪称中流砥柱的作用。

韩国从 20 世纪开始学习和仿效日本的财团经济模式。韩国人在经济高速成长期效仿日本的综合商社三井物产，建立了以“三星物产”等为代表的一批综合商社，以此为核心组建的韩国财团企业成为日本人头疼的竞争对手。

韩国是私人资本和政府权力结合形成产业、贸易、金融一体的财团，一类是以三星、前大宇为代表，以贸易起步，后向产业发展形成的贸易产业财团；二是如现代、SK，以产业起步，后向贸易发展形成的产业贸易财团。

韩国经济同样是以财团为主体的经济，韩国学者林炳润曾有“财团就是韩国经济之全部”的比喻。韩国财团企业同日本的财团企业一样以交叉持股形成参与控制或合作的关系，成为利益共同体。在韩国企业排行榜中，榜上的特点就是综合性大财团地位突出，以三星、现代、LG、SK、前大宇集团等为代表的综合性大财团，在多个行业都有实力雄厚的财团企业。在上榜的75家企业中，来自这5大财团的总共有30家。

韩国的电子业、重化工业等几乎全被几大财团控制或拥有，实行了垄断型的市场经济。2009年13家有望进入“净利润1万亿韩元俱乐部”的韩国企业，全部来自韩国前十位的财团，韩国交易所统计数据显示，韩国国内资产总额前十位的大企业财团旗下的上市公司，市价总值已达472万5889亿韩元，市价总值同比去年年末（300万4724亿韩元）增长了57.3%。有韩国学者指出：抛开财团就难以理解韩国经济。可谓一语道破。

财团经济将主导东亚共同体

2005年，新华网曾刊载了一篇“大企业撑起欧洲一片天”的文章，文章指出欧盟百强企业的优异表现，让法国、德国、意大利等“老欧洲”国家看到了经济复苏的希望。并通过一些大型项目的推出和跨国收购案的完成展示了欧盟大企业的实力。而比欧盟大企业经济更具有“侵略性”的是日韩的财团经济模式。

日本、韩国通过在国内建立了排外的财团体制，让外资在其国内很难有大的作为，还抚育了如三井、三菱、三星、现代这样的财团企业。而通过丰田汽车、NEC、三菱重工、日立、三星电子、现代汽车、现代重工、LG等几百家实力雄厚的财团企业的联合，在助力本国重化工业、装备制造业在世界不断处于优势地位的同时，也暗中把持着微观经济的命脉，从“细节”上来控制整个世界！

自明治维新以来，“脱亚入欧”一直是日本财团经济的国策。然而，随着日本经济实力的增强和与欧美频繁的贸易战之后，“重返亚洲”成为日本各大财团的经济方针，东亚地区日益成为日本建立经济强国地位的强有力支柱，成为日本财团企业最大的海外商品销售市场。

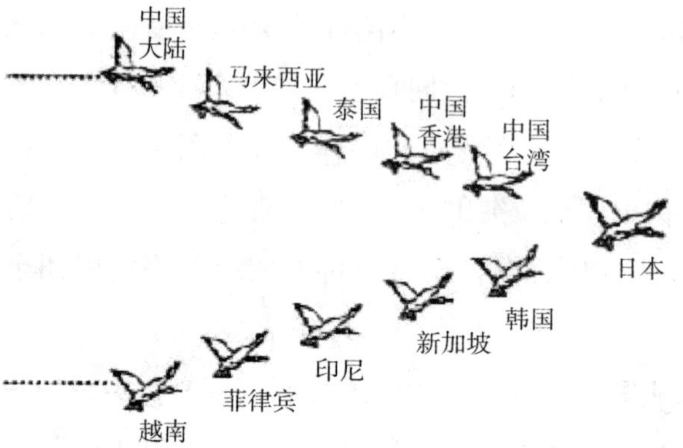

"雁行模式"的提法起源于日本经济学家赤松要的"雁行产业发展形态论"

在日本"回归亚洲"的过程中，日本财团企业通过雁行模式对亚洲国家的产业进行着主导。雁行模式是日本经济学家提出的一种产业分工体系，即将东亚地区看作是一组雁群，其中日本是领头雁，做高技术、高附加值产业，起着领导作用，然后把劳动密集型的产业分包到亚洲四小龙（韩国、中国台湾、中国香港和新加坡），东盟及中国为雁尾。

我也将雁行模式看作一种产业布局，是日本的寄生式产业战略，就像"吸星大法"一样源源不断地从其产业布局整合进来的每一个角落吸取能量和资源。通过这一模式，日本实现了其经济大国的目标，亚洲"四小龙"创造了经济增长的奇迹，雁尾也有代价地实现了经济高速增长；而且形成了日本同亚洲"四小龙"和雁尾在经济上的相互依赖关系。实际上，此时东亚经济已经在一定意义上形成了共同体。

而日本的雁行排列是因为有雁行体制，能够通过综合商社、产业公司以毛细血管的方式渗透到亚洲国家的产业中去，另外它也是神经系统，布局在亚洲经济体内产业细胞中，从细节上随时掌握市场的变化，包括各种供需情报等。同时它也是一个血液循环系统，通过产业体制形成产业、商业、金融配合的体制，来保证雁行模式的实施，它并非像美国模式用技术标准和资本进行控制，它通过财团模式形成更复杂的控制体系。从而始终根据各国的国情、资源、劳动力条件进行从高到低秩序的分工。

当然，目前日本的雁行模式已经没有以前明显，而在此基础上，东亚经济体新的分工格局"后雁行模式"却在形成之中。

所谓"后雁行模式"，首先东亚区域分工与经济发展本质上仍然是传统"雁行模式"的延缓，这是由当前东亚各国（地区）之间依然存在的经济发展水平的差异性和层次性所决定的。其次，东亚区域国际分工体系逐步向新的水平型网络化区域国际分工体系过渡。

这种新型国际分工体系的特点是：在宏观上，东亚国家（地区）之间相互的水平分工关系逐渐增强；在微观上则存在着以日本、“四小龙”跨国企业为核心的，在东亚地区构建的网络化跨国生产体系，即通过企业内部国际分工，将产品的设计、研究开发、生产、销售等环节在东亚地区进行区位上的优化配置。

所以我们要看到，财团共同体实际上就是利益共同体，将亚洲的商业、产业形成一个利益共同体，而这个利益方最大受益者就是财团经济下的日韩财团，所以它们要积极推动东亚共同体的进程。

原文发表于《环球财经》2010 年 6 月期，作者：白益民、王维

第六节
“东亚共同体”能否实现关键在于中国

《易经》有云：君子豹变，大人虎变。10 月 10 日，日本新任首相鸠山由纪夫在北京举行的中日韩领导人会议上，一语“东亚共同体”之倡议，激起千番讨论。

事实上，东亚共同体并非日本首创。这一概念最早由马来西亚前总理马哈蒂尔在 1990 年提出，但当时遭到美国严重抗议。2003 年 12 月，日本在与东盟举行的首脑会议上公布的《东京宣言》中倡议建设东亚共同体，前首相小泉纯一郎随后亦多次在公众场合重申这一主张。但据中国现代国际关系研究所研究员刘军红介绍，由于小泉执政期间中日关系出现倒退，这一构想后来不了了之。

在中日韩领导人会议上，鸠山自言“日本过去过于依赖美国”，“东亚共同体”的愿景到底是鸠山用来抗衡前政权“追随美国”外交政策的表演，还是日本从“亲美入亚”到“脱美入亚”的实质性豹变？主打“东亚整合”政治方向的鸠山能借此摆脱“人气高、底气不足”的局面吗？其背后的战略架构又是怎样？而“东亚共同体”从愿景变为现实的关键在哪？

10 月 15 日，《环球财经》记者带着这些问题，采访了本刊编委、中国社科院日本经济学会理事白益民先生。这位以《三井帝国启示录——探寻微观经济的王者》和《三井帝国在行动——日本财团的中国布局 》两本著作，揭示日本财团（特别是三井财团）近年来在中国乃至全球的强力扩张活动的日本问题研究专家，以其独特视角，为我们一一解读。

日本为“入亚”布局由来已久

《环球财经》：鸠山以“东亚共同体”之倡导，抢得此次中日韩领导人会议风头，您认为他的提议突然吗？

该书是寺岛实郎对亚太区域 20 世纪国际政治关系进行回顾与分析、探索的一部通俗性历史著作

白益民：不突然。早在 2004 年 5 月 18 日，日本就成立了“东亚共同体评议会”，由官产学各界和各大智库综合组成。并在那年 8 月，推出了《东亚共同体构想的现状、背景和日本的国家战略》的政策建议报告。**如今被称为“民主党智囊”的三井物产战略研究所会长寺岛实郎在 2005 年曾提出“亲美入亚”论，即所谓日本的“身体在亚洲，大脑在美国”，高端技术要跟美国合作，产业要布局在东亚，以此为“入亚”做舆论准备。**

日本为“入亚”所做的战略准备由来已久。其日程表是：先跟东南亚国家、韩国以及中国台湾地区合作，搞自由贸易区，最后再跟中国大陆合作建立东亚共同体。回顾历史，日本实际上是在区域布局已经成熟之后，再趁着这次金融危机，在中国等各方面对成立共同体、加强经济区域合作的必要性有所共识时，才因势而动。

在东南亚金融危机后，日本一直在进行其全球性产业布局。所谓“失

去的十年”，其实只是在其本土，而在全球，“日本株式会社”产业布局的步伐从未停歇。这个战略布局需要一个大后方，那就是东亚地区。

日本因其国内市场狭小、资源稀缺、人口老龄化引起的劳动力匮乏，需要把产业从本岛扩张到全球。布局越广，产业越大，风险就越高，需要战略后方的支援，需要有人接管其一部分产业，需要有人分担风险。早在70—80年代，日本就已经开始把中低端产业向韩国、东南亚转移。因而日本最初提出东亚共同体的概念，主要目的并不是金融合作，而是希望把东亚各国整合起来进行产业分工。

实际上不仅是东亚国家，日本在印度、澳大利亚、新西兰也已经营多年。日本在倡导建立东亚共同体时，坚持要把印、澳、新拉进来搞“10+6”，一方面固然是因为东南亚金融危机殷鉴不远，避免形成对抗，免遭美国的打击；另一方面也是为了扩大了其整合资源和产业的范围，而历史上印澳就包括在日本“大东亚共荣圈”的战略构想之内。这实际上还是当年“大东亚共荣圈”的战略思路，只不过其时用的是刺刀，如今用的则是日本综合商社的经济组织能力。

可惜人算不如天算，中国强势崛起，在某些产业上与亚洲“四小龙”形成竞争关系，这在一定程度上打乱了日本原构想的东亚秩序。而1997年东南亚金融危机，加上过去10年中国经济遵循美国模式并与美国经济捆绑在一起，再加上中日关系恶化，打乱了日本实施其战略的进程。但这次金融海啸又给日本提供了实现东亚共同体的契机。

十年来日本一直在中国进行产业布局，在金融危机过程中又收购一部分欧美投行，实际上是在为其全球战略做准备。所谓东亚共同体就是一个经济利益共同体，大家抱成团分享利益。

日本欲做利益共同体的主导

《环球财经》：天下熙熙，皆为利来。分享利益谁都愿意，但利益分配由谁主导？

白益民：这个共同体如果即刻实现，那么利益的主导者一定是日本。为什么？因为日本独特的发展模式。“二战”后的日本，百业凋敝，极端缺乏资本，但日本并没有开放市场，吸引投资，指望外国投资者来解决本国问题，而是于1946年成立了经济安定本部，也就是后来的经济企画厅。

战后日本的变革并不导向一个产权清晰、自由竞争的市场化经济体系，相反，产权集中程度比战前更甚，财阀垄断转向了政府垄断。改革手段也不是采取宏观调控政策，基本以直接行政干预为主。日本战后经济重组结束后，日本的大企业有国家股、个人股，各企业间也相互高比例持股，纠缠不清，同集团的经营者结成社长会。这使得企业性质既非国有，也非私有，而有些类似我国的集体所有制。

日本这种模式既是资本主义又是社会主义，又两者皆不是，可以称为会社主义或企业主义。日本整体上就是一个企业，叫“日本株式会社”。日本财团本身又是产业、金融、商业的结合体，是个海、陆、空三位一体的结构，海军是商业，空军是金融，陆军是产业。日本财团一有动作，三军用命，进行立体化商战。日本整个产业采用“护送船团方式”，即协调统一发展，不是某个行业超常发展，也不让另一些行业掉队。

总之，日本的经济政治体制是以计划为主导的体制。在这种体制之下，日本财团具备极强的产业组织能力和战略能力，而这也是我个人认为日本欲占据“东亚共同体”主导地位的底气所在。

要形成共同体得有共同的价值观

《商道》《王道》为韩国作家崔仁浩的小说，对商道与商术做了独特无比的诠释，被许多著名企业人士誉为“参悟商业最高境界”第一书

《环球财经》：很多人对“东亚共同体”构想前景持怀疑态度，您认为其实现的可能性有多大？

白益民：这取决于中国的态度。**我认为，要形成共同体必须有共同的文化价值观，在我看来，东亚三国企业的共同价值观是集体主义。日韩的价值观原本是发端、传承于中国传统文化，但中国却在近现代百年中，慢慢丢失了传统。中国的企业只有像日韩那样，发**

扬集体主义精神，才能形成东亚共同体的坚实基础。

但是，以 1997 年东南亚金融危机为转折点，中国在企业方面，开始全面学习美国模式，一定要搞产权明晰；而日本模式下的产权关系是模糊的，这种区别是与东西方文化的区别紧密联系在一起的。

东方思维更注重系统，西方思维更注重分析。好比中医西医之分，西医是典型的头疼医头脚疼医脚，中医则可能认为头疼的问题出在脚上，讲究全面调理。比如这次美国金融危机，实质是虚拟经济与实体经济不平衡的问题，而非一个单纯的金融问题。日本模式则更讲究东方式的均衡、协调、共生，比如日本曾提出“护送船团”体制，产业、金融、商业平衡发展。

如果中国继续沿着美国模式发展，思维还是美国式的，与日韩两国在企业文化价值观上相去甚远，那么“东亚共同体”就永远只是一个愿景。中国只有回到“集体主义”的核心价值观上来，才能与日韩两国一起，形成东亚共同体的坚实基础。

中国建立产业军团，才能与日韩平等合作

《环球财经》：我们关心的是，中国在所谓的东亚共同体中利益何在？

白益民：中国所需考量的问题有四：一为市场，二为投资，三为资源，四为技术。

论市场，日韩市场基本对外封闭，中国市场对欧美的开放程度较高，如若东亚共同体形成，那么开放的中国市场如何应对封闭的日韩市场？

论投资，美国以金融资本为主导，多愿自由流动以逐利，中国正可利诱巨额资本流入；而日本以产业资本为主导，吸纳日本投资还有多少潜力可挖？

最关键的是资源问题，因为未来中国发展最大瓶颈是资源。目前全球资源已经瓜分殆尽，中国企业海外敛矿四处碰壁，而日韩还在与中国抢资源。日韩经过数十年产业布局，实则不缺资源，其与中国叫板者，目的在于在占领产业链上游，以掌控未来东亚共同体的主导权。

论技术，其实中国没有技术，买别人的技术没意义。应用型技术日新

月异，且今日之技术实际上是一个“专利池”的概念，也就是一个技术组合。哪怕买来一两项技术，彼方也可用“专利池”里其他配套技术来限制你。以往中国采取所谓的“用市场换技术”策略，后来证明基本失败。市场丢了，技术并没能换进来。最典型的例子是中国的彩电企业。打的是民族品牌，在关键技术上，却仰日本鼻息。中国在制造业上获得的是最低端的利润，最核心的技术利润，被掌握核心技术的日本企业拿走了。

而且日本通过整合韩国、中国台湾的产业，多方位从中国大量“吸血”。中国对日韩的贸易逆差以及对欧美顺差，恰恰说明了这个问题，实际上是中国替日本背了造成美国贸易赤字的黑锅。中国从西方得来的贸易顺差，通过对东南亚各国的贸易逆差（而日本对这些国家为贸易顺差），最终源源不断流向日本。

因此，如果东亚共同体即日实现，日本将成为其最大的受益者。日本的寄生式产业战略，就像“吸星大法”一样源源不断地从其产业布局整合进来的每一个角落吸取能量和资源。而中国则不行。

《环球财经》：果真如此的话，没有中国的参与，东亚共同体的构建前途黯淡。

白益民：中国当然有从东亚共同体获利的可能。只是在共同体最终形成之前一定要建立起自己的“产业军团”，这样与日韩财团形成平等、平衡的关系。

目前，我国企业单兵作战，大多数出去一个被拍死一个，比如中国在高铁项目上的谈判，是铁道部下属一家企业与日本的财团谈判合作，犹如以游击队去应对对方的军团，这样怎么可能在谈判、合作中占据主动？

如果能把我们的“游击队”整编成“军团”，与日本财团形成平等合作的关系，我们就不会成为利益共同体中的最底层，也就可以从共同体中获利，比如分享日本从全球获得的资源，也可以与日本合作获得新的资源；在技术上也可以消化日本技术，甚至合作开发新技术、新产业，去欧美市场拿项目。

东亚共同体最终能否建成，在于中国的态度以及经济组织能力。目前日本的综合商社已经具备在全球的组织能力，成为全球的产业组织者。中

国要奋起直追，重执东亚牛耳，我们应该在产业资本上向日本学习，在金融资本上向20世纪90年代前的美国学习，而不是一边倒地学美国，这样才可能真正做到大国崛起。

“亚元”前景取决于中国国民心理承受力

《环球财经》：伴随着东亚共同体的提出，“亚元”这一概念也同时抛出，您如何看待其前景？

白益民：坦率地说，在人民币未强势前，日元就是亚元。如今中国有着庞大的外汇储备，也有自己较为雄厚的产业基础，应该说，已经具备了世界货币的价值基础，只是未全面流通而已。随着中国的崛起，日元已不能在亚洲货币中占据主导地位，同时出于避险的考虑，鸠山抛出“亚元”的概念也算适逢其时。

不过，我个人认为，**在中国很难形成“亚元”的形态，在民众意识中，人民币是一个大国符号。欧元之所以成型，前提是法德两国大国意识下降。**“亚元”概念的提出，对中国国民的大国意识是一个很大的冲击，我个人认为其前景取决于中国国民的心理承受力。

原文发表于《环球财经》2009年11月期，记者：林鹰 薛晓明，采访：白益民

后　记

日本经济模式值得中国借鉴

——对话：从《三井》看中国发展之路

欧美财团与日本财团的差异

和讯网：亲爱的和讯网友，大家好。今天很高兴请到了白益民老师做客和讯，向我们介绍他最新出版的书《三井帝国在行动》，揭开日本财团在中国的布局。先请白老师向和讯的网友打个招呼。

白益民：大家好，非常感谢有这个机会在这里做客，跟大家聊一聊这本书。

和讯网：从1993年到2005年白益民就职于三井物产中国有限公司，2006年他创建了“超级主义者”网站，率先提出了东方经济学的理念，并推出介绍日本模式的《三井帝国启示录》一书，2007年当选为中国社会科学院主办的中国日本经济学会理事，并组建了财团经济研究室。现在请白老师向和讯的网友介绍他写作此书的原因和背景。

白益民：我在日本的公司叫三井物产株式会社，它在日本是相当有名气的公司，可是在中国大家并不了解。很多人会知道丰田，会知道东芝、索尼，甚至还知道松下、三洋这样一系列的企业，但是它们跟三井又是什么样的关系呢？在这里我通过这本书给大家做了一个介绍。

白益民：这是当初我在创作这本书之前，离开三井之后，我一直在努力做的一个工作方向，就是让中国的企业、中国的读者能够了解日本的经营模式，这是我离开三井想做的一个工作，我花了三四年的时间在这方面做。

和讯网：在书中提到2005年10月看到中国经济中暴露出很多问题，同时意识到当代中国企业界和教育界对日本经济模式研究的极端缺失和漠视，白老师决心辞去三井物产的工作。当辞职的时候白老师曾经对相关的人员说了一句话：“我已经在三井物产学习了12年，请允许我毕业吧。”毕业意味着新工作的开始，白老师毕业做了些什么样的工作？

白益民：最开始我先把我整理的一些关于三井物产、三井集团以及综合商社的概念，把这些方面的资料做了一个网站，叫“超级主义者”网站（www. superist. com），我上传了很多资料，这些资料在大学的课堂里看不到的，当时我最大的想法是把这些资料传上去，为在学校里面学习的人，为一些企业家，为一些研究者提供一个资料的平台。这是我所做的工作。

白益民：后来有媒体记者找到我，看到这些资料以后觉得非常珍贵，因为这些资料很不容易被发现。找到我以后，希望我出一本书，不光是给网友看，还希望能够得到一些企业家，还有一些研究经济的专家、学者能够看到，所以我推出了一本书叫《三井帝国启示录》。

接下来有很多的财经媒体又来约稿，我在这个过程中也在不断提高自己，说是从三井毕业，其实我又进了一个新的大学，自己在念研究生、博士生，也在不断提高，看到了更多的资料，然后把它们归纳起来，最后我们又推出了一本书叫《三井帝国在行动》。

《三井帝国启示录——探寻微观经济的王者》作者白益民，一位深入日本经济心脏12年的中国人，高喊“向日本学习”而“让日本畏悸”，并宣称“日本从此不再有秘密”

这本书跟前一本书不太一样，第一本书主要是从文化、历史的角度来解读三井这样的企业的历程、经营思想以及跟温州、浙江、中国传统文化之间的联系。第二书更多的是从实战，从商业商战的角度给大家展示它们如何在中国布局的，改革开放30年，它们在这个过程中如何一点一点地在中国布局，形成很多的产业方面的体系，这是直到现在我一直在做的工作。

和讯网：在世界上有各种各样的财团，像欧美财团、日本财团，在白老师眼中，欧美的财团和日本的财团之间有什么样的区别？

白益民：其实日本的财团可以说跟中国文化有密切的联系，我们知道徽商、晋商，在历史上都跟日本之间有贸易往来，甚至人员往来。我们知道徽商在明朝以后主要做内陆贸易，因为在明朝的中后期有一段时间是禁海的，在这之前推到宋朝的时候，浙商和徽商的体系是一起的，它们实际上是在做国际贸易。

在宋朝的时候温州地区，包括浙江，是世界最发达的商业地区，占了整个全球产值的60%以上。那时候浙商和日本三井起源地区近江国有很密切的来往，几乎它们的人脉关系如同一家人一样，甚至我们听说温州话跟日语的发音有点接近。

所以我们看现在温州的企业、浙江企业的行为方式的时候，可以看到日本财团的影子；或者反过来说，日本财团的行为方式里面会看到中国浙商、徽商的影子。

白益民：欧美的这些企业，其实它们的大财团，特别是美国在20世纪30年代发展的过程中，也是一种产业、金融和商业形态结合的，像摩根那个时期。随着它的产业升级，产业转移，最后这些摩根、高盛等美国财团变成更加金融化，从我们的角度来讲，它们可能更先进一些，通过金融来控制全球的经济。

但是也出现一个负面的作用，也就是说它们的产业外移以后，金融和商业还有产业形成分离以后，它们出现空虚化的现象，到目前为止我们看到一些经济危机的发生的时候，也会看到美国这种经济模式存在的一些问题。所以我们应该通过对比欧洲、美国、日本的企业财团在社会不同阶段的作用，看看中国能够得到哪些经验和教训。

和讯网：像浙商、徽商都跟日本的财团有所类似。为什么我们的浙商、徽商没有发展起来，而日本形成了像三井物产这样一个强大的组织呢？

白益民：主要是日本这一千年来，基本上国内处于内部比较封闭的体系，中国宋代很多的商业文化基本在日本内部还是保留了下来，宋代的商业文化经过元朝，因为是从北方的游牧民族来统治中国以后有些文化的变异，明朝虽然恢复了中国传统的商业文化，但是后面又有清朝的统治，又有一些变化，所以中国在这一千年来处于变动的过程。

而日本三井财团有几百历史，实际上是对很多东西的传承。日本的百年企业可以说数以千计，在美国的话，现在据说是股票市场上剩下的唯一一个百年企业就是美国通用电器。所以它的文化造就了这些百年企业，我们在看日本的企业的时候，要更多注重它的文化因素。

世界五百强第一名为何自我隐藏

和讯网：回头看十几年前的情况，比如1993年的时候三井物产排名是世界五百强第一名，在其后的十年之内基本在五百强的前十位。但是到了2003年以后，我们就看到一个奇怪的现象，三井物产将它的能源等重要产业机构进行独立核算，并且在全球设立独立的法人公司，三井物产自己在五百强排名中的地位则迅速的下降起来，其真正的实力和活动被隐藏起来，不为外界所注意。当前有另外一种现象，很多企业的梦想是进入到世界五百强的行列中，然而三井物产似乎对这个五百强排名不屑一顾。白老师怎么看待三井物产这个行为呢?

白益民：三井物产这里做一个定义，它是综合商社。综合商社的组织是什么？它是一个产业培育者和产业组织者的角色。它作为一个母体存在，培育起来很多新兴的产业、公司，就像让孩子降生一样，然后让它们去成长，它主要是对这些孩子进行照顾，而并不是说一定抱着这些孩子不放手，搁在自己的名下放在第一的位置。这是一点。

《新综合商社论》（日）商社机能研究会编，权威的日本商社理论研究书籍

第二，1993年、1994年世界五百强排名的前五位都是日本的综合商社，三井物产排第一，后面是三菱商社、伊藤忠、住友银行这样的企业，都是财团的综合商社。1997年、1998年以后日本出现金融危机，东南亚的危机以后一蹶不振。

所以从某种意义来讲，日本在那个时期过于露头以后是被外界盯上了，俗话说“枪打出头鸟”，经过这些教训以后，它们更愿意躲在后面，而不是站到最前面去，这样更有利于它们在其他国家的布局或者说渗透，不会引起民族性的矛盾，也有这方面的原因在。

和讯网：从现在来看，三井财团企业似乎不再是传统意义上的家族企业，经过现代企业制度的改造，基本上已经成了一个真正意义上的社会企业，它也被日本人称为民营国有的企业，或者是国民企业。请白老师给我们介绍一个问题，国家和私人企业之间的利益会有一个怎么样的平衡？

白益民：因为国有企业往往拥有很多的资源，这种资源是继承下来的；民营企业往往是白手起家，特别是江浙一带的企业。这样的企业手上没有资源，首先要控制商权，我们看到温州人、浙江人都是跑出来经商，通过把这个买卖做起来以后开始拥有自己的工厂，这样不断积累财富，完全是在市场上打拼。很多的钱哪来的？实际上是挣来的，不是靠谁赋予它的。

现在国有企业往往是继承下来很多资源性的产业，包括我们有很多的金融，原来就有这方面的支持。像浙江的这些企业它们缺少金融上的支持，虽然现在有浙商银行、徽商银行，也是刚刚开始的过程。

白益民：在这个过程中，我们发现国有企业往往跟民营企业之间缺少一种联系，也是在各自为战。我们如果把商场看成一个战场的话，回过头来看，在抗日战争前期的时候我们也有民间的力量和国家的力量，但是如果民间的力量没有和国家的力量统和在一起，就会有外部的进入。

在这个条件下，在目前经济全球化的过程中，实际上是在进行商战，我们需要民间企业和国有企业进行融合，在这个过程中会发现我们的思路往往是国有民营，但是在日本实现了民有国营。民有国营什么意思？不是国家给民间钱，而是靠它们自己去挣钱，国家更多的是在给一些订单来支持这些企业发展。

如果看日本财团的成长过程，包括它们在二战中扮演的角色的话，很多都是在出现危机的时候国家给它们大量的订单，这样让它们去挣钱来支撑自己。再一个是给它们打造更好的环境，因为在现有的条件下靠原始积累，民营企业也很难成长成熟，因为面对的是跨国公司。怎样发挥民间企业的活力和它们商业人才的力量，同时又结合国家的资源，我想可以从体制上进行一些探讨。

和讯网：在中国有没有可能发展类似三井物产这样的财团或者是商社？

白益民：从目前中国大的气候来看，我们有些局限性，这个局限性主要在于我们对经济体制模式的认同方面。这十年来基本上是按照美国的模式，把金融和产业剥离，美国模式是这样做的。这样的话很难形成商社，因为商社的持股方、大股东全都是金融机构。

比如三井物产的大股东就是三井住友银行，是世界第二大银行，第一大是三菱。还有三井的生命保险，还有中央三井信托，都是金融机构。除了这些本身的机构以外，还有其他的金融机构也是跟三井住友有关联的企业。当然后面还会发现一些外部的金融机构，在东南亚金融危机以后一些美国金融机构进入三井股东名单里面。

所以表面看三井物产号称是世界第一大贸易公司，但实际上它是一个金融公司，它是一个投行，只不过它这个投行不是针对消费者，更多的是针对生产企业，是这样一个机构。

白益民：如果在中国的话，我们的经济模式完全按照美国来做的话，现在的银监会、证监会和国资委是分离的，但是在日本财团的体制下，这个财团里面既有制造业，也有商社，专门做物流，还有金融企业形成一个财团，实际上是一个“商帮”的形态。如果我们完全按照美国的模式来做，很难形成。

现在我们会看到有一家企业在向这个方向努力，就是我们说的国美电器，它前一段时间收购了三联商社，它在做的过程中，更多的是从商业的角度来讲，一方面是在整合资源，希望做一个类似商社。但是也有局限性，因为它的金融没有发展起来。

再有一个，它跟中国很多的产业是冲突的，没有形成共生的关系。日本财团一个最大的特点就是建立起共生关系。虽然国美电器在探索这方面的道路，但是如果没有政策上的突破，没有模式上的一些突破的话，或者说没有更好的一些参照物的话，可能要走很多的弯路。

日本财团编织中国产业链

和讯网：刚才我们都是从理论上给出一个日本财团的概念，现在请白老师结合日本财团在中国钢铁业的布局，让读者有一个切身的体会，它们怎么样利用它们的资源从上游的铁矿石一直到下游的物流，甚至到了地铁的环节，对中国整个钢铁产业链进行布局？

畅销书《三井帝国在行动》，作者白益民。本书深入翔实地揭开了日本财团在中国布局的“阳谋”

白益民：这本书的第一章名为“钢铁是怎样炼成的”，这实际上是一个案例，通过这个案例让大家了解日本的财团体制怎么建立利益共同体。我们给这个财团的定义为“利益共同体”，很多人跟我交流时候会问，三井财团控制宝钢，你是它的控股方吗？它实际上用的是美国式思维，就是说我一定要绝对持有股份才能控制这个企业。

但并不完全是这样的情况，任何一个企业做一个产品并不是独立存在的，需要上游、需要下游、需要网络，我虽然不在这里拥有股份，但是我如果在各个产业链的各个关键点占有一席之地的话，它就得依赖我的服务，从某种意义来讲商社是在提供服务，并不是在控制你。

如果问日本的企业家，他们不会说是在控制你。但是从实际的结果会发现，他们一方面为你服务，促进企业的发展的过程中，从长期来看，其实形成了控制，控制的目的是让它进入利益共同体里面。

但是数一数利益共同体里面到底都有谁？比如三井财团里面有巴西淡水河谷拥有百分之十几的股份。再有下面跟宝钢建立了三井物贸，在中国布了很多的点。这样的话会发现在产业链很多关键的环节都在布局，作为宝钢可能是生产者的角色，把其他的服务都让出去，从长期的角度来看存在一种依赖性。

中国的企业将来也要考虑如何跟中国其他的企业建立利益共同体，而不仅仅是跟日本的财团建立利益共同体，这样才能够带动我们国家其他的产业、公司的发展。同时也可以把很多的利润保留在中国财团内部，而不是被别人提走。这是我这本书第一章给大家展示的内容。

和讯网：读完第一章的时候有一个疑问，日本帮助我国的企业，在整合钢铁的产业链中攫取了巨大的红利。但是另外一个问题，如果没有日本企业，如果没有三井物产，中国的钢铁业，现在宝钢的发展会是什么样的？

白益民：如果没有三井这样的企业存在的话，实际上我们的企业都是各自为战。因为按照美国的经济理论的话，企业都是要向专业化发展的，而不能到处投资多元化。实际上，日本的财团是形成多元化的体制，为什么中国的企业做不成多元化？它的体制没有理顺，并不是说一个企业什么都做就是多元化。

多元化的概念实际上是形成一个商帮，大家在产业链上做不同的事，联系在一起，这是多元化，不是某一个企业的任务，而是一群企业作用的结果。从正面看，第一章的内容实际上是给我们一个发展的模式，我们并不是说三井在中国的作用就是负面的，实际上有很多正面的作用，把产业链编制起来，宝钢以外的企业要么属于国家的这个部委，要么属于那个地区，很难整合在一起。

但是由于三井的存在，把这些产业链整合在一起，产业链整合在一起就意味着生产效率的提高，包括技术的推广，所以三井有积极的一面。我们怎么样评价呢？主要是看我们从短期的利益还是从长期的利益来看这个问题。

和讯网：白老师接下来讲一下，如果从短期利益看会怎么样，如果从长期利益看，对中国的钢铁企业来说又面临什么问题？

白益民：从这个角度来讲，日本毕竟国土面积小，生产力水平发展到一定高度后，国内市场狭小，需要海外的市场。同时存在着产业升级的问题，所以要把很多的产业转移到发展中国家。从短期的利益来看，我们发现宝钢和三井的合作符合了日本的利益，同时也符合了中国的利益，这样的话把很多的产业直接接过来，比我们从头做起可能要快了十年，甚至更长的时间。包括汽车用的板材等很多高新的钢铁制品，实际上很快就可以得到，不完全依赖于进口，也可以自己做。

白益民：从长期的角度来讲，日本这个国家没有资源，它真正把产业转移给你，它靠什么养活它的国民呢？从它的角度来讲，还是要从里面挣钱的，要想从长期利益里面获得更多的利益、更长远利益的时候，无形中就会形成对你的制约，如果你想提升技术，想从海外买矿，想把你的产品卖到海外市场，它肯定会从中间插手，你肯定很难有更高的发展，很难获得更大的利益，这样中国的企业没办法壮大，只能说长期做打工者的角色。

所以从长远利益角度来讲，中国必须有自己的综合商社为核心的财团体制，把这些产业链组织起来，然后把金融、商业和产业形成一个有机的结合。

企业应结合自身情况选择参考样本

和讯网：如果建立中国的财团会面临什么样的改革呢？

白益民：首先在金融方面是很重要的一点，因为我们现在面临的金融的问题也暴露出来，我们把金融与产业分离以后，银行有的是钱，结果不知道往哪投，只能投给消费者。但是现在消费市场逐渐低迷，住房贷款也放不出去，这些钱往哪投？实际上是投入到产业里，还是继续到消费市场，要是还继续无限制地往消费市场投的话会引起通货膨胀的矛盾。

同时美国也是把金融和产业分离以后，它的产业也很难升级，美国很多的钢铁业、电器、汽车产业基本上都没有办法跟日本、德国企业竞争。所以我们发现金融分离以后，纯粹就是靠钱生钱，这样弄出金融的衍生物，在这种情况下出现了一些危机。我们是不是也要走美国这条道？我们应该重新思考一下经济发展模式。

我们往往喜欢说走中国自己的道路，既不学美国也不学日本，但是不管是美国模式还是日本模式，都是经过上百年修炼出来的，所以学还是不学，在想创自己新路的时候，总得先把别人的学一学。从目前大学的经济教科书来说，到目前的整个舆论导向，基本都是美国的经济模式。

如果从改革的角度，我希望能够更多地看一些日本的模式，它有有益的一些方面，这样融合到我们的改革之中，给企业才能创造一个新的环境，有了这样的环境企业才能够出来，如果我们完全按照过去十年的路子走，我不知道未来的十年会是什么样，所以需要一些新的思路和模式。

和讯网：当前在各种各样的场合，大家都在谈的一个词就是“金融海啸”，在这场海啸中，中国也不能独善其身，现在面临着外需、投资等方面的问题，也面临一个产业转型的问题。回头再看20世纪60年代末的时候，日本经济从高速增长向渐进式增长的转折时期，震撼世界的“石油危机”也是在那个时点爆发，这场危机也是促使日本把经济向知识、技术密集型的产业方向转化，对此您认为日本技术创新的经验借鉴到当今来，会对中国有什么样的启示呢？

《瞄准日本财团：发现中国的对手与榜样》，作者白益民，多层次多角度地分析介绍日本经济及财团商社体制

白益民：一方面我们说财团的体制很大一部分最终还是作用在人上，这个财团相对来说形成一种相互持股的关系，形成了比较稳定的企业结构，同时又抵御了外来资本对它的侵入，给这样企业的人员有一个比较稳定的环境。你会发现日本这些大财团企业里的人员是非常稳定的，人们有了一个稳定的环境的话，可以不断积累很多技术。如果这些人完全处于流动的状态，我们说可以有新的东西进来，但是也有很多人才流失掉，这样回过头来的话无助于技术的积累和升级。

所以我想日本在20世纪60年代的时候，是面临着加入关贸总协定，也是我们现在说的WTO，后来又进入世界的货币体系，实现金融开放。实际上，当时它在全球化的过程中，用财团的体制是对自己独立经济体制的保护，或者说建立了独立的制度，那么就有积累的可能。

我想我们现在参考它们60年代以后的做法会有很大的意义，因为我们从年均收入，从产业发展的阶段，从企业的组织形态等很多地方都像日本60年代，因为它们那个时候也是奥运会结束，所以这方面的经验值得我们学习。有的时候我们要结合自己的情况，就是说我们国家经济发展到哪个阶段，我们就应该在那个阶段参考哪样的样本，而不是太超前。

我记得华为的老总任正飞说过“**领先一步是先进，领先三步是先烈**”。

你再走一步的时候，走得太远可能并不适合你自己，有可能会出现问题。我们还是要结合中国自身的情况来参考一些学习的模式。

和讯网：今天我们可以看到中央经济工作会议也在召开，大家都认为是在讨论4万亿刺激计划的落实。白老师对于中央经济工作会议有什么样的想法？您觉得在这方面对我们的产业结构会提出怎样的改革呢？

白益民：4万亿的计划是很大的蛋糕，现在很多人在抢，很多企业，还有地方都在抢。从目前透露出的信息来看，这个钱更多地是用在一些基础设施的建设，目的可能是要维持我们现在过剩的一些生产能力，因为房地产一下起不来，有很多的水泥厂开不了工，钢铁也不行，生产能力都是过剩，通过这4万亿的计划更多地是要维持现有的生产能力。

这个不能够解决实际的问题，如果说这是一个强行针，在4万亿会出现一些制度上的政策，而不是光给钱，还要在制度改革上，将一些企业的关系理顺，对长远的发展有一个规划。我们经常听说日本人在做企业的时候，把50年的情况都会考虑进去，可我们做企业因为处于恶性竞争状态的情况下，不可能考虑长远的东西，只能是在拼命地活着。

我们只有把这些企业整合在一起，才有可能性去考虑战略性的问题，所以我们更希望中央的经济会议从战略性的角度重新规划中国的经济体制。

和讯网：您觉得产业结构的调整对企业提出了什么样的考验，或者说在这样的财团不断对中国各个产业链形成侵蚀的情况下，我们的企业面临什么样的发展空间？

白益民：日本的这些财团形成稳定的体制以后，它们在把一代技术推向市场的过程中保留了很多的技术，包括它们的知识产权立国的战略。很多高精技术在美国的实验室出来，但是出来以后，美国发现很难逾越一点，也就是这些技术被日本的财团、企业变成商品化的产品，为什么呢？

如果看一下统计资料，美国十大申请知识产权的公司，其中有六个是日本公司。再看日本在中国申请专利的情况会发现，松下、东芝一家企业就申请了10万条知识产权，美国高通公司也只有1万多。

日本知识产权这方面已经占领了先机，中国的企业再想往下发展的话会面临很多的制约，如何突破这种瓶颈是需要我们考虑的，不然的话我们总处于被动升级的状态。我在这本书的第三章里面介绍了上广电引进液晶的技术，一直处于被动的状态，引进了第五代，结果日本现在已经到第十代了。它可以把设备卖给你，你花了很多钱，但是永远跟不上它技术的升级，而且这些生产线都是十几亿美元的，花费很大的，很快你就会被淘汰掉，你还没有把本钱捞回来就已经跟不上了。

所以我们如何形成自己的体制、促进产业的升级，而不是简简单单地像美国的实验室一样发明高精尖的东西而无法商品化，这就会出现一些矛盾，我们无法把投资收回来，这样不能再推动技术的进步和产业的升级，形成矛盾。

和讯网：您刚才说的上广电的案例时我在想，我们企业如何面临引进来呢？

白益民：引进来的过程中，从对方的角度来讲是有挑选地给你，你想引进，很多人是不给你技术的。在引进来的过程中，可能对方给你一个全套的生产线，我们可能更注重生产线，因为这样可以马上就能够组装，把零件组装起来打上国产品牌，可以说是国产化的东西，然后可以占领市场。

如果有一家这样做，比如上广电这样做长虹也会学着这样做，长虹也会找日本的企业，因为只有日本掌握生产线。像 TCL、康佳也在做，我们会发现在重复引进很多生产线，而真正关键的技术没有人去跟进，没有人去投资，没有人去研发，结果这些东西还是掌握在日本企业的手里，它们配套的厂家也会到中国投资，但是这些企业往往是独资性，不会把技术转给你。

我们在引进一个项目的过程中，不应该是某个企业引进，而是一个财团引进，这个财团分布在产业链很多位置的企业一同上，最后接过来的是一个真正完整的产业，而不是一个生产线。

和讯网：我们企业在面对走出去的时候，是不是也要考虑以一个财团的身份在世界性的领域里进行布局呢？

白益民：这个问题很重要，因为我们现在也面临着走出去的问题，有一些企业人士跟我接触，他们也很困惑，也在问我这个问题。

综合商社是中国经济与商业体系的航空母舰，图为中国辽宁号航空母舰

我打一个比喻，我们的企业出去就像一个木板的帆船，自己一个一个划出去。但是日本的出海是有航空母舰的舰队，这个航空母舰就是综合商社，它能够载飞机。我把金融形容为空军，海军就是商业，实际上就是个商社，产业是陆军，要想最后投入兵力到海外的话必须有一个大的舰队，有航空母舰才能够远渡重洋到另外的大洲活动。我们没有建立好自己的平台，自己的企业划着小帆板出去就会可想而知。

和讯网：最后一个问题，《三井帝国在行动》这本书被列为本届和讯财经图书大奖财经类小说的候选名单中，您对和讯财经图书大奖有什么样的意见和建议呢？

白益民：我觉得每年做这样一个评选活动是非常好的事情，给了很多作者、研究者一个很好的施展舞台，让他们可以给更多的读者提供更好的知识，提供一些信息，这个平台非常好。在这个平台上，我也看了看和讯里面收录的很多评奖的书，一个总的感觉还是偏美国的多，可能除了我这一本找不到有写日本的，当然也有写国内的。

所以在我看来，可能我很孤独，包括在目前的经济领域里面我也很孤独，找不到很多可以沟通的人，因为他们对日本最基本的经济方面的知识或者信息都没有掌握，我们很难去交流。

再有一个，目前研究日本的学者，基本上是没有饭吃的，如果没有饭吃的话谁愿意去研究呢？在大学也没有这样的课程，都是美国回来留学的博士，从来没有见到日本的学者在大学里面教课，可能也有，但是很少。包括我们现在搞的很多经济论坛，全都是诺贝尔奖，或者动不动就是美国来的经济学家，很少见到日本来的人在发言。一方面日本人做事比较低调不太愿意登场，再一个的确我们也不重视他们，所以也很难得到一些相关的信息。

我希望我这本书能起到一个抛砖引玉的作用，作为一个开头，来唤起大家研究日本的兴趣和热潮，这样的话可以有更多的人来关注。实际上我不是学者，我在商社里面出来的，我并不想写那么多书，我只是想把它引出来以后有更多的人去关注它，有更多的人去深入研究它，这样的话我可以轻松一点。

和讯网：因为时间的原因，我们的访谈到此结束，再次感谢白老师来到和讯访谈室给网友带来精彩的介绍，让我们一起来期待《三井帝国在行动》在本届财经图书大奖中取得好的成就。谢谢白老师，也感谢网友的参与。

原文摘自 和讯网 2008 年 12 月 8 日访谈白益民

原文标题：白益民做客和讯："三井"中国启示录

引用文章

[1] 《白益民：说出日本财团的“阳谋”》 发表于《东方企业家》2008年12月总第237期，作者：陈伟

[2] 《日本财团与辛亥革命》 发表于《环球财经》2011年第11期，作者：白益民、王宇

[3] 《三井财团双重包围谋局中国》 发表于《中国经营报》2009年11月21日，作者：白益民、闫荣伟

[4] 《中国车不能再当日本“殖民地”》 发表于《环球时报》2011年8月9日，作者：白益民

[5] 《中国物流的最大缺失》 发表于《现代物流报》2012年2月3日，作者：曹亚慧

[6] 《日资布局中国商业地产之忧》 发表于《观点地产网》2011年9月30日，作者：白益民、李宁

[7] 《“日本衰退”瞒天阴谋》 发表于《环球财经》2012年第12期，作者：白益民

[8] 《揭开日本失去十年的假象》 摘自《瞄准日本财团》，中国经济出版社2010年9月出版，作者：白益民

[9] 《日本不存在高负债》 发表于《资本市场》2013年第03期，作者：白益民

[10] 《日企纸上兵败》 发表于《中国经济和信息化》2013年第02期，作者：白益民

[11] 《日本“藏起来的”经济实力不容小看》 发表于《环球时报》2012年11月7日，作者：白益民

[12] 《日本依然世界第一》 节选自：CCTV经济频道制片人讲座，2009年11月9日，主讲嘉宾：白益民

[13] 《日本教训敲响中国警钟》 发表于《环球财经》2009年9月期，

作者：白益民

［14］《拒绝照搬英、美的企业制度模式》摘自《三井帝国启示录》，中国档案出版社 2006 年出版，作者：白益民

［15］《财阀解散与工会组织发展》摘自《三井帝国启示录》，中国档案出版社 2006 年出版，作者：白益民

［16］《重新集结与军团主义》摘自《三井帝国启示录》2006 年出版，作者：白益民

［17］《"部落"为什么斗不过"诸侯国"》发表于《新智囊》2012 年 07 期，作者：白益民、刘建飞

［18］《日本"财团模式"利于企业复苏》发表于《中国经营报》2011 年 3 月 26 日，作者：白益民

［19］《危机下的日本式救赎：三洋的回归》发表于《第一财经日报》2009 年 11 月 18 日，作者：白益民

［20］《游子"三洋"的回归》发表于《董事会》2009 年 2 月期，作者：白益民、袁璐

［21］《索尼为什么不会破产》发表于《新产业》2013 年 10 月 14 日，作者：白益民

［22］《财团体系支撑"不死鸟"丰田将破门上路》发表于《环球财经》2010 年第 4 期，作者：白益民

［23］《日本财团不是昨日黄花》发表于《董事会》2007 年第 03 期，作者：白益民、袁璐

［24］《日本抵御美国打压经验值得中国借鉴》摘自《今日观察》2010 年 3 月 1 日采访

［25］《日本财团巨头如何整体作战》发表于《董事会》2007 年 3 月期，作者：白益民、袁璐

［26］《解密日本财团体制——日本综合商社的全球矿业布局》发表于《第一财经日报》2009 年 7 月 20 日，作者：白益民

［27］《日本三井财团的商业模式》发表于《创富志》2010 年 11 月号，作者：白益民

［28］《日本钢铁业如何走出去》发表于《第一财经日报》 2009 年 8

月10日，白益民

[29] 《潜伏在巴西之后的日本钢铁业》发表于《第一财经日报》2009年8月17日，白益民

[30] 《澳洲铁矿石争夺：日本财团的身影》发表于《第一财经日报》2009年8月24日，白益民

[31] 《日本财团“玩转”印度塔塔》发表于《第一财经日报》 2009年9月7日，白益民

[32] 《日本财团如何“玩转”印度塔塔》发表于《第一财经日报》2009年10月12日，作者：白益民

[33] 《日本的“商人幕府”》发表于《中国经济评论》2008年2月20日，作者：张凌，指导：白益民

[34] 《中日合作擦肩而过 石原慎太郎背后的财团力量》发表于《环球财经》2012年第9期，作者：白益民

[35] 《安倍晋三背后的财团魅影》发表于《第一财经日报》2012年12月28日，作者：白益民

[36] 《日本政商双簧戏 谈判桌上的博弈》发表于《环球财经》2013年第2期，作者：白益民

[37] 《购钓鱼岛：日本的政治图谋，谋划战胜中国》发表于《环球财经》2012年第9期，作者：白益民

[38] 《日本尽是“爱国贼”》发表于《环球财经》2009年5月，作者：白益民、袁璐

[39] 《中国要警惕日本财团》发表于《环球人物》2012年第30期，记者：白菊梅，采访对象：白益民

[40] 《中国应以怎样的心态对待日本：是对手也是榜样》发表于《环球财经》2010年第11期，作者：白益民

[41] 《日本核心竞争力到底在哪里？》发表于《董事会》2006年第12期，作者：袁璐、白益民

[42] 《中国模式3.0：日本向左，拉美向右》发表于《环球财经》2009年第10期，作者：白益民

[43] 《日本在怎么做日本将做什么？》发表于《环球财经》2009年第7

期，作者：白益民

［44］《“产业日本”与“金融美国”》发表于《中国经济和信息化》2011年19期，作者：白益民

［45］《金融治国或将误国 中国经济需要一国两制》发表于《环球财经》2010年第6期，作者：白益民、王维

［46］《借鉴日本财团模式壮大中国民营企业》发表于《中国经济导报》2012年3月3日，作者：杨秦

［47］《冠球不老》发表于《环球财经》2006年10月期，作者：邵振伟

［48］《资本全球入轨》发表于《环球财经》2006年10月期，作者：梁志坚

［49］《鲁冠球欲做中国“三井”》发表于《环球财经》2006年10月期，作者：邵振伟

［50］《万向基因》发表于《环球财经》2006年10月期，作者：梁志坚

［51］《鲁氏财团隐现？》发表于《环球财经》2006年10月期，作者：邵振伟

［52］《国企之殇 不能稍忘》发表于《环球财经》2010年第5期，作者：白益民、王维

［53］《中信学做产业组织者》发表于《董事会》2009年11期，作者：袁璐、王维

［54］《招商局集团：中国财团的雏形》发表于《董事会》2009年07期，作者：袁璐

［55］《央企财团—走歪了的多元化》发表于《董事会》2012年第7期，作者：严学锋

［56］《中国企业应该向日本财团学习什么》发表于《中国航空报》2010年1月7日，作者：刘文波

［57］《借鉴日本“民有国营”财团体制实现中国经济“国民共进退”》发表于《环球财经》2010年第2期，作者：白益民、王维

［58］《集体经济是强国之选》发表于《环球财经》2012年第9期，作者：白益民

［59］《中国怎样将外资挤出去》摘自凤凰卫视《总编辑时间》2011年

11 月 25 日，主持：吕宁思

[60]《用“国民一体”筑起我们新的长城》发表于《环球财经》2011 年第 5 期，作者：白益民

[61]《美国危机后的日本财团金融大扩张》发表于《环球财经》2010 年第 8 期，作者：白益民、王维

[62] 讲演人：白益民，主持人：王鲁湘，时间：2009 年 10 月 27 日播出

[63]《东亚共同体 = 财团共同体》发表于《环球财经》2010 年 6 月期，作者：白益民、王维

[64]《“东亚共同体”能否实现关键在于中国》发表于《环球财经》2009 年 11 月期，记者：林鹰 薛晓明，采访：白益民